北京市社会科学院社科文库

市情研究论丛（第4辑）

世界级城市群与首都治理体系

WORLD-CLASS CITY GROUP AND CAPITAL GOVERNANCE SYSTEM

主　编　唐　鑫

副主编　陆小成

社会科学文献出版社
SOCIAL SCIENCES ACADEMIC PRESS (CHINA)

序 言

国家治理体系是指在党的领导下管理国家的制度体系，包括经济、政治、文化、社会、生态文明和党的建设等各领域体制机制、法律法规安排，是一套紧密相连、相互协调的国家制度。其本质则是执政党、国家履行职责，发挥治国理政作用的制度体系。它强调各方面的制度化、程序化与规范化。在国家发展中，我国的国家治理体系对于稳定社会、维护团结、促使国家快速发展起到举足轻重作用。党的十九届四中全会审议通过的《中共中央关于坚持和完善中国特色社会主义制度 推进国家治理体系和治理能力现代化若干重大问题的决定》指出，坚持和完善中国特色社会主义制度、推进国家治理体系和治理能力现代化，是全党的一项重大战略任务。

新中国成立 70 年来，我们党根据不断变化的时空环境，与时俱进地探索国家治理体系和治理能力问题并取得巨大成果，实现政治稳定、经济发展、社会和谐、民族团结。实践证明，坚持党的领导，不断提升国家治理体系和治理能力现代化水平，是充分发挥社会主义制度优越性的有力支撑。同时，我国的国家治理体系是坚持以人民为中心的发展理念，以服务人民为根本目标，以人民需求为导向，推进国家政治、经济、文化、社会、生态等各个领域的全面发展，并把政党治理、政府治理与社会治理有机整合，构建国家治理的完整体系，让社会有机会充分参与国家治理。这决定了我国的国家治理体系具有服务人民、人民参与的特点。正是这种特点，为首都治理体系提供了坚实的理论基础。

首都治理体系是国家治理体系的重要组成部分，更是国家治理理论发展与具体实践的题中之义。北京作为首都，在推进国家治理体系和治理能力现代化的进程中肩负着重要职责和神圣使命。中共北京市第十二届委员会第十次会议强调，要加强坚持和完善党的领导、人民当家做主、优化提升首都功能、推动高质量发展、提高超大城市治理水平、保障和改善民生、落实全面从严治党要求等方面的制度安排，不断完善与深化首都治理体系。要立足首都城市战略定位，着力健全加强“四个中心”功能建设、提高“四个服务”水平的体制机制，构建更加有效的首都治理体系，更好地服务党和国家工作大局，加快推进京津冀协同发展，为其他区域治理体系建设提供引领作用。

本书以习近平新时代中国特色社会主义思想和习近平视察北京重要讲话精神为指引，研究如何深刻把握首都发展要义，打造以首都为核心的世界级城市群，主要从社会治理、经济治理、文化治理、生态治理等维度深入研判世界级城市群与首都治理体系建设的主要工作与成就、问题及对策建议，以治理体系和治理能力创新提升首都治理水平，加快推进国家治理体系和治理能力现代化。本书是以北京市社会科学院市情调查研究中心、北京世界城市研究基地的全体研究人员为核心团队成员，由科研机构、高等院校等各方专家、学者共同撰写的关于世界级城市群与首都治理体系的系列研究成果，该成果为我院市情研究论丛（第 4 辑）。

本书共分为社会治理篇、经济治理篇、文化治理篇、生态治理篇四个板块。每个板块按所涉及领域进行专门研究，并以首都治理体系为主题深入系统地研究世界级城市群演化特征及未来趋势，聚焦首都治理问题，提出加快世界级城市群与首都治理体系建设的对策建议。本书主要内容及其核心观点包括以下几个方面。

一 社会治理

以治理体系与治理能力现代化来指导首都治理工作。要重视对城市发展有重大影响力的首都副中心建设工作，促进副中心治理能力提升；提升交通枢纽地区的综合治理能力，提升城市运行效率；优化地铁站点的服务能力与管理水平，促进城市血脉运行通畅，保障城市安全；紧抓低收入家庭的民生问题，让城市治理体现社会温度；完善保障房制度治理体系，建设一个宜居的首都。

第一，提升交通枢纽地区的社会治理能力，保障城市交通安全运行。建设世界级城市群，交通是一个重要问题，治理好交通枢纽问题是关键。西直门地区处于首都功能核心区十分重要的位置，其建设、管理水平直接影响到核心区的发展质量，影响到首都的安全稳定。西直门地区社会治安综合治理中存在一些不容忽视的问题，管理力量薄弱、执法力量分散、应急管理系统落后、区划和资产配属不合理等问题严重影响了社会治安综合治理效能的提高。为此，需要从根本上破除体制机制障碍，建立健全相关法律法规和规章制度，进一步提高社会治安综合治理队伍素质，加强基础设施建设，规范区域管理和资产管理，从人防、物防、技防等方面加强社会治安防控工作，从而提高治理效能，确保西直门地区的安全稳定。

第二，以公共服务质量的评价为基础，提高副中心公共服务质量。城市治理能力体现为公共服务供给质量，以评估来促进北京副中心公共服务建设是首都城市治理能力提升的一个重要内容。通过建立公共服务质量评价体系，了解北京市公共服务现状并着重识别北京城市副中心公共服务存在的短板与问题，有的放矢地提出系统性的、客观发展优势和主观理念高度融合的副中心公共服务质量提升的对策建议。

第三，改善首都低收入家庭收入状况，促进首都治理中的民生发展。城乡低收入家庭的民生建设是全面建成小康社会中需要关注的重要方面，也是新时代首都治理的时代课题。在不断加强以改善民生为重点的社会建设中，北京城乡居民收入水平不断提高，生活状况持续改善，但是，部分城乡低收入家庭的民生建设和脱贫增收还存在现实障碍。通过对北京低收入妇女和低收入家庭状况的调查发现，低收入家庭存在文化教育程度相对不高、职业技能缺乏、劳动力市场竞争力乏弱、就业渠道狭窄等问题，因此，需要进一步采取优化就业环境、改进社会服务、完善社会保障、扩大社会力量参与等促进民生发展的对策。

第四，重视地铁站服务能力建设，提高首都地铁服务满意度。治理体系突出民生问题。地铁系统的治理能力直接影响到市民的幸福感，且地铁站是展示首都形象、方便市民出行的重要窗口。首都北京地铁为避免大客流对线路造成过大压力和安全隐患，采取设围栏、迂回绕行等常态限流措施，有力保障首都交通安全运行。但主要线路运能紧张，瓶颈点压力凸显，许多站点限流延伸到站外，没有安装挡风防冻雨棚，乘客不得不在寒风甚至雨雪中等待 40 ~ 60 分钟才能进站，周边早餐店、厕所等便民设施不足，服务维护滞后，引发市民抱怨，难以满足市民对公共交通、绿色出行的美好需求，以上问题亟待研究解决。北京要尽快为限流地铁站安装挡风防冻雨棚和增加便民设施，加强首都地铁治理与服务，满足市民出行需求，增强市民获得感。

第五，完善住房保障制度的治理体系，保障城市居民的居住权益。住房保障体系是国家为解决部分低收入居民“居者有其屋”采取的重要城市治理方法，是国家治理体系与治理能力现代化的重要内容。北京作为首善之都，在住房保障制度的建设与实施上，不仅要发挥表率作用，而且是应对高房价下的北京城市建设以及民生需求的重要体现。因此，构建系统完备、科学规范、运行有效的住房保障制度，将是首都治理体系中民生保障的重要内容。基于对北京住房保障制度运行过程中表现出来的问题的分析探索，北京需要完善住房保障制度中相关法律制度、监管体系以及投融资渠道等，不断提升首都住房保障能力。

二 经济治理

经济治理是首都治理体系中的重要组成部分，经济治理水平的提高对于以首都为核心的京津冀世界级城市群建设具有重要的推动作用。运用全局发展思维系统思考建设路径对于建设以首都为核心的世界级城市群具有重要意义；分析首都在京津冀世界级城市群中的核心地位及其内涵能够揭示首都在建设世界级城市群中的作用；探讨创新在京津冀世界级城市群建设中的作用，实现创新资源优化配置，有助于优化首都治理体系和提升京津冀城市群在世界级城市群中的地位；以问题为导向，提出北京建设全国科技创新中心是首都经济治理体系建设的重要支撑；在疏解非首都功能背景下打造经济发展新动能是首都经济治理体系和建设京津冀世界级城市群的主要抓手。

第一，充分学习借鉴国际经验，开展对比研究，运用全局发展思维探索京津冀世界级城市群建设路径。本书从世界、全国、城市群内部与城乡地域系统四个维度出发，探讨了京津冀世界级城市群建设路径，指出京津冀城市群存在经济总量较小、市场化程度较低、一体化发展相对滞后的问题，提出要利用北京在京津冀城市群中的地位和资源优势实现引领效应，推动城市群内部协同发展，充分发挥城镇增长极的带动作用。

第二，首都“核心”作用的发挥程度将直接影响京津冀城市群向“世界级”层次迈进的高度和速度。这就需要结合新形势、新要求，进一步明晰“核心”作用的内涵，为更好地、更有的放矢地发挥“核心”作用提供指导。“核心”定位要求首都充分发挥对外枢纽、对内组织协调和引领示范作用。

第三，世界级城市群是创新的高地和前沿，也是创新资源集中之地，实现创新资源的优化配置，对于打造以首都为核心的世界级城市群有着重要意义。研究发现，京津冀创新要素对经济贡献度的下降主要受人才资源的影响，创新环境是京津冀创新要素发挥经济效能的重要保障。建议激发京津冀地区创新要素活力，增强区域创新能力和经济创新发展的驱动力；优化创新生态环境，注重市场机制和政府调控相结合；构建先进高效创新生态体系，推动各类创新要素资源集聚共享。

第四，全国科技创新中心是新版总规中对北京的新定位，是建设以首都为核心的世界级城市群进程中的阶段性目标。目前北京科技创新中心建设的顶层设计基本完成，自主创新取得显著成效，"三城一区"创新格局基本形成。科技人才队伍、科技创新体制机制、高校与企业及科研院所协同创新等是建设全国科技创新中心中面临的主要问题。进一步加强科技人才队伍建设、完善科技创新体制机制、提升首都地区产学研协同创新能力是北京建设全国科技创新中心的主要路径。

第五，建设以首都为核心的世界级城市群需要两大抓手，一是疏解非首都功能，二是京津冀协同发展。疏解非首都功能和京津冀协同发展两措并举，并不意味着北京不要发展经济，而是需要北京打造经济新动能，高质量地推动经济发展，促进世界级城市群建设。研究发现，疏解非首都功能进程在短期内会给北京经济发展动能带来负向的直接影响和局部影响，但从长期来看将带来正向的间接影响和整体影响。研究提出，新时期北京打造经济发展新动能要增强经济创新活力；大力推动北京新产业、新业态、新模式快速发展；高效推动新兴领域与行业投资；进一步优化制度，释放政策红利。

三　文化治理

数字文化产业是推动首都文化治理体系和治理能力现代化的重要力

量。提升首都旅游公共服务对重大公共卫生事件的危机应对与综合治理能力。首都文化生态治理是促进京津冀城市群文化协同发展的重要基础。发挥首都文化引领、示范和带动作用是建设世界级城市群的重要内容。加快培育北京数据要素市场是首都文化治理能力和治理水平现代化的必然要求。

第一，数字文化产业是推动首都文化治理体系和治理能力现代化的重要力量。2020 年初的疫情为首都数字文化经济赢得了逆势爆发增长的契机，但同时也折射出数字文化产业参与文化治理、发挥文化引领作用、促进社会融合的必要性。数字文化产业发展本身遵从技术、文化与制度三重逻辑，是实现文化治理目标的重要抓手。参与文化治理是一个系统工程，当前面临承担社会责任的主体偏少、易形成舆情敏感点和平台势力难以制衡等难题。为此，要提升数字文化产业参与文化治理效能，充分发挥行业协会的约束与监督作用，增强数字文化企业主体参与文化治理的主动性，明确道德与法律的红线；促进数字新媒体与主流媒体的合作共赢，优化网络舆论生态；强化平台治理效能，促使平台企业与内容商形成良性互动的关系，净化产业创新生态。

第二，提升首都旅游公共服务对重大公共卫生事件的危机应对与综合治理能力。旅游业是国内外历次受重大卫生事件影响最大的“重灾区”。追溯我国旅游业应对非典 SARS，借鉴其他国家或地区旅游业应对甲型 H1N1 流感、巴西“寨卡”疫情、韩国 MERS 事件、日本福岛核泄漏事件等经验，重大公共卫生事件虽然对旅游业造成的短期冲击较大，但在各方救援政策和扶持政策的帮助下，旅游业能够实现快速恢复。加快智慧旅游建设，加强对旅游公共服务供给主体的专业指导，分阶段推进旅游业恢复与振兴，完善修订旅游安全和应急管理体系，增强旅游公共服务的危机应对能力和综合治理能力。

第三，首都文化生态治理是促进京津冀城市群文化协同发展的重要基础。首都文化生态具有延续性、区域性、都市性和首善性等特征，在文化生态治理时要遵循自身的文化发展规律。同时，首都文化生态的物质文化和非物质文化又构成了其基本要素。在此基础上，北京叠聚的城市文化空间与区域政策、硬件条件构成了其治理基础。首都文化生态治理，不仅要促进首都文化的发展，明确首都的城市定位，还要促进京津冀城市群文化的协同发展。但是首都文化生态中工业文化的治理以及区域协同治理存在一些问题。为此，要遵循首都文化原有生态治理和京津冀协同文化生态治理两条路径，一方面打造具有休闲功能、艺术审美功能、教育示范功能的首都文化空间，另一方面增强京津冀文化认同感，实现对传统文化和工业文化的共同治理。首都文化生态治理是一个系统性工程，不仅要增强首都文化的保护力度、加大基层社区文化宣传力度，还应继续夯实京津冀文化协同机构的跨区域治理功能，进而促进文化协同制度和文化综合性平台的形成与发展。

第四，发挥北京作为文化中心的引领、示范和带动作用是京津冀建设世界级城市群的重要内容。世界级城市群作为城市化发展的高级空间形态，对核心城市文化治理能力提出了更高要求。在京津冀协同发展语境中研究北京的文化引领作用，需建立在对北京的三个理论定位之上：作为首都的北京、作为京津冀协同发展龙头的北京、作为世界城市的北京。在以上三个维度构建的理论坐标上，北京在京津冀协同发展中的文化引领作用，具有高度的文化自信、世界级的文化景观、丰富的文化生产和创新、强大的文化传播力、优质的文化获得感五个方面的核心内涵。充分发挥北京在京津冀协同发展中的文化引领作用，提高京津冀城市群文化建设的质量和水平，以文化自信带动文化凝聚力，以文化景观形成城市群符号，以文化创新和文化传播带动城市群发展，从而加强京津冀公共文化共建共享。

第五，加快培育北京数据要素市场是首都治理能力和治理水平现代化的必然要求。数据已经成为影响新一轮全球竞争的关键要素。面对世界百年未有之大变局，站在朝第二个百年目标奋进的关键节点，北京作为正在崛起的大国首都及超大型城市，在我国从数据资源大国向数据利用强国奋力转型中，要率先响应，主动担当作为。培育数据要素市场，有助于北京抢占全球竞争制高点的战略实施，是加快推动全市经济高质量发展的重要途径，是加快提升城市治理能力和治理水平的迫切要求，也是更好建设科技创新中心的关键突破口，是推动京津冀协同发展的重要抓手。但对与大国首都地位相匹配的数据要素市场建设目标和统一开放、竞争有序的市场配置目标而言，当前仍存在数据资源开放不够、数据资源价值挖掘不够、交易市场培育不够、数据跨境流通汇聚不够、安全保障监督管理不够等问题。以“市场有效、政府有为、企业有利、个人有益”为原则，平衡好数据开放共享、开发利用与安全保护之间的关系，着力推动数据开放共享，着力营造便于数据流通的市场环境，要对相关投资、产业、税收、财政等政策进行适配优化。

四　生态治理

生态环境建设是首都治理能力现代化的重要内容和京津冀世界级城市群构建的基础。促进城乡经济、社会、生态系统融合发展是首都治理体系和以首都为核心的世界级城市群建设的现实需要，构建首都低碳创新体系是构建低碳的京津冀世界级城市群与美丽首都的重要支撑，提升城市群生态环境协同发展能力是扩大城市群区域环境容量及生态空间的重要目标，提高能源环境利用效率是打造世界级城市群的重要内容。

第一，促进城乡经济、社会、生态系统融合发展是首都治理体系和以首都为核心的世界级城市群建设的现实需要。本研究从经济、社会、生态三方面构建了城乡融合系统评价指标体系，运用均方差决策法、耦合协调度模型和趋势面分析等研究方法，定量测度了环首都地区 1995～2015 年的城乡融合系统耦合协调度，并借助地理探测器模型对环首都地区城乡融合系统耦合协调发展的影响因素进行识别，结果表明：①1995～2015年，环首都地区城乡融合系统的耦合协调度呈现波动上升趋势，以2000年为拐点，先减后增，但总体水平较低；城乡融合系统耦合协调度的区域差异呈现增大趋势，其中北京市和环京3市两类地区之间的差异是造成环首都地区整体差异的主要原因，而环京3市内部差异大于北京市内部差异。②从空间演变来看，环首都地区城乡融合系统的高水平协调区以北京市为中心呈现空间极化态势，低水平协调区长期布局在保定市范围内，呈现一定程度的低值锁定现象，环首都地区城乡融合系统的耦合协调度整体呈现“北高南低—东高西低”的空间格局。③地区整体经济发展水平、乡村经济和产业发展状况、政府宏观调控和政策导向、城乡收入差距、交通通达性等是影响环首都地区城乡融合系统耦合协调发展的主要因素；影响北京市和环京3市两类地区城乡融合系统协调发展的核心因素存在时空差异性。

第二，构建首都低碳创新体系是建设低碳的世界级城市群与美丽首都的重要支撑。首都低碳创新体系构建存在许多深层次问题，如低碳创新能力弱、创新投入不足、中介服务滞后、创新意识不强等。构建首都低碳创新体系，应夯实企业主体地位，提升低碳创新能力；完善首都创新政策，实施低碳创新工程；强化科研体制改革，激发低碳创新活力；完善低碳创新服务，鼓励公众参与。

第三，提升生态环境协同发展能力是扩大城市群区域环境容量及生态空间的重要目标。城市生态环境协同发展应以各城市的生态环境发展能力为基础。利用DEA模型，对京津冀城市群中13个城市的生态环境协同发展的综合效率、纯技术效率以及规模效率等做全面评估，结果表明，京津冀各城市的生态环境协同发展综合效率相对较低，主要原因是部分城市环保资金投入相对不足，致使规模效率低，且城市间差异较大。部分城市处于规模效率递增阶段，加大财政支出力度，可进一步提升城市生态环境协同发展能力。

第四，提高能源环境利用效率是打造世界级城市群的重要内容。京津冀区域是中国重要的经济增长极，也是目前中国环境污染和能源消耗问题较突出的地区，提高能源环境利用效率是打造京津冀城市群的关键。利用 DEA - Malmquist 及 Panel Tobit 模型对“十一五”和“十二五”期间京津冀区域202个区县的能源环境利用效率及其影响因素进行分析，结果表明：①京津冀区域的纯技术效率最高，规模效率次之，规模效率有效区县占比均为10.4%，综合效率最低。京津冀区域“十二五”时期较“十一五”时期纯技术效率达到有效的区县数量略有下降。②影响全要素生产率变化指数的3个分解指数差异明显，技术进步变化指数是影响全要素生产率变化指数的主导因素；应加强科技创新，提升城市能源环境利用效率。③第三产业比重、经济开放程度等对京津冀区域能源环境利用效率具有正向影响，单位 GDP 能耗、政府干预水平、房地产投资水平等对区域能源环境利用效率具有负向影响。适当提高三产规模和经济开放程度有利于促进技术效率的提升；合理分配房地产投资、调整能源消费结构、适当减少政府财政支出可以提高能源环境利用效率。

目　录

社会治理篇

经济治理篇

文化治理篇

生态治理篇

社会治理篇

北京西直门交通枢纽地区社会治安综合治理研究

唐　鑫*

摘　要： 建设世界级城市群，交通是一个重要问题，治理好交通枢纽问题是关键。西直门地区处于首都功能核心区十分重要的位置，其建设、管理水平直接影响到核心区的发展质量，影响到首都的安全稳定。西直门地区社会治安综合治理中存在一些不容忽视的问题，管理力量薄弱、执法力量分散、应急管理系统落后、区划和资产配属不合理等问题严重影响了社会治安综合治理效能的提高。为此，需要从根本上破除体制机制障碍，建立健全相关法律法规和规章制度，进一步提高社会治安综合治理队伍素质，加强基础设施建设，规范区域管理和资产管理，从人防、物防、技防等方面加强社会治安防控工作，从而提高治理效能，确保西直门地区的安全稳定。

关键词： 北京西直门地区　交通枢纽　社会治安　综合治理

一　引言

“打防结合、预防为主、专群结合、依靠群众”是党中央对社会

* 唐鑫，北京市社会科学院市情调查研究中心主任、研究员，北京世界城市研究基地主任。

治安综合治理工作提出的明确要求。贯彻落实好社会治安综合治理“十六字”方针，必须深入调查研究、切实解决存在的问题，把社会治安综合治理各项工作抓紧抓实，抓出成效。近年来，北京西直门综合交通枢纽地区（以下简称“西直门地区”）管理委员会，坚决贯彻党中央、市委市政府和西城区委区政府关于做好社会治安综合治理工作的一系列指示精神，围绕社会治安综合治理“社会稳定，重大恶性案件和多发性案件得到控制并逐步有所下降，社会丑恶现象大大减少，治安混乱的地区和单位的面貌彻底改观，治安秩序良好，群众有安全感”主要目标，结合西直门地区实际做了大量工作，取得了明显成效。

随着城市经济社会的迅猛发展，西直门地区社会治安综合治理工作出现了许多新的特点，特别是京张高铁的开通，给西直门地区社会治安综合治理工作带来了前所未有的压力。为准确反映西直门地区社会治安综合治理的实际情况，特别是存在的问题，对标《北京城市总体规划（2016 年—2035 年）》，深入探讨加强西直门地区社会治安综合治理的实现路径，确保西直门地区的安全稳定，笔者对西直门综合交通枢纽地区社会治安综合治理问题进行了全面梳理，围绕主要问题剖析原因，从管理学的角度研究解决问题的办法，提出了对策建议。

二　西直门地区社会治安综合治理现状、特点和展望

西直门地区处于首都功能核心区十分重要的位置，是进入核心区的门户地区和北京城市交通网络的关键节点地区，其建设、管理的水平直接影响到核心区的发展质量，影响到首都的安全稳定。西直门地区社会治安综合治理工作具有鲜明的特点，取得了显著的成绩，也存在不容忽视的问题，京张高铁开通后将面临严峻的形势。

（一）西直门地区社会治安综合治理工作的基本情况

西直门地区位于西直门立交桥西北角、西城区与海淀区交界处，东起西直门北大街西侧辅路及西直门立交桥下西二环路辅路西侧便道，西至大钱市胡同，南起西直门外大街北侧辅路，北至“转河”西城区界，辖区面积为33公顷，是铁路、地铁、公交相互换乘，商务商业、居民社区并存的立体综合交通枢纽地区。

区域内有国铁北京北站，北京地铁2号、13号线（始发终到）和京港地铁4号线，公交375路、438路和特15路始发、终点公交场站及地铁西直门公交车站等15条公交线路；有商务商业企业550余家，主要集中在西环广场，共486家（其中，时装服饰、餐饮、美容保健、培训等403家，各类公司机构83家）；有时代之光、笑祖塔院、滨河3个居住小区，分别隶属海淀区北太平庄街道和西城区展览路街道，其中，居民楼22栋、2534户，常住和流动人口12244人，铁路职工宿舍1处共53户130间房屋；有中央、北京市、西城区、海淀区等10余家企事业单位和派出机构。地区人流量约日均52.03万人次，其中，地铁日均客流总量36.63万人次（进出站客流13.06万人次，地铁内部中转客流23.57万人次），西环广场日均客流量12万人次，公交客流量约3.4万人次。

近年来，西直门地区管委会针对本地区的特殊性和复杂性，协调各方力量，在社会治安防控体系建设、社会治安联勤联动机制建设，公安、城管、保安、社区志愿者队伍建设，人防、物防、技防建设等方面，付出了艰苦的努力，日常警务、防恐处突、扫黄打非等工作持续推进，确保了本地区未发生重大公共安全事故，取得的成绩值得充分肯定。

（二）西直门地区社会治安综合治理工作的特点

在长期的建设、发展过程中，西直门地区不仅具有综合交通枢纽功能，而且具有商业区、居民社区等功能。功能叠加使其社会治安综合治理工作具有以下几个特点。

第一，功能繁多、业态复杂，社会治安综合治理工作压力大。西直门地区既有铁路、地铁、公交等枢纽型场站，又有西环广场等大型商务商业综合体（其中，西环广场总建筑面积252388.34平方米，商用面积83552.72平方米，写字楼面积96236.45平方米，B2、B3停车面积59100.42平方米，交通换乘区面积13498.75平方米，入驻商业企业单位共486家，日均客流约为12万人次），还有时代之光、笑祖塔院、滨河3个居住小区，分别隶属海淀区北太平庄街道和西城区展览路街道，其中，居民楼22栋、2534户，常住和流动人口12244人，铁路职工宿舍1处共53户130间房屋。当前，北京西站、北京南站、北京站等交通枢纽地区以交通运输为主，不存在大型商务商业综合体、居民居住社区等情况，与它们相比，西直门地区功能繁多、业态复杂，社会治安综合治理工作的压力很大。

第二，权属多样、管治分离，社会治安综合治理工作难度大。地区内的企业属性不同，有央企、市属企业、区属企业和民营企业；居民区的管理主体不同，有海淀区管辖的时代之光、笑祖塔院社区和西城区管辖的滨河社区，还有属铁路管辖的铁路职工住宿区，统筹协调十分困难。地区主要涉及的权属单位有北京铁路局、京铁地产、市公交总公司、西城区政府、市西北郊粮库、西环置业等。根据北京市人民政府《关于西城区与海淀区边界争议裁决的通知》（京政函〔2000〕47号），行政区划属西城区，但有9.15公顷的跨界用地属海淀区管理，其中包括部分社会单位和2个居民区。由于管治分离，地属西城，管理归海淀，众多流动人口聚集在这一地区，特别是“黑车、黑导游、黑摩的”等盘踞在这一地区，给地区社会治安综合治理工作增加了难度。此外，不仅地区内权属关系复杂（央属、市属、区属、私产等混杂在一起），而且没有西直门管委会直接管辖的区域，一些关键区域仅靠统筹协调难以及时有效地解决问题，也给社会治安综合治理工作增加了难度。

第三，“九龙治水”、力量分散，社会治安综合治理工作相对弱化。目前，涉及西直门地区的执法力量主要有：北京北站派出所，警力配备58人；北京市公安局公共交通安全保卫总队西直门派出所，警力配备62人，辅警70人；西城公安分局西外大街派出所，警力配备48人；西城区公安分局展览路派出所，警力配备92人；西城公安分局北京北站地区安全防范联勤办公室，主要警力7人；涉及海淀区的大钟寺派出所和北太平庄派出所由海淀区政法委协调；另外，还有北京市城管局西城分局展览路执法三队在编干部18人、西直门管委会负责招聘的地区保安队30人。从面上看涉及地区总警力达到了337人，但是从各单位分管的点、线、面和职能、工作重心看，管辖范围和重点不一，真正落实到地区的警力不足1/10，甚至更少。因所属系统、层次的问题，协调工作显得非常困难，导致力量分散、“九龙治水”，社会治安综合治理工作相对弱化。

第四，区域局促、客流集中，社会治安综合治理工作存在极大风险。从总体上看，西直门地区土地面积为33公顷（33万平方米），地区人流量日均约52.03万人次。如果按日均人流量计算，人均可占用土地面积为0.63平方米。如果按总面积的1/2扣除地面建筑物、车辆道路和设施设备等占用的面积，人均可占用土地面积仅为0.315平方米。考虑到地铁内部中转客流23.57万人次，除去这个因素，人均可占用土地面积也只有0.57平方米。从主要人行通道看，凯德Mall通往北京北站的有地铁2条、商场通道21条，加上正门5个，高差近130米（地下30米，地上99米）。从非机动车情况看，地区早高峰期利用非机动车出行人数约为5120人次/小时，站前广场和西环广场周边的非机动车停放日均保持在1500辆左右，工作日早高峰期为2500辆左右；围绕枢纽主要区域非机动车占用机动车道路和行人步道的现象非常严重。狭小的空间、高度密集的人群，带来了极大的安全风险。

（三）京张高铁开通后社会治安综合治理态势分析及预测

随着京张高铁的开通和2022年冬奥会的临近，西直门地区在全市交通系统中的重要性将大幅提升，一方面人流、车流将显著增加，交通承载力严重不足；另一方面社会矛盾和问题会呈增加趋势，安全隐患将上升，社会治安综合治理面临严峻的形势。

第一，西直门地区交通承载力已经处于超饱和状态。通过测算可以看出，地区内地铁2号、4号和13号线在早高峰期运力全开，其中13号线为始发、终点站，处于超负荷运行状态，2号、4号线是过路站，2号线西直门站处于超负荷运行状态，4号线上行方向处于满负荷运行状态。地面交通路网承载力超过设计能力，早晚高峰时段处于拥堵状态，地面交通承载力难以满足旅客出行需求；站前广场和西环广场西侧的非机动车通过和停放量也超出了设计的承载范围，对交通秩序产生了负面影响。

第二，西直门地区交通拥堵状况有恶化的可能。北京北站改造完成、投入使用后，地区客流量大幅增加。2019年起，北京北站始发终到动车组60对，冬奥会期间始发终到动车组83对，远期始发终到动车组125对，到发旅客也将从日均10万人次增加至20万人次。预计2019～2022年，公共汽车出行的需求量将增长30%～36%，地铁出行的需求量将增长51%～59%，出租车出行的需求量将增长113%～126%，私家车（含网约车）出行的需求量将增长55%～60%。急速增长的交通出行需求使西直门地区的交通承载力不堪重负。

第三，西直门地区公共安全形势将更加严峻。火车站地区人流汇聚、社会环境复杂，是社会问题相对集中、社会矛盾极易激发的地区。恐怖分子常常利用这样的地区制造恐怖事件，导致社会震荡；社会闲散人员、旅店拉客人员、倒卖车票人员、流浪乞讨人员、“黑车”司机等总是集中在这些地区谋求所谓“生计”，给社会治安带来诸多隐患。北京北站进出站系统单一，旅客换乘区域狭小，随着客流量激增，一旦发生拥堵，易引发群体性事件和安全事故，给社会治安综合治理带来挑战。加强西直门地区社会治安综合治理，解决历史上形成的制约管理效能提升的问题，刻不容缓。

三　加强西直门地区社会治安综合治理的重要意义

当前，我国改革进入攻坚期和深水区，社会环境越来越复杂，社会问题越来越多样，社会矛盾越来越尖锐，群众对安全的期望和要求越来越高，维护首都功能核心区及其主要交通枢纽地区安全稳定的任务十分繁重。加强西直门地区社会治安综合治理，进一步提升社会治安防控效能，对于维护首都的安全稳定和人民群众的人身财产安全，努力满足人民群众对安全的高期待、高要求，实现“平安冬奥”的目标，提升城市发展质量具有重要意义。

（一）贯彻落实党的十九大精神的必然要求

党的十九大报告指出，“加快社会治安防控体系建设，依法打击和惩治黄赌毒拐骗等违法犯罪活动，保护人民人身权、财产权、人格权”。贯彻落实党的十九大精神，必须加强社会治安综合治理。社会治安综合治理是社会治安防控体系的重要组成部分，加快社会治安防控体系建设必然要求加强社会治安综合治理。党的十八大以来，习近平总书记提出要不断加强和创新社会治理，完善中国特色社会主义社会治理体系，努力建设更高水平的平安中国，进一步增强人民群众的安全感。西城区贯彻落实习近平总书记指示精神，社会治理特别是社会治安综合治理取得了显著成绩，有力地推进了社会治安防控体系建设。西直门地区管委会在西城区委、区政府的领导下，不断加强社会治安综合治理工作，确保了地区的安全稳定。面对加快社会治安防控体系建设的新要求，面对京张高铁开通、北京北站改扩建后交通流量大幅增加等新形势，西直门地区社会治安综合治理的任务十分繁重。只有不断加强社会治安综合治理、深入推进社会治安防控体系建设、消除地区内各类安全隐患，才能确保京张高铁开通后地区的安全稳定，更好地保护人民的人身权、财产权、人格权，进一步提升人民的安全感，为提高首都功能核心区发展质量提供和谐的社会氛围。

（二）实施北京城市总体规划的必要举措

《北京城市总体规划（2016 年—2035 年）》提出，“加强重点区域、人员密集场所及出租房屋、地下空间综合整治”，“高标准推进首都社会治安防控网建设，健全周边跨区域治安协同防控体系”。加强社会治安综合治理本身就是总体规划的重要内容，实施好总体规划，必须加强社会治安综合治理，建设好社会治安防控体系。做好社会治安综合治理工作，需要以总体规划为指导，在落实总体规划的基础上开展创造性工作。西直门地区作为首都功能核心区的重要地区，其安全稳定关系到全区乃至全市的安全稳定和首都的形象，处于“牵一发而动全身”的重要地位。要从北京建设国际一流和谐宜居之都战略目标的高度看待地区社会治安综合治理工作，从落实“全国政治中心、文化中心、国际交往中心、科技创新中心”的首都城市战略定位部署地区社会治安综合治理工作，在“减量发展”和“疏解整治促提升”中抓紧抓好社会治安综合治理工作。只有这样，才能在复杂的形势下，既胸怀大局又针对地区的特点，把握交通枢纽地区治安问题发生、发展和解决的规律，通过综合治理、协同施策、重点突破，切实化解首都转型发展中的矛盾，防范矛盾激化，将安全隐患消除于萌芽状态，确保总体规划能够顺利实施。

（三）实现“平安冬奥”目标的必经之路

习近平总书记要求：“确保把北京冬奥会办成一届精彩、非凡、卓越的奥运盛会。”贯彻落实习近平总书记的要求，社会的安全稳定是基础。北京北站是京张高铁的始发和终点站，承担着筹办冬奥会的铁路运输重要任务。京张高铁开通运行后，北京北站乃至整个西直门地区的交通流量将大幅增加，对社会治安综合治理工作提出了很高的要求。以平安确保冬奥会的精彩、非凡、卓越，要求西直门地区社会安全稳定、保持良好的交通秩序、充分发挥交通枢纽的人流车流高效集散、提供各类优质服务的功能。西直门地区从服务冬奥的角度加强社会治安综合治理，一是要保证奥运交通安全，将铁路、地铁、公路交通作为一个有机的整体不断完善有效接驳，加强并改进完善检查设施和方法，做好交通应急预案，防止交通拥堵和客流聚集；二是要强化奥运治安防控措施，从情报、信息的收集到迅速处置突发事件等各个环节做好反恐防爆准备，不给恐怖分子和其他违法犯罪分子任何作案的空间；三是要严格奥运消防检查，对水、暖、电、气、热等要害部位实行专人负责检查、维修，严防出现跑、冒、滴、漏的情况，杜绝火灾和其他事故的发生；四是要加强奥运卫生保障，加大对食品卫生、环境卫生的监管力度，确保地区及其周边的卫生安全。这些举措，不仅对于“平安冬奥”具有重要意义，而且对于实现交通枢纽地区的长治久安具有深远的意义，即通过筹办冬奥会，形成加强社会治安综合治理的长效机制，夯实综合治理基层基础工作，进一步完善社会治安防控体系。

（四）提升地区发展质量的必备条件

衡量一个地区的发展首先要看这个地区的社会治安状况，社会治安状况不好谈不上真正的发展。加强社会治安综合治理是提升地区发展质量的前提，没有这个前提，经济发展、社会进步都将落空。人民群众对美好生活的向往要求我们要不断提高发展质量，在衣食住行等许多方面不断满足其更高的要求。交通枢纽地区重点要在行的方面为人民群众提供高水平的服务，这是检验其高质量发展的关键指标。高水平的服务，一方面要确保交通的顺畅、便捷，另一方面要让人民群众有安全感、获得感。只有交通顺畅、便捷，才能提高各部门的生产效率和城市的活力；只有让人民群众有安全感、获得感，才能激发广大市民建设首都的积极性和创造性、彰显城市的品质。从这个意义上说，西直门地区作为全市的交通枢纽地区，其社会治安综合治理联系着人民群众的生产、生活，关乎首都发展的质量。当前，北京正处在发展动力转变、发展模式创新、发展水平提升的关键时期，特别需要社会的安全稳定。为首都高质量发展提供良好的交通环境乃至社会环境是西直门地区义不容辞的责任，要履行好这一责任必须加强社会治安综合治理，提升社会安全稳定的水平，促进地区的高质量发展，为首都又好又快发展做出应有的贡献。

四　西直门地区社会治安综合治理中存在的问题

西直门地区社会治安综合治理中存在一些不容忽视的问题，管理力量薄弱、执法力量分散、应急管理系统落后、区划和资产配属不合理等问题严重影响了社会治安综合治理效能的提高。这些问题的形成有着十分复杂的原因，既有功能定位的原因，也有体制机制方面的原因，对这些原因进行深入剖析有利于正确解决问题。

（一）存在的主要问题

1. 地区管委会力量薄弱

西直门管委会是北京市政府派出机构，由西城区代管，在编干部22名，与北京西站、北京南站管委会相比，在处室设置和人员数量上均存在不足，难以满足北京北站高铁开通后地区面临的复杂形势和管理需求。同时，西直门管委会缺少直属的执法队伍，制约了管理执法工作效率的提高。

2. 执法力量不足且分散

西直门地区警力由西直门外大街派出所、展览路派出所、市公交总队西直门派出所、北京铁路公安局北站派出所和西城公安分局北站联勤办公室组成，地区总警力 337 人，但是真正落实到地区的警力不足 1/10。这些警力以及地区的城管、交通执法等队伍不归西直门管委会管理，责权不分明，事事靠协调，统筹协调机制不健全，结果是“九龙治水”、各行其是，难以形成合力，致使安全隐患得不到及时消除，制约了应急处突效率的提升。

3. 应急管理系统落后

西直门管委会现有的应急管理系统（指挥中心）建立于 2010 年，只能进行简单的摄像探头监控。高铁开通后客流剧增，对处置各类特情的要求很高，尤其是遇到突发性的恶劣天气、列车晚点、人流聚集，甚至发生安全事故等特殊情况，如何预防交通拥堵、迅速疏散客流，如何防范和打击违法犯罪、暴力恐怖事件，确保乘客安全，对地区交通服务、应急管理、治安秩序等诸多方面都是严峻的考验，现有的应急管理系统比较落后，难以应对大客流冲击和反恐防暴、违法犯罪等突发事件。

4. 没有应急避难场所

西直门地区作为综合交通枢纽，人流、车流密集，特别是区内有北京北站，为了应对突发情况和事件，应该开辟应急避难场所，形成集通信、电力、物流、人流、信息流等于一体的完整网络，具有避难指挥、避难疏散、应急救护、应急消防、应急供电、应急供水等应急避险功能。目前地区内没有这样的场所或相关储备用地，缺乏必要的应急管理设施，与周边地区的人流疏散机制尚未建立。

5. 区划和资产配属不合理

西直门地区内有 91520.64 万平方米的西城区所属用地由海淀区管辖，枢纽区域的规划改造和综合管理整治由西城和海淀两个区负责，西直门管委会作为西城区代管的单位，难以协调这个区域的综治工作。西直门交通枢纽混合换乘大厅公共设施资产由市国资委下属的北京市基础设施投资公司管理，该公司又委托凯德公司管理，这个区域的综治工作也是西直门管委会的协调难点。

（二）存在问题的原因分析

1. 功能配置存在偏差

当前，我国发展不平衡不充分的一些突出问题尚未解决，社会矛盾和问题交织叠加，一些深层社会矛盾日益显现。随着经济、社会的快速发展，流动人口大量增加，城市的“门户”和“窗口”地区——车站、码头、机场等的社会治安和稳定问题更加突出。这些地区在迎送大量海内外旅客的同时，聚集了从这里获取各种利益的不同群体，隐藏着一些违法犯罪人员，极易成为社会矛盾激化的突破口。火车站地区历来是城市犯罪的高发区，也是广大人民群众和社会舆论关注的焦点。在新形势下，这些地区的新情况、新问题大量涌现，社会治安状况不容乐观，综治工作呈现更加复杂的局面。

加强火车站地区的社会治安综合治理，切实维护该地区良好的社会秩序，首先要明确这一地区的功能就是为旅客往来服务，保证人流、车流安全快速通过。由于历史的原因，西直门地区功能较为复杂多样，商业、办公、居住、城市交通枢纽、铁路客运站等功能混合。目前，该地区聚集了诸多服务业，驻有商业公司、餐饮饭店、培训机构等各类企业440多家，日均汇聚人流约12万人次，其中凯德Mall商业综合体面积最大、会聚的人流最多，致使该地区交通系统高负荷运行。由于没有按照交通枢纽的特殊性来配置地区功能，也就不能配置相应的管理和执法力量，而京张高铁开通必将增加综治工作的压力和难度，使得地区综治工作面临更加严峻的形势。

2. 管理体制机制不完善

在北京北站的重要性大幅提升的新形势下，“西直门管委会是北京市政府派出机构、由西城区政府代管”这一定位不利于地区综治工作的开展。当前，西直门管委会实际上处于西城区政府领导之下，从人员编制、干部任命到业务开展、制度建设、公用经费支出都由区政府决定。长期以来，西直门地区管理未作为区政府的重点工作，未将地区的综治工作纳入全区综治工作大盘子中统筹安排，投入的人力、物力、财力与所承担的任务相比较少。由于综合交通枢纽地区的特殊性，其管理工作专业性很强，需要管理者具备丰富的专业知识和管理经验。西直门管委会主任由一名副区长兼任，这种兼职的做法值得商榷：一是副区长分管工作较多，难以专注于该地区管理；二是副区长工作变动相对频繁，九年内换了七任分管副区长，新来的领导要重新熟悉地区情况和管理工作，这对于综合交通枢纽这样特殊地区的管理是不合适的。当初之所以要将西直门管委会定位为北京市政府派出机构，而不是西城区政府派出机构，就是基于该地区的特殊性，为了突出管委会的权威性、便于其开展统筹协调工作并提高管理效能。现在市里“派而不管”、区里“代而弱管”的状况势必影响西直门地区管委会管理效能的提高。

西直门地区管委会协调市属和区属单位派出机构，统一指挥它们做好地区综治工作，缺乏法理依据和政策依据。目前，唯一的依据是市政府文件中关于西直门管委会是市政府派出机构的定位。现实中人们把它作为西城区政府的一个下属机构来对待，导致其权威性不高，为其代表市政府管理该地区带来了很大困难。如果说管委会协调西直门外大街派出所、展览路派出所等区属机构相对容易，那么协调市公交总队西直门派出所、北京铁路公安局北站派出所等市属机构就勉为其难。在管理体制不顺、缺乏必要的管理机制的情况下，西直门管委会主动克服困难，以高度的责任心做好管理工作，确保了地区的安全稳定。但是长此以往，特别是京张高铁开通后人流、车流量大增，统筹管理乏力将使综合治理的隐患和风险加大。

3. 建设、管理的投入不足

加强社会治安综合治理，需要加大对科技反恐与科技创安投入。当前，传统安全威胁和非传统安全威胁的因素相互交织，恐怖主义危害上升。恐怖主义袭击和其他违法犯罪活动的手段趋向科技化，特别是非传统安全威胁，除具有科技含量高的特点外，还具有非对称性、不确定性等特点，往往能够以较小的代价或者因为整个系统的某一细小环节的断裂、差错、受阻等导致极大的损害。人们对非传统安全威胁因素的认识往往十分有限，获得完全精确的情报信息也很困难。同时，人们对非传统安全威胁因素将在何时何地发生的认识是不确定的，对非传统安全威胁因素产生后将持续多久以及最终将造成多大损害的认识也是不确定的。针对这些特点，要积极有效地应对包括恐怖主义在内的各种非传统安全威胁因素，必须增加安全保卫和维护稳定工作中的科技含量。

随着科技反恐与科技创安重要性的与日俱增，西直门地区的相关投入不足。根据 2018 年西直门地区管委会预决算统计资料，管委会获得批准的年度财政预算总额为 1120.6 万元，按支出性质分，基本支出 781.7 万元，其中人员经费支出 755.6 万元、日常公用经费支出 26.1 万元；项目支出 338.9 万元，全部为行政事业支出，无基本建设支出。338.9 万元行政事业经费对于日益繁重的科技反恐与科技创安来说，只是杯水车薪。现在的应急管理系统（指挥中心）是在九年前建成并投入使用的，由于没有经费一直未能进行升级改造，不能满足京张高铁开通后科技反恐与科技创安的需要。此外，在其他基础设施建设以及科技设备配置、科技管理队伍建设、科技创安社区和单位建设等方面，都存在经费严重不足的问题。

五　加强西直门地区社会治安综合治理的对策建议

解决西直门地区社会治安综合治理中存在的主要问题，需要全面深化改革、贯彻落实《北京城市总体规划（2016 年—2035 年）》，从根本上破除体制机制障碍，建立健全相关法律法规和规章制度，进一步提高社会治安综合治理队伍素质，加强基础设施建设，规范区域管理和资产管理，从人防、物防、技防等方面加强社会治安防控工作，从而提高治理效能，确保地区的安全稳定。

（一）调整地区功能配置

《北京城市总体规划（2016 年—2035 年）》明确指出，“北京站、东直门、西直门、永定门等交通枢纽地区，调整功能定位，提高周边业态水平，加强地区环境治理，整顿交通秩序，建设环境优美、服务优质、秩序良好的城市门户”。交通枢纽地区的安全稳定，关系到社会的稳定，也关系到人民群众的安宁与幸福，要从加强和创新社会治理的战略高度贯彻落实北京新版总规，对西直门地区的功能进行调整。调整的原则是：西直门地区作为交通枢纽，主要功能是交通功能，要围绕增强交通功能调整其他辅助功能。

1. 减少地区内的商业设施和企业

对地区西部的凯德 Mall 商业综合体的功能进行重新定位，明确其为北京北站提供商业服务的主体功能，将商业综合体内的办公、培训等企业清理出去，同时控制超市和其他商业设施的规模，减少人流、车流给地区交通带来的压力。

2. 整治地区内的居民住宅区

拆除地区北部的铁路危改小区，对小区内 3、4、5、6 号楼以及西直门北大街 41、43 号院进行安全整治，提高防火、防盗等安全标准；加强对时代之光社区的管理，排查社区内出租房的情况，原则上不允许将社区内的房屋外租给流动人口居住。

3. 提高地区周边业态水平

适应打造“高精尖”经济结构的要求，对地区周边业态进行科学规划，以不增加人流、车流为原则，合理利用动物园批发市场腾退后留下的物业空间发展高端服务业，控制西直门内大街、西直门外大街与西直门南、北大街的餐馆、饭店、旅馆和其他商业网点的设置，充分利用现有土地空间进行绿化、美化，形成具有地区特色的文化风貌。

（二）健全管理体制机制

总体上看，西直门地区管委会主动克服困难，尽最大的努力完成了市委、市政府交给的任务，在地区管理中发挥了重要作用，实践表明它是一支素质较高、能较好地履行地区管理主体职能、胜任地区管理任务的队伍。随着京张高铁的开通和人流、车流的急剧增加，西直门地区管委会社会治安综合治理的任务将十分繁重，迫切需要建立健全管理体制机制，增强管理能力，提高管理效能。

1. 完善管理体制、机构设置及其职能

西直门地区管委会由北京西站地区管委会管理。西直门地区管委会由西城区政府代管这一模式已不适应北京北站和整个地区日益发展的要求，应由具有丰富专业管理经验的北京西站地区管委会管理。北京西站地区管委会是北京市政府派出机构，属正局级单位，不由某个区代管，形成了比较成熟的管理体制机制，积累了丰富的管理经验。西直门地区管委会作为市政府派出的副局级单位，由北京西站地区管委会管理不会存在体制障碍，并且两个管委会的工作性质相同，也不会存在机制障碍。从全市火车站地区管理的角度看，确有必要成立全市性的管理机构，统筹管理这些地区，从而提高管理工作的协调性、增强管理效能。因此，建议将北京西站地区管委会更名为北京火车站地区管委会，将西直门地区以及其他火车站地区纳入其管理范围。

重新规划西直门地区管委会机构设置。管委会下设 4 个处室 1 个中心，即行政办公室、综合治理处、应急工作处（指挥中心）、宣传（社会）工作处和进出站系统事务管理中心。对各部门职能进行重新划分和定位，并根据岗位需要，增加行政编制和事业编制。建立西直门管委会直属的派出所、交通执法和城市管理队伍及相关机构，配备一定数量的保安力量。在西环广场或北站东侧京铁大厦中选择办公地点，将西直门管委会和直属的公安、交通执法、城市管理队伍以及相关机构、应急指挥中心集中办公，实现一体化办公、指挥和管理，既方便队伍建设与管理，又能形成高效有力的统一指挥，提升地区管理和应急处突的快速反应能力。

确立与新形势相适应的西直门管委会职能。新形势下，管委会要担负政治职能，提供政治秩序和保证社会治安与稳定；经济职能，维护市场秩序和促进经济发展；服务职能，提供公共产品；救济职能，提供社会保障与环境保护；协调职能，维护与周边单位和地区的良好关系。具体如下：确保党的路线、方针、政策在本地区得到贯彻落实，确保有关的法律、法规在本地区得到严格实施，确保政令在本地区的畅通，维护安定团结的政治局面，构建和谐的社会环境，为地区工作安全、高效运行提供保障。负责组织制定地区的公共管理规划和管理规定，领导驻区的政府职能部门依法开展管理工作，并对它们的工作进行监督、检查和考评，对驻区的政府职能部门领导干部的任用提出意见、建议。组织经济管理部门建立并维护公平、公开、公正的市场秩序，促进地区的经济发展。负责该地区各类产业、公共交通及铁路等单位服务质量的监督检查，提供高质量的公共产品。负责社会保障工作，对社会弱势群体采取保护措施，特别是对流浪乞讨人员实施救助。协同环保部门做好环境保护工作，禁止破坏环境的行业进入本地区，维护良好的卫生环境。协调地区内铁路部门、有关单位和有关区的关系。

2. 强化长效管理机制

加强法律机制建设。主要是通过法律本身以及有关部门的审查以达到对管委会和驻区的政府职能部门的监督来实现。建立法律机制可以分为两步进行：第一步，以《行政许可法》、《行政诉讼法》、《行政处罚法》和《公务员法》等法律为依据，制定西直门地区管理的各项规章制度，规范管理工作，约束公务员的行为。第二步，在适当的时候制定《北京市西直门地区管理条例》，以地方性法规的形式来确定西直门地区管委会的职能、权力、责任及其与驻区的政府职能部门和其他单位的关系，确定驻区的政府职能部门的权力与责任、驻区其他单位和旅客的权利与义务，确定相关的惩处措施等。

加强政治机制建设。主要是通过公民对政府的直接监督和立法机关的监督与控制来实现。公民监督可以有多种形式，如对管委会和政府驻区职能部门及其官员的行为提出批评、意见、建议，对其侵害公民权益的行为进行投诉、检举、行政复议或行政诉讼，新闻媒体和公共舆论对它们的不良行为进行揭发和评议。立法机关的监督与控制，主要是市人民代表大会代表视察西直门地区，对管理工作进行监督，并提出批评、意见、建议，必要时可将地区管理的重要问题作为议案提交市人民代表大会。管委会每年应组织民意调查、民主评议、民间咨询和人大代表视察等活动，以便较全面地掌握西站地区管理工作情况，及时发现问题、解决问题。

加强行政机制建设。主要是通过政府体系内部各种规则的完善和各种行政监督来实现。政府体系内部的自我监督比较全面，既包括行政行为合法性的法律监督，也包括效率、质量、行为规范的合理性监督；既包括一般监督（上级对下级与下级对上级的相互监督、主管部门监督、职能部门监督），又包括特别监督（如行政监察、审计监督、行政复议）；既包括事前监督、事中监督，也包括事后监督。西站地区管理的监督应根据自身的实际情况，确立监督机制。如管委会对驻区职能部门的工作进行考评，分门别类地建立各单位的工作考评指标体系，依据指标体系给各单位提出管理目标与任务，并对它们的工作进行检查、打分。管委会自身也要接受驻区职能部门和其他单位的监督，建立机关内部的工作考评指标体系。

加强道德机制建设。主要是通过社会对政府官员良好管理与服务的公共期望、政府对其官员进行职业伦理的宣传与教育、政府官员对公共行政的职业伦理的内化来实现。公共管理的首要投入是人，而其产出又是用于满足人的愿望。管理人员无论在内部或外部都受到占统治地位的价值观影响。管理的判断对于有组织的努力是必要的，其活动同有关人及人际关系的假设不可分割地交织在一起。因此，道德机制相对于法律机制、政治机制、行政机制而言虽然是软约束，但是在管理机制中是不可缺少的。西直门地区管委会在管理实践中开展的精神文明创建活动，属于道德机制的重要组成部分，现在的关键是要把它深入、持久、规范地开展下去，而不是只停留在宣传层面。要做到这一点，对文明单位的评选要结合市精神文明建设委员会的标准，联系本地区的实际，制定出具有自身特色的评价体系，并使之真正运用到实践当中去。

加强市场机制建设。主要是在生产和供给公共产品过程中打破政府垄断，引入竞争机制，以及通过政府部门内部引入企业管理技术和评价机制，促使政府及其官员不断改进部门管理工作，提高管理的质量与效率。建立市场机制的关键是注重竞争，如在确定公共产品的生产厂商方面尽可能有多种选择，实行末位淘汰制、择优选用制等，可以先在环卫、城管、保安等队伍中试行。

（三）加强社会治安防控工作

当前，我国改革进入攻坚期和深水区，社会环境越来越复杂，社会问题越来越多样，社会矛盾越来越尖锐，群众对安全的期望和要求越来越高，西直门地区管委会维护首都核心区安全稳定的任务越来越繁重，要进一步加强社会治安防控工作，提升社会治安防控效能，大力维护首都的安全稳定和人民群众的人身财产安全，努力满足人民群众对安全的高期待、高要求，提高群众安全感。

1. 加强基层基础工作

推进110警情分类制度建设。按照《中华人民共和国警察法》和《110接处警工作规则》的规定，适当分流警务警情和非警务警情。建立职能部门联动机制，依托110指挥中心，将民众报警内容中涉及其他政府部门或相关社会主体的非警务警情，由相关职能部门予以紧急救助，以减少110接警处警压力。建立警务工作宣传机制。建立与媒体的协调沟通、互动机制，加大警察队伍正面形象的宣传力度，树立公安队伍在媒体上的正面形象。完善警务宣传人才培养发展机制。引进专门的宣传人才，加强宣传队伍的教育培训，发展民间网络意见领袖，提高警察队伍的宣传能力。完善警察执法培训机制。建立民警学习法律的长效机制，强化民警的法律意识。实行法律要求与实战应用相结合的执法培训课程。建立典型案例分析制度，在全国范围内收集正、反两方面典型案例，定期展开培训。建立志愿者队伍保障机制。建立志愿者权利保障机制、激励机制，充分发挥志愿者的积极主动性。

2. 大力整治社会秩序问题

优化交通环境。加强对火车站、地铁站、公交站、大型商业综合体、医院周边的交通疏导；优化道路网互联互通，改善道路的通行条件。挖掘资源新增停车场地，缓解停车压力。强化车站、商业区、居住小区的停车管理秩序，建立共享停车机制。整顿治安秩序。研究制定地区社会治安秩序治理行动计划，实现社会治安秩序常态有序化管理，改善公共场所、居住小区等存在的停车秩序乱、人口管理乱、居住秩序乱等居民反映突出的问题。加强对电动三轮车、电动自行车管理。加大执法力度，严格按照《道路交通安全法》的规定对电动三轮车、电动自行车进行处罚。加强驾驶电动车交通违法的重点人群的法制宣传和教育，促使其遵守交通规则。加强对黑车的打击力度。制定治理黑车的长效措施，加强执法力度和密度，缩小“黑车”的生存空间。规划合理的公共交通线路，满足群众需求，从源头消除“黑车”的生存空间。

3. 不断改进社区管理

加强社区物防技防建设。提高居民楼门窗的防盗指数，鼓励居民更换防盗系数高的门窗和门锁，探索监控摄像头进入居民楼的渠道，防止出现地区内的监控死角。全面推进物业化管理。加强无物业管理小区实行专业物业管理公司管理或准物业管理模式，探索增加物业服务项目，提高物业服务水平，满足社区居民各种生活需求。改善社区的整体环境。加强安全隐患排查整改，努力消除各类安全隐患。进一步对社区环境脏乱问题进行综合整治，改善社区的生活环境。努力提升社工综合素质。进一步树立以人民为中心的服务理念，提升社区工作者做好群众工作的能力本领，做好社区服务工作，努力满足居民需求，提高群众的满意度。

4. 严厉打击违法犯罪活动

加大对违法犯罪活动的打击力度。针对严重影响群众安全感的公共场所、社区等多发、高发的盗窃、诈骗、打架斗殴、赌博、抢劫等违法犯罪活动，加强和改进治安防控的方式手段，大力压缩各类违法犯罪活动的时空条件，加强对各类违法犯罪活动信息情报线索的收集分析研判，及时惩处各种违法犯罪行为。提高盗窃、扒窃等常发案件的破案率。提高对盗窃、扒窃等常发案件破案的主动性，加大对盗窃、扒窃等侵财类案件的资源投入力度，加强物防技防设施的深度应用，减少侵财类案件的发生。加强对各类诈骗案件的预防和打击工作。加强监管，严格限制推销、拉客人员进入本地区，特别是进入站前广场、候车大厅、地下换乘大厅等区域，加大宣传力度、增强乘客的防范意识，依法从严处理相关案件。

5. 进一步强化网络安全

加强网络协同作战。针对当前网络应用的各种问题，切实加强和改进“公安 + 相关部门”的协同力度，共同加强对网络各种违法犯罪活动特别是人为倒卖个人信息犯罪活动的监测和打击，督促各行各业重视网络安全，减少网络虚假信息和违法信息及网络暴力等。将各种网络违法犯罪案件编辑成典型案件，通过各种方式加强对市民的宣传教育，提高广大市民的网络安全防范意识，切实预防和减少网络侵害。加强对个人信息的保护。提高公民对个人信息案件办理的主动性，增强公安机关侦办公民个人信息案件的主动性，主动寻找侵犯公民个人信息案的案件线索，有效打击此类案件。加强对掌握大量个人信息的公司、企业、事业单位的监管。加强个人信息保护的宣传工作，提高居民的防范意识，加大对吸收个人信息的恶意钓鱼网站和虚假公司的打击力度，从源头上减少公民个人信息泄露的风险。

6. 高度重视对重点对象的指导和管理

重视对重点派出所的指导。西直门外大街派出所、展览路派出所、市公交总队西直门派出所、北京铁路公安局北站派出所和西城公安分局北站联勤办公室是提升群众安全感的重点责任单位，要研究制定有针对性的措施，进一步加大对这些派出所的指导力度。重视对居民社区的治安管理。加强对地区老旧小区和出租房的调查研究，查找影响社区治安防控的共性问题，研究制定治安防控措施提升办法，改善居民区治安状况，提升群众安全感。重视对重点居民的帮扶。建立离异丧偶居民、离退休人员、待业下岗人员等的数据库，结合居民担忧和关注的问题，加大宣传教育力度，让这些居民了解社区治安防控的措施和成效。定期上门走访或听取这些居民群体的服务需求及其遇到的困难或问题，建立定向帮扶机制。

（四）加大财政投入、基础设施建设和资产管理力度

建设、管理投入是做好社会治安综合治理工作的基础，在地区人流车流压力不断加大、社会环境日益复杂、维护安全稳定任务更加繁重的情况下，特别需要加大建设、管理投入，为社会治安综合治理提供可靠的物质保障。当前西直门地区社会治安综合治理的基础设施建设和高科

技的运用明显不足，迫切需要通过深化管理体制机制改革，加大这些方面的投入。

1. 将西直门地区经费预算纳入市财政预算

改变建设、管理经费提供主体。长期以来，西直门地区建设、管理所需经费主要是由西城区政府财政拨付，但是对地区公共支出项目的评估不够，导致经费投入不足和计划性、稳定性不够，严重制约了基础设施建设和管理水平的提高，不利于新形势下社会治安综合治理工作健康发展。建议在西直门地区管委会由北京西站地区管委会管理的前提下，西直门地区公共产品的供给主要由西直门地区管委会承担，建设、管理经费列入北京市政府财政支出的公共服务与公共秩序项目。

建立公共支出项目评估机制。目前，西城区政府对西直门地区公共产品供给和公共支出没有科学的评估，缺乏经费投入的准确依据。建议尽快建立公共支出项目评估机制，最好采取成本—收益分析法进行评估。该分析法是对特定公共支出项目进行评估最主要的方法，也是一种经济决策方法。它通过比较各种备选项目的全部预期收益和全部预期成本的现值来评价这些项目，以作为决策的参考或依据。采用这种方法，公共部门进行经济决策是以社会福利最大化为目标的，而不像私人经济部门一样以利润为目标，这对于解决西直门地区经费投入不足问题具有重要意义。

2. 重建西直门地区应急系统

设立应急系统建设项目。统筹应急指挥中心与应急避难场所建设用地，在重建指挥中心的同时，开辟应急避难场所。以“高效运行、保障安全”为宗旨，构建“1+3+N”的智能化应急管理系统，即一个统一调度指挥平台，枢纽运行监测服务、应急调度指挥、综合运维管三个主要应用和未来N个拓展业务应用。实施内容主要包括：建设应急指挥系统基础平台，基础业务支撑、大数据平台、网格化管理等；功能模块，枢纽运行监测服务、应急调度指挥、综合运维管理；综合服务，对外服务、内网门户；综合通信，通信调度、广播等；基础建设，为承载上述功能所需的应急指挥中心建设及相关软硬件基础设施。通过指挥中心大屏综合数据监控界面的大画面显示，满足日常监测、应急指挥、汇报等多项综合功能，包括监控视频显示、统计数据展示、报警信息展示等。通过枢纽运行监测与分析、信息发布和智能引导、一体化应急指挥、综合运维实现西直门枢纽的日常和应急管理功能。

把握关键技术和主要功能。以“物联网 + 音视频采集”全域感知枢纽周边情况，通过人脸识别、行为分析、音频采集等音视频智能分析技术，有效检测枢纽区域重点人物、人群聚集、人群轨迹、遗留物品等；对恐怖犯罪分子、倒票违法分子、“黑车”司机等重点人员，实现从地面到地下、从车流到人流、从普通到特殊的全时段全方位监控。通过采集枢纽区域可燃性气体、二氧化碳含量、PM2. 5 等有效检测站内环境。运用大数据、云计算技术，及时掌握客/车流信息，实现协同运行和预测预警。系统接入各交通方式客流数据、车流数据，制定客流警示阈值，进行预测预警，为协调指挥枢纽旅客安全疏散和调度出租及社会车辆提供支撑。运用网格化管理、移动互联技术，实时掌握区域社会治安管理信息。

3. 理顺西直门地区个别区域管辖和资产管理关系

解决历史遗留的区域管辖问题。将西直门地区内由海淀区管辖的91520. 64 万平方米区域复归西城区管辖，西直门地区管委会全权负责该区域的管理工作。该区域内的社会治安综合治理纳入西直门地区的工作规划，统一安排、统筹协调，消除安全稳定方面的薄弱环节。

厘清国有资产的管理关系。对西直门地区国有资产进行清理，划分为经营性资产和公益性资产。经营性资产由市国资委管理，公益性资产由西直门地区管委会管理。公益性资产只能作为公共产品为社会提供公共服务，其维护、运营、管理经费纳入政府财政支出。西直门交通枢纽混合换乘大厅公共设施资产应由西直门地区管委会管理，管委会可采用

“政府购买服务”的方式，招标引入高水平的保洁、保安、维修等企业进行运维，确保安全稳定。

建设世界级城市群，交通是一个重要问题，治理好交通枢纽问题是关键。西直门综合交通枢纽地区，在北京乃至全国的交通枢纽地区中具有典型示范作用，其社会治安综合治理的法治化、科学化、高效化，不仅能够助力该地区改善交通拥堵状况、创建平安交通枢纽，而且能够为其他交通枢纽地区建设提供榜样。这是一件关乎地区治理体系和治理能力现代化的大事，把这件事情做好了，必将为创新交通枢纽地区治理模式、提高地区治理水平做出积极贡献。

参考文献

王章华、谢明、谢宗梅：《综合客运枢纽运营风险及防控的探讨》，《中外企业家》2018 年第 25 期。

刘力力：《城市综合客运枢纽高人流密度风险预警阈值分析》，《公路交通科技》（应用技术版）2018 年第 11 期。

衡玉明、颜子谦、李佳辉等：《城市综合客运枢纽风险防控设施设置研究》，《城市公共交通》2018 年第 10 期。

颜子谦：《交通枢纽管理与服务信息系统研究》，《中国信息化》2019 年第 12 期。

马衡：《论基于公共安全视角下的综合交通枢纽管理机制研究》，《国际公关》2020 年第 4 期。

刘兵、罗小红、段海燕等：《城市交通枢纽组织分析——以西安高铁北站北广场为例》，《中国市政工程》2020 年第 1 期。

北京城市副中心公共服务评价体系研究及提升路径探索

施昌奎　王　鹏*

摘　要： 城市治理能力体现为公共服务供给质量，以评估来促进北京副中心公共服务建设是首都城市治理能力提升的一个重要内容。本文基于北京的供给侧与需求侧数据，构建一个多层次、多维度的北京公共服务质量评价体系，以期全面反映北京市公共服务现状，重点识别北京城市副中心公共服务建设中的不足，并根据评估结果，提出促进北京副中心公共服务质量提升的政策建议。

关键词： 北京城市副中心　公共服务质量　评价体系

一　前言

建设北京城市副中心是首都治理体系现代化的重大创新，也是我国城市建设的重要典范。它在北京治理大城市病、推动京津冀协同发展、

---

* 施昌奎，北京市社会科学院管理研究所所长、研究员；王鹏，北京市社会科学院管理研究所助理研究员，博士。

探索超大规模城市建设模式等方面有着重大的现实及理论意义。城市公共服务作为城市建设的重要内容，也是当前北京城市副中心建设的重点。因此，如何提高北京城市副中心公共服务供给存量以及质量，提升居民的公共服务获得感及生活幸福感，是城市公共服务建设的重要目标。而公共服务评价体系，在分析不足、挖掘优势、探索建设重点等方面具有明显优势。本文构建了北京公共服务质量全新评价体系，发现北京市及城市副中心公共服务存在的短板与问题，通过定性与定量、理论与案例、数据科学与政策科学相结合的新的研究形式，形成可实现数据挖掘、大数据分析与公共服务质量评价相结合的全新质量评价方法，深入研究北京城市副中心公共服务质量提升路径。基于此，提出切实、有效的全新系统性、与新兴信息技术和新理念高度融合的北京城市副中心公共服务质量提升的对策建议，为市委、市政府更新副中心建设策略提供决策参考。

二　公共服务评价体系研究现状

人们早就开始重视公共服务质量评价在提升公共治理能力方面的作用，并做了一些有益的尝试。从 20 世纪 80 年代开始，美国联邦政府在提供公共服务时，用标准化的思想来评估公共服务产品的质量。1993 年 3 月，美国克林顿政府成立了国家绩效评审委员会，建立了评估政府公共服务中的顾客服务质量评价标准，用于推动政府深层变革。

国内对于公共服务的评估研究主要集中在评估意义、指标选择以及测度标准等方面，如林闽钢等认为公共服务质量评价是助力中国服务型政府建设的重要手段，并已嵌入公共服务质量管理的全流程。不过，他指出，由于各服务领域间专业不同，区分度较高，尚难以构建面向各行业的普适性评价体系。[①] 陈文博则重点探索了公共服务质量评估的指标选择问题。他指出，在设计公共服务质量评价指标时，应分门别类，按不同公共服务的种类实施划分，可将一级指标设定为就业服务、住房服务、公共安全、公共教育、医疗卫生、环境保护、社会保障、基础设施、公共交通、住房服务、文体休闲 11 个大类，并在此基础上分为定性和定量两大类指标，即由公民满意度指标和公共服务提供量化指标形成的二元评价模型。[②] 原珂等则从供给侧与需求侧两个维度来设计指标体系，指出供给侧要考虑测量公共服务均等化，测评城乡间、区域间、阶层间供给差距的大小，需求侧应衡量公众接受公共服务的机会、过程和结果的公平程度；实施测评时，不仅要测量财政投入、服务产出，更要着力测评公共需求满足度、公共服务满意度、社会公平实现度等指标。他们认为在建构城市社区基本公共服务质量评价指标体系时需考量五个维度，即提供基本公共服务数量、服务结构、服务态度、公共服务产品质量和公众满意度。[③]

总体而言，已有文献研究要求我们在设计和实施公共服务质量评价时，应着重明晰“评价主体是什么”和“评价标准是什么”这两个问题，从供给侧（公共服务量化指标）和需求侧（公共满意度）的角度出发，采用主客观结合的方法来设计评价指标体系，围绕北京城市副中心建设要求，设计各级指标。除此之外，应注重评价结果在北京城市副中心公共服务建设这一具体语境下的可理解性和可运用性，确保其在整体公共服务管理过程中发挥承上启下的作用。

---

① 林闽钢、杨钰：《公共服务质量评价：国外经验与中国改革取向》，《宏观质量研究》2016 年第 3 期。

② 陈文博：《公共服务质量评价与改进：研究综述》，《中国行政管理》2012 年第 3 期。

③ 原珂、沈亚平、陈丽君：《城市社区基本公共服务质量评价指标体系建构》，《学习论坛》2017 年第 6 期。

三　北京城市副中心公共服务质量评价

（一）总体研究思路

首先，选择指标与构建指标体系。其中，将从《北京市"十三五"时期社会基本公共服务发展规划》、《北京城市副中心控制性详细规划（街区层面）（2016年—2035年）》、《北京市基本公共服务标准体系建设初探》和《中国城市基本公共服务力评价（2018）》等现有的规划与评价体系中选择适合北京城市副中心公共服务质量的指标。采用主客观结合法，从供给侧（公共服务量化指标）和需求侧（公共满意度）出发，构建较为完善的北京城市副中心公共服务质量评价体系。

其次，收集评估数据。依照上述评价体系的各级指标，查阅2018年的各类统计年鉴获得供给侧数据，针对评价体系中的指标维度设计调查问卷，面向北京15区发放，将问卷所得整理而成的有效数据集作为需求侧公共满意度数据。通过对数据集进行的对比和面板分析结果判断北京市副中心发展现状并识别其存在的问题，最终有的放矢地给出相应的政策及发展建议。评价总体思路如图1所示。

（二）公共服务质量评价指标框架的构建

本文的评估体系共有10个指标维度、58个一级指标及192个二级指标，总体分为供给侧和需求侧两类指标。供给侧指标主要衡量北京城市副中心在城市规划建设过程中提供各项公共服务的能力和质量，包括基础教育、医疗卫生、社会保障、住房保障、公共安全、文化体育、生活服务、城市环境、公共交通、公职服务10个维度，充分体现从基本公共服务到更高层次的其他公共服务的需求变化，尤其是在已有评价体系的基础上补充公共安全、公职服务等指标，以期完善供给侧客观指

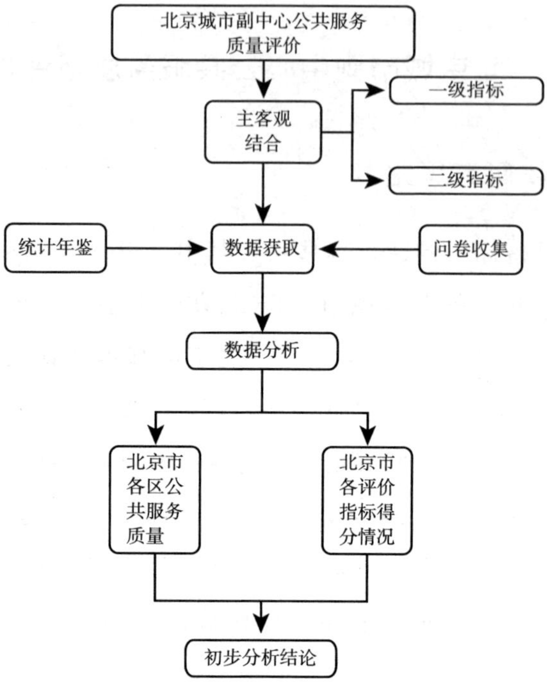

图 1　评价总体思路

标。为了增加评价的客观度，部分供给侧指标的二级指标同时提供了参考标准。需求侧方面主要通过设计问卷调查市民对于各项公共服务维度的感知体验和满意程度，在各个维度中通过整体满意度和部分二级指标予以体现。通过结合供给侧与需求侧指标，该评价体系将给出全面且主客观结合的评价体系，有助于对北京城市副中心公共服务质量的发展进行全面评价。

（三）数据选取与问卷设计

1. 数据选取

本研究客观数据主要反映了北京城市副中心公共服务质量的供给情况。本研究确定的北京城市副中心公共服务质量评价体系，共计 10 个指标维度、58 个一级指标及 149 个二级指标，数据从各类统计年鉴中获取，参考资料主要包括《中国城市基本公共服务力评价（2018）》《北京市“十三五”时期社会基本公共服务发展规划》《北京市基本公共服务标准体系建设初探》《北京城市副中心控制性详细规划（街区层面）（2016 年—2035 年）》《北京市通州区统计年鉴 2018》等。

2. 问卷设计

为获取北京城市副中心公共服务质量的主观感受相关数据，本研究根据确定的北京城市副中心公共服务质量评价体系，采取包含医疗卫生满意度等在内的共计 43 个二级指标，并以此设计调查问卷。问卷中具体包含 17 个问题，从 10 个维度考量北京城市副中心公共服务质量需求侧指标，利用整体满意度等来表征居民对北京城市副中心公共服务质量水平的综合主观评价。

（四）北京城市副中心公共服务质量现状分析

1. 北京市各区公共服务质量总分排名

对 2018 年北京市统计年鉴（客观得分）以及调查问卷（主观得分）中的各项数据进行分析，得到北京市各区公共服务质量得分，具体见表 1（按总分由高到低排列）。

表 1 北京市各区公共服务质量得分

排名	城 区	客观得分	主观得分	总分
1	东城区	23.54	56.18	79.72
2	西城区	25.85	52.09	77.94
3	朝阳区	23.08	51.27	74.35
4	门头沟区	22.62	49.45	72.07
5	海淀区	21.23	49.30	70.53
6	怀柔区	17.54	51.82	69.36
7	密云区	15.23	50.73	65.96
8	石景山区	18.00	46.82	64.82

续表

排名	城　区	客观得分	主观得分	总分
9	丰 台 区	15. 23	49. 55	64. 78
10	顺 义 区	12. 46	50. 36	62. 82
11	平 谷 区	13. 85	48. 55	62. 40
12	通 州 区	13. 38	49. 00	62. 38
13	房 山 区	16. 62	45. 18	61. 80
14	延 庆 区	12. 92	47. 45	60. 37
15	大 兴 区	11. 08	46. 64	57. 72
16	昌 平 区	13. 38	44. 18	57. 56

由图 2 及表 1 可知，作为北京建设历史较长的城区，北京市中心六城区得分靠前，且主观、客观得分方面同样名列前茅；而通州区作为新成立的北京市行政副中心，总体得分为 62. 38（在 16 个区中排名第

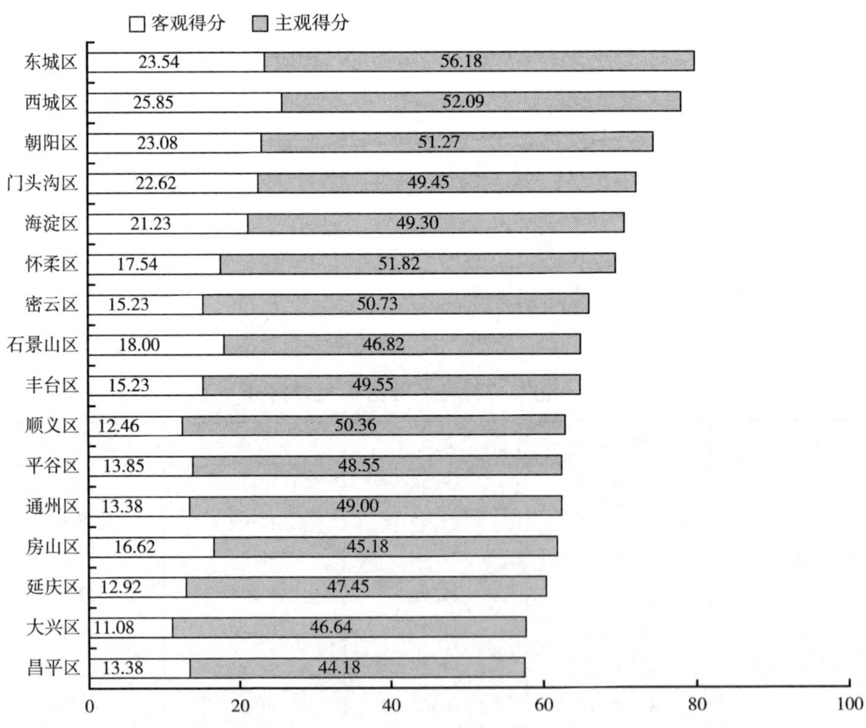

图 2　北京市各区公共服务质量得分（按构成百分比显示）

12)，处于整体中下游。可见通州区的公共服务质量与中心六城区相比，处于劣势地位，主要是经济发展、教育医疗、城市环境交通等多个方面都较落后。因此，在北京市行政副中心的建设中，通州区需立足当下，加快建设步伐，补足公共服务供给缺口，如增设学校、新建医院等，同时，着重将居民对其公共服务满意度纳入建设规划，切实提高居民生活满意度。

2. 北京市各区公共服务质量评估指标分项讨论

（1）基础教育

由表 2 可知，通州区处于各城区上游水平，而位列第一的海淀区得分为 29.6。通过二者间的各项指标对比可见，海淀区的客观部分的各项指标得分都高于通州区，而主观得分低于通州区，因此通州区在行政副中心的基础教育建设中应当着重增加学校（幼儿园、小学和中学）数量，并吸纳更多优秀教师，提高师生比；保持和稳步提升家长对于基础教育的满意程度，提高入学公平性和杜绝学校乱收费现象。

表 2　北京市通州区基础教育得分细则

指标	客观					主观		总分	排名
	幼儿生师比	每千小学生拥有小学数	普通小学生师生比	每千中学生拥有中学数	普通中学师生比	学校乱收费现象	入学公平情况		
通州区	2	3	4	4	3	3.8	3.5	23.3	5

（2）医疗卫生

由表 3 可知，通州区在医疗卫生方面的主客观得分较低，主要原因是行政副中心的设立使得通州区人口持续流入保持快速增长，但相关医疗卫生设施的建设速度与人口流入速度不匹配，直接影响了通州区医疗卫生服务质量。

表3　北京市通州区医疗卫生得分细则

指标	客观			主观		总分	排名
	每万人口医院拥有数	每万人口执业(助理)医师数	每万人口床位数	看病难	医疗卫生服务的整体满意度		
通州区	1	1	1	2.4	3.4	8.8	16

（3）社会保障

由表4可知，在社会保障方面，通州区处于下游水平，而列首位的东城区综合得分为9.0，较通州区高出2.1分。可见，通州区在社会保障方面仍有较大的进步空间，就业单位应为工作人员提供各项基本保障，同时，也要加快养老福利方面的基础设施建设，提升居民养老满意度。

表4　北京市通州区社会保障得分细则

指标	主观	客观	总分	排名
	养老福利满意度	单位是否购齐"五险一金"		
通州区	3.6	3.3	6.9	15

（4）住房保障

由表5可知，通州区在住房保障方面处于中上游水平，而密云区在主观层面得分为2.4，位列第一。这说明通州区在建设中应注重居民的住房保障，妥善处理好住房问题，秉承“房子是用来住的，不是用来炒的”这一核心理念，完善住房保障体制机制，加大各类保障性住房供给力度，完善住房保障体系，满足居民多层次的住房需求。

表5　北京市通州区住房保障得分细则

指标	主观	总分	排名
	年轻人在该地买房压力		
通州区	1.7	1.7	6

（5）公共安全

在公共安全方面，由表6可知，通州区位于中下游水平，而位列第一的西城区主观得分为5，通州区主观得分为4.3。副中心建设为提升交通服务安全创造了重要机遇，建设新型高效的现代化公共交通体系、应用现代通信技术等高科技手段、提高交通管理水平，将是通州公共服务提升的重点内容。

表6　北京市通州区公共安全得分细则

指标	客观	主观	总分	排名
	每10万人交通事故死亡人数	公共安全服务得分（治安、消防、应急）		
通州区	2	4.3	6.3	9

（6）文化体育

由表7可知，在文化体育维度，门头沟区位列第一，综合得分为21.7，而通州区位于最后一名，客观及主观得分都明显低于门头沟区，通州区文化体育公共服务供给严重不足，应加强图书馆和体育馆建设，增加图书馆藏书量，提升居民参与文娱活动和体育活动的便利度。

表7　北京市通州区文化体育得分细则

指标	客观			主观		总分	排名
	每万人拥有公共图书馆藏书册数	每万人拥有公共图书馆数	每万人拥有体育场馆数	参与文娱活动便利度	参与体育活动便利度		
通州区	1	1	1	3.8	3.7	10.5	16

（7）生活服务

在生活服务方面，通州区取得了相对不错的成绩（见表8），但是仍有提升的空间。与得分第一的东城区相比，通州区的不足之处在于生活保障情况（社区、能源、邮电）。东城区的整体满意度指标得分为

4.4，为此通州区在建设行政副中心时应注重完善生活保障各项设施，提升居民对于生活保障情况的整体满意度。

表 8　北京市通州区生活服务得分细则

指标	客观	主观	总分	排名
	人均生活用电量	生活保障情况（社区、能源、邮电）整体满意度		
通州区	5	4.0	9.0	3

（8）城市环境

由表 9 可知，通州排名不甚理想。具体来看，在客观得分方面，通州区可吸入颗粒物日均值这一指标得分为 1，可见通州区空气质量较差，而通州区主观数据整体环境（空气、水、市容、垃圾等）满意度这一指标得分为 3.2，而这一指标得分最高的是东城区，可见通州区在建设中应加强对城市空气质量的改善，同时，注重对城市市容市貌的管理，建立一个美丽的副中心。

表 9　北京市通州区城市环境得分细则

指标	客观	主观	总分	排名
	可吸入颗粒物日均值	整体环境（空气、水、市容、垃圾等）满意度		
通州区	1	3.2	4.2	15

（9）公共交通

由表 10 可知，在公共交通方面，通州区位列第 4，而朝阳区、东城区和西城区分别位列第 1、第 2 和第 3 名，高质量的公共交通服务是城市副中心建设的重要内容，也是必要的要求。副中心各项城市功能的完善，对公共交通服务提出了更高的要求，因此，进一步提升交通满意度，仍将是副中心城市规划建设中的重点。

表 10　北京市通州区公共交通得分细则

指标	主观	总分	排名
	公共交通建设的满意度		
通州区	4.0	4.0	4

（10）公职服务

由表 11 可知，在公职服务维度，通州区和西城区得分均为 4.4，并列第一。由此可知，通州区在公职服务这一维度上得分较高，处于领先水平，因此在建设北京市行政副中心时，通州区应继续保持当前公职服务水平，不断提升公民满意度。

表 11　北京市通州区公职服务得分细则

指标	主观	总分	排名
	公职服务的便捷性		
通州区	4.4	4.4	1

四　北京城市副中心公共服务质量提升路径探索

基于以上评价及研究结果，提出如下城市副中心公共服务质量提升路径。

社会保障方面，政府应该建立社会保障待遇确定机制和调整机制，研究确定社会保障待遇水平的科学方法，实现社会保障待遇的正常调整，使保障水平持续、有序、合理增长。同时应该提升各区域内的社会保障服务管理水平，合理有效地利用各项管理资源。其中，电子政务作为新型管理模式，可以适当引入公共服务，高效服务于社会保障及公共服务。

公共环境建设方面，政府应当重视副中心环境保护，采取行之有效的措施改善空气质量，如增加绿化率等，健全以产业生态化和生态产业化为主体的生态经济体系。同时，坚持以民生优先、安全为重、机制创新、绿色优质为基本原则，加强城市道路交通基础设施建设，加快城市管网建设和改造，提高污水和垃圾处理能力等，为社会生产和居民生活提供切实保障。

提升主观民众满意度方面，积极加强文化教育，努力提升副中心基础教育水平，推进教育公平覆盖，不仅有利于各区域文化软实力的提升，也给我国的下一代带去了保障，从根本上来说有利于未来副中心的发展和人才培养。

医疗制度建设方面，政府也应给予相应保障，通过完善基本医疗卫生制度深化医药卫生体制改革，加大对医院和医疗机构的投入，建立覆盖城乡居民的公共卫生服务体系、医疗体系，确保居民病有所医。

经济发展方面，坚持因地制宜的发展策略，精准定位，有针对性地开展工作。城市副中心拥有地处首都圈、坐拥政策红利及首都高校资源等优势，应当利用优势，坚持因地制宜的发展策略，具体问题具体分析，有针对性地开展数字化建设工作。数字政府建设在优化营商环境方面大有可为，在解决商业信息化问题、提升城市副中心居民收入、促进副中心地区传统产业结构升级转型等领域具有重要意义。

优化公共服务方面，需要更加科学地利用信息技术，特别是综合运用移动互联网、云计算、物联网、大数据等新一代信息技术，实现公共服务的优化升级和共同享有。建设发展基于互联网的在线公共服务一体化平台和移动服务平台，逐步实现医疗、教育、养老、卫生等民生领域的基本公共服务的全面信息化、服务人性化及一体化。通过使高科技、信息化发展路径与公共服务提升相结合，赋能北京城市副中心建设，为未来科技化转型打好基础。

参考文献

姜异康等:《国外公共服务体系建设与我国建设服务型政府》,《中国行政管理》2011 年第 2 期。

项继权:《基本公共服务均等化:政策目标与制度保障》,《华中师范大学学报》(人文社会科学版)2008 年第 1 期。

李剑:《基本公共服务评价指标体系研究》,《商业研究》2011 年第 5 期。

邹凯等:《基于 LISREL 的社区服务公众满意度测评研究》,《中国管理科学》2008 年第 S1 期。

邓剑伟等:《超大城市公共服务质量评价研究——以北京市为例》,《华东经济管理》2018 年第 8 期。

赵晏、邢占军、李广:《政府公共服务质量的评价指标测度》,《重庆社会科学》2011 年第 10 期。

唐果、林聪、阎永哲等:《我国公共服务质量改进研究的现状、评价与展望》,《经营与管理》2018 年第 8 期。

李雅欣、田慧琳:《国内公共服务质量评价研究述评》,《福建行政学院学报》2017 年第 5 期。

原珂、沈亚平、陈丽君:《城市社区基本公共服务质量评价指标体系建构》,《学习论坛》2017 年第 6 期。

林闽钢、杨钰:《公共服务质量评价:国外经验与中国改革取向》,《宏观质量研究》2016 年第 3 期。

北京低收入家庭经济状况、诉求和对策

江树革*

摘　要： 城乡低收入家庭的民生建设是全面建成小康社会中需要关注的重要方面，也是新时代首都治理的时代课题。在不断加强以改善民生为重点的社会建设中，北京城乡居民收入水平不断提高，生活状况持续改善，但是，部分城乡低收入家庭的民生建设和脱贫增收还存在现实障碍。基于对北京低收入妇女和低收入家庭状况的调查，本文分析了低收入家庭的经济社会状况和民生建设中存在的主要问题，如文化教育程度相对不高、职业技能缺乏、劳动力市场竞争力乏弱、就业渠道狭窄等，并提出了进一步优化就业环境、改进社会服务、完善社会保障、扩大社会力量参与等促进民生发展的对策选择。

关键词： 低收入家庭　社会保障　就业　社会参与

2020年是全面实现小康社会目标之年。在全面建成小康社会和打赢脱贫攻坚战中，城乡低收入家庭的民生建设是全面建成小康社会中不可忽视的重要内容，这就需要基于国家治理和社会治理，在小康社

* 江树革，北京市社会科学院社会学研究所副所长、妇女研究中心主任，研究员。

会后经济社会发展和民生建设的要求下，不断推进政策完善和政策创新。

一　北京市低收入家庭社会经济状况

进入新时代，北京城乡居民的民生状况不断改善，农村贫困地区的生产生活条件日益提升，经济社会获得快速发展，贫困群众收入水平获得了较大增长。但是，在全面建成小康社会中，部分居民的生活还比较贫困，特别是北京远郊区县经济比较落后，产业基础薄弱缺乏，生产生活条件欠佳，低收入家庭较多，增收脱贫比较困难，低收入家庭的民生建设中还面临现实的挑战。例如，昌平区有60%的山区，一些山区镇仍然有低收入村和大量低收入户。同时，在城镇，存在一定数量的贫困家庭，需要给予更多的帮助和支持。以社会救助对象为例，2020年1月，北京城市居民最低生活保障户数39553户65503人，农村居民最低生活保障户数23068户37698人，成为经常性的城乡社会救助对象，也构成城乡贫困群众的重要组成部分。基于在实施精准扶贫、精准脱贫过程中解决贫困问题的现实依据，为客观、全面地把握北京低收入妇女以及低收入家庭的实际情况，2018年以来，北京市社会科学院妇女研究中心和北京市妇女联合会进行了“北京城市低收入妇女状况调查”，以期全面掌握低收入家庭的经济社会状况。本文基于对911户低收入家庭的调查结果，将研究的视角从低收入家庭中的妇女扩展到城乡低收入家庭，分析了北京低收入家庭的社会经济特征和发展诉求，并提出了进一步改善民生的对策建议，以期为党和政府提供决策参考，促进低收入家庭脱贫和民生改善。

（一）文化教育程度

从文化教育程度看，低收入家庭成员的文化教育程度普遍不高。

调查显示，文化教育程度低是低收入家庭的重要社会特征。尽管在总体上夫妻之间的文化教育程度存在一定的差距，但是，具有初中和高中文化教育程度者是文化教育程度分布中最主要的构成。根据被调查的911户低收入家庭的调查结果，妻子本人具有初中和高中文化教育程度者分别占30.0%和37.7%，二者合计占67.7%。本次调查还发现，配偶（丈夫）具有初中和高中文化教育程度者分别占21.0%和32.5%，二者合计占53.5%，反映了低收入家庭成员在文化教育程度上的突出社会特征。

（二）家庭结构类型

从目前低收入家庭的家庭规模和家庭构成看，三人家庭为最多，占全部被调查的城市低收入家庭的31.9%。而在家庭子女数量上，以一个子女为最多。本次调查显示，在全部被调查的北京低收入家庭中，由父母与未婚子女组成的核心家庭为最主要的家庭结构类型，占比为47.8%；由老少三辈组成的家庭次之，占比为13.5%；排第三位的是由父母和已婚子女组成的家庭，也是被调查的低收入家庭的重要类型，占比为11.4%；值得注意的是，在低收入家庭中，空巢夫妻家庭，即子女结婚成家另立门户后分离出去形成的只有夫妻二人而无子女共同生活的家庭占比较大，为10.8%，这也反映了低收入家庭的特点，为低收入家庭民生建设提供了政策指向。

（三）家庭收入来源

在低收入家庭的收入来源构成上，工资奖金、津贴补贴、实物福利等工资性收入，农林牧渔、加工生产、服务业等经营性收入，房屋、土地、车辆等租赁收入，利息、保险、股票、债券、基金、红利等财产性收入，退休金、养老金及相关补贴等其他形式收入（家庭成员供养、亲友资助等）都是低收入家庭的收入来源，其中工资性收入（工资奖金、津贴补贴、实物福利等）是最主要的收入来源，也是低收入家庭收入的主要形式。根据调查，低收入家庭中工资奖金、津贴补贴、实物福利等工资性收入为第一位收入来源家庭的占比为61.4%，其次为退休金、养老金及相关补贴等其他形式收入，占比为11.9%；农林牧渔、加工生产、服务业等经营性收入排第三位，占比为10.2%。

（四）家庭消费支出

在消费支出上，低收入家庭消费支出涉及食物支出、衣着支出、居住支出、生活用品及服务支出、交通和通信支出、教育支出、文化和娱乐支出、医疗保健支出和其他支出等多个方面。在低收入家庭消费支出中，“食物支出”占比最高，达到56.2%。调查发现，在低收入家庭中，除食品支出之外，各项支出包括居住支出、衣着支出、教育支出、生活用品及服务支出、医疗保健支出均占比较低，在10%以下，特别是低收入家庭中文化和娱乐支出占比非常低，仅占0.8%。

在低收入家庭消费支出占比排序上，衣着支出是家庭的重要消费支出，体现了家庭消费支出的生存性特征。在低收入家庭中排第二位的消费支出为衣着支出，占比24.7%。

二　存在的主要问题

（一）就业渠道狭窄

从低收入家庭的情况看，其突出的特征表现为就业不足的收入贫困。就业渠道狭窄、就业岗位缺乏成为低收入家庭增收的突出障碍，而受制于劳动力市场的现实状况，低收入家庭成员受自身身体健康状况、知识技能的限制，就业机会相对缺乏。被调查者反映如下：“就业平台少，需要增加劳动技能”“就业渠道少，没有太多文化”“就业途径少”

“企业少，就业机会少，没工作”“所在地区就业岗位少”“没有一技之长，而且，提供就业培训的机构较少”“年龄大，身体不好，可以就业的渠道少，希望通过帮助尽快得到完善”等。

（二）知识技能缺乏

低收入家庭成员缺乏专业技术和实用劳动技能，难以满足劳动力市场对于劳动者的职业技能要求。在全部被调查的城市低收入妇女中，认为自己没有任何可以胜任就业需要的专业技术或者实用技能者占一半以上。被调查者反映如下：“没有一技之长”“不懂得技术，文化水平低”“个人缺乏技术，国家对于扶贫政策的落实不够全面”“文化低，就业难”“本身学历过低，年龄又偏大，所以很难找到合适的工作”“个人没有高学历、没有一技之长”“贫困原因是技能少，建议地方政府多多扶持”“受教育文化水平比较低，没有任何就业技能”“文化程度低，无就业技能，希望政府加大扶持力度，多开展各种培训帮扶活动”“文化低不好找工作，自己努力，让政府提供就业信息”等。

（三）身体状况不佳

身体状况直接关系着就业和增收能力。从被调查的低收入妇女的健康状况看，身体健康状况较差，有严重疾病、有慢性疾病以及身体残疾者占据一定的比例，反映出因病导致贫困和因病制约脱贫的问题直接影响到低收入家庭的生活。有的被调查者反映：“自己岁数大，浑身是病，希望政府组织活动，帮助实现就业。”此外，低收入家庭健康管理缺少保障条件，表现在低收入妇女在体检方面与自身需求存在较大差距。在全部被调查的低收入妇女中，“每年体检一次”者占比为21.5%；其他为“偶尔体检”、“体检，但不定期”、“很少体检”和“从不体检”者，占比合计为78.5%。

（四）市场竞争力弱

低收入家庭自身状况与劳动力市场需求的不适应性，成为低收入家庭就业的根本特征。本次调查显示，被调查的尚未就业的低收入妇女认为“年龄偏大，用人单位不愿意录用”是其实现就业的最主要的障碍，占比为39.02%，这成为低收入家庭增收的主要障碍之一；“所在地区就业岗位少，就业机会不多”也是尚未认为的低收入妇女认为的现实障碍，占比为20.47%；值得注意的是，制约女性就业因素包括性别影响。本次调查显示，“性别问题，用人单位不愿录用”也是尚未就业的低收入妇女认为的就业障碍，但是，持此种观点者占比较低，为8.91%。此外，与性别角色规范、家庭角色分配和角色分工相关，低收入妇女负担着大量的家务，这对女性就业产生了一定的影响。在全部被调查的低收入妇女中，有11.13%的被调查者认为“就业单位离家太远，交通不便，自己需要照顾老人和孩子以及料理家务，很难外出上班就业”。此外，“文化程度低，劳动技能差，用人单位不愿录用”“自己身体不好，健康状况差，很难胜任工作岗位”“自身学历过低，年龄又偏大，所以很难找到合适的工作”等都是尚未就业的低收入家庭成员认为的就业障碍。

（五）社会保障不足

当前，在北京低收入家庭的民生建设和权益保障方面还面临着一些现实的挑战，这也成为进一步改善低收入家庭民生状况的重要指向和着力点，突出表现在收入、住房、养老、照料和社会保障等方面。特别是社会保障，在保障低收入家庭的民生方面发挥着重要的作用，但是还没有实现低收入家庭成员各项社会保障制度的全覆盖，存在民生保障的缺口。根据调查显示，在养老保险、医疗保险、失业保险方面没有实现低收入家庭成员的全覆盖，需要进一步加强针对低收入家庭的社会保障制度建设。在低收入家庭的民生状况上，一些被调查者认为“身体健康状况不好，家庭照料和医药费开支很大”“没有住房，居无定所，无法安居乐业”“找不到工作，没有生活安全保障感”“缺少社会交往，感觉比较孤独和社会边缘化”“收入少，生活困难”“家庭照料负担过重”“教育支出较高，压力过大”等，都是低收入家庭生活中遇到的现实问题，直接影响其生活满意度。本次调查显示，在诸多影响低收入家庭生活满意度的因素中，“收入少，生活困难”“身体健康状况不好，家庭照料和医药费开支很大”“找不到工作，没有生活安全保障感”成为居前三位的影响因素和现实挑战，占比分别为30.8%、20.4%、18.8%。有的被调查者反映：“家里孩子多，无法参加工作，能参加工作的家庭成员岁数又大了，希望能增加托幼机构，降低托幼费用”“增加社会保障”“希望政府对贫困人口提高福利待遇”“自身文化水平较低，而且社会保障较差，遇到问题不能及时解决”。

（六）发展预期障碍

在低收入家庭对于未来生活的发展预期上，部分被调查者表现出了积极乐观的生活态度和发展信心。据调查显示，59.5%的被调查者认为“在大家的帮助以及自己的努力下，生活会逐渐好起来”；但是，部分被调查者对自己的未来生活预期不高，认为“估计和现在差不多”，占比为27.8%。部分受访者认为，贫困是由于“不思进取，不求上进，安于现状”“部分女性缺少进取心”“没有上进心，需要多宣传，提供就业机会”“无工作，精神上甘于现状”“竞争意识不强，安于困境”；一些被调查者认为，“女性的独立意识还不够，一般多数还是觉得女性主要是做好贤妻良母，对自身能力和心性的提升不够积极主动”。

三　进一步完善创新低收入家庭民生建设政策

全面建成小康社会是指包括城乡低收入家庭在内的全面小康社会，需要针对城乡低收入家庭存在的现实问题和发展诉求，“坚持和完善统筹城乡的民生保障制度，满足人民日益增长的美好生活需要”，[①] 统筹推进教育、健康、产业、就业、消费扶贫，有针对性地进行政策完善，进一步改善低收入家庭的民生状况。

（一）优化就业环境

《中共北京市委贯彻〈中共中央关于坚持和完善中国特色社会主义制度 推进国家治理体系和治理能力现代化若干重大问题的决定〉的实施意见》提出，“健全公共就业服务和终身职业技能培训制度，提升服务质量，完善重点群体和地区就业支持体系，加大帮扶力度，促进农村劳动力转移就业”[②]。加强职业技能培训，提高困难群众的职业技术和职业技能，提升人力资本状况，对于改善低收入家庭的民生状况具有突出的重要性，也是解决低收入家庭民生问题的根本出路之一。调查发现，较多被调查者反映，“文化低，就业难，希望政府能够提供就业技能培训”“自己文化程度低，无就业技能，希望政府加大扶持力度，多开展各种培训帮扶活动”“政府应增加投入，帮助贫困人群脱贫”“文化水平低，缺乏技能。希望多学习，多参与各项技能培训”“无专业技能，希望社区能组织技能培训”“教育程度低，

---

① 《中共北京市委贯彻〈中共中央关于坚持和完善中国特色社会主义制度 推进国家治理体系和治理能力现代化若干重大问题的决定〉的实施意见》，http：//bj. people. com. cn/n2/2019/1209/c82837 - 33614986. html，2019 年 12 月 9 日。

② 《中共北京市委贯彻〈中共中央关于坚持和完善中国特色社会主义制度 推进国家治理体系和治理能力现代化若干重大问题的决定〉的实施意见》，http：//bj. people. com. cn/n2/2019/1209/c82837 - 33614986. html，2019 年 12 月 9 日。

加强技能培训”“提高文化程度，增加技能培训机构”“完善就业渠道，消除就业歧视和困难，让女性实现群体就业”“提供失业妇女技能培训，增加失业妇女就业机会”等。此外，低收入家庭对于提供帮助和服务方面体现了较为集中的意见倾向，希望“开展创业就业技能培训”“提供就业信息”，成为最主要和最为集中的发展诉求，并主要体现在加强就业服务方面，通过完善就业政策和开展就业服务、就业指导和就业培训，促进就业困难家庭实现持续就业，消除就业障碍，努力实现充分就业。此外，要坚持扶贫和扶志相结合，正确处理外部帮扶和贫困群众自身努力的关系，强化脱贫光荣导向，更加注重培养贫困群众依靠自力更生实现脱贫致富的意识，注重提高贫困地区和贫困人口的自我发展能力。当前，解决城乡贫困问题，关键在于提高低收入家庭包括知识和技能在内的自我发展能力，为低收入家庭实实在在脱贫提供根本保障。

（二）改进社会服务

加强社会服务，对于城市低收入家庭改善民生十分重要。要准确掌握低收入家庭的实际情况，按照《北京市乡村振兴战略规划（2018～2022年）》的要求，加强低收入村、低收入农户监测，动态掌握变化情况和帮扶需求，按照“六个一批”精准帮扶措施，细致分类，做到“一村一策、一户一策”[①]，努力实现北京6.8万户低收入农户家庭人均可支配收入超过现行标准线，234个低收入村全部“脱低”。要全面了解低收入家庭的发展需求，做到精准施策。在调查中，一些城乡低收入家庭表示“缺少就业信息”，希望“提供就业辅导”“提供就业岗位”“提供就业机会”“身体不好，街道社区多帮助扶持”。可见，大力推进

---

① 《中共北京市委　北京市人民政府关于印发〈北京市乡村振兴战略规划（2018～2022年）〉的通知》，http：//www.beijing.gov.cn/zhengce/zhengcefagui/201905/t20190522_61747.html，2019年5月22日。

就业扶贫特别是发挥社区在扶贫帮困中的作用至关重要。在此方面，需要开展创业就业技能培训，提供就业信息，推动慈善捐赠，促进所在城市街道（乡镇）社区建立扶贫产业项目，组织开展活动，为低收入家庭提供社会服务。尤其重要的是，城乡社区是社会治理的基本单元，要充分发挥社区在扶贫帮困的基础性作用，“提高社区服务供给能力。加快城乡社区公共服务体系建设，健全城乡社区服务机构，编制城乡社区公共服务指导目录，做好与城乡社区居民利益密切相关的劳动就业、社会保障、卫生计生、教育事业、社会服务、住房保障、文化体育、公共安全、公共法律、调解仲裁等公共服务事项”，“加强对城乡社区社会救助对象、建档立卡贫困人口、困境儿童、精神障碍患者、社区服刑人员、刑满释放人员和留守儿童、妇女、老人等群体的人文关怀、精神慰藉和心理健康服务”。此外，要开展贫困村老人、残疾人、留守儿童、低保家庭、特困人员等关爱保障工作，帮助化解其生活、学习等方面的困难。要聚力就业脱贫，实现脱贫增收。通过开展技能培训、定向提供岗位等多种方式，为贫困群众提供有效扶持，帮助贫困人口实现就业，要进一步加强项目设计，开展适合包括低收入妇女在内的创业就业项目，提高就业能力和水平，开展订单式加工，帮助低收入家庭实现灵活就业，增加收入。

（三）完善社会救助

《中共中央 国务院关于打赢脱贫攻坚战三年行动的指导意见》提出，“统筹各类保障措施，建立以社会保险、社会救助、社会福利制度为主体，以社会帮扶、社工助力为辅助的综合保障体系，为完全丧失劳动能力和部分丧失劳动能力且无法依靠产业就业帮扶脱贫的贫困人口提供兜底保障”，“完善农村低保制度，健全低保对象认定方法，将完全丧失劳动能力和部分丧失劳动能力且无法依靠产业就业帮扶脱贫的贫困人口纳入低保范围”，“加大临时救助力度，及时将符合条件的返贫人口纳入救助范围”,[①] 为社会救助制度的建设提供了发展遵循。以最低生活保障制度为核心的社会救助制度建立以来，北京市的社会救助制度建设不断取得进展，在标准化、规范化和法治化等方面显著提升，但是，伴随社会救助制度实施环境的变化，社会救助制度发展面临新的社会条件。诸如，如何避免福利依赖从而提高社会救助的流动性；如何通过就业培训和促进就业等积极的劳动力市场政策来促进社会救助的流动性；如何构建以儿童为中心的社会救助，进而打破贫困的代际恶性循环，使贫困家庭走出贫困陷阱；如何提高社会救助制度在促进社会团结和社会凝聚力方面的作用；如何在社会救助实施过程中实现精准救助，在社会救助中实现社会公平和救助正义；等等。需要进一步完善制度体系，加强政策构建，不断完善北京市城乡居民最低生活保障及低收入家庭救助制度，在社会救助标准制定、政策宣传和信息公开等方面不断完善相关制度，以更好地发挥社会救助的兜底保障功能，切实保障城乡低收入居民的生活。在此方面，北京市顺义区在社会救助改革发展中进一步发挥社会救助在打赢脱贫攻坚战和全面建成小康社会中的兜底保障作用，“充分发挥社工机构等专业力量的优势，对全区 14000 余名低保、低收入、困境老年人、困境儿童以及重度残疾人等群体开展入户走访和需求评估。做到主动发现困难线索，及时有效开展帮扶”，实现应保尽保。“在全面建设小康社会的过程中，为了降低最低生活保障的‘错保率’，将贫困边缘人群排除于主要的制度安排之外，不利于贫困人口的基本生存保障，也与全面建成小康社会的发展目标不相符”，“应采取措施，提高受助率，提升‘应保尽保’水平，切实保障贫困人口的基本生活”。此外，针对贫困家庭医疗费用支出等实际情况，要大力开展医疗扶贫和医疗助贫，“全面落实医疗救助、教育救助、临时救助等各

① 《中共中央　国务院关于打赢脱贫攻坚战三年行动的指导意见》，http：//www. gov. cn/zhengce/2018 - 08/19/content_ 5314959. htm，2018 年 8 月 19 日。

项救助政策，解决困难群体突发性、紧迫性和临时性基本生活困难”，在社会救助中，进一步处理好现金救助和救助服务之间的关系，“在社会救助手段和方式上，要促进由传统的、单一的物质和现金救助转向物质保障、生活照料、精神慰藉、心理疏导、能力提升和社会融入相结合的综合援助，从现金救助到服务救助”。此外，要切实提升贫困群众特别是农村地区贫困群众的医疗保障水平，开展送医、送药、送诊断活动，开通远程培训和远程会诊；努力帮助贫困地区的医疗机构提高医疗服务水平，提升医疗扶贫的组织化程度，开展义诊活动。

（四）扩大社会参与

要鼓励和引导首都企事业单位、社会组织积极参与脱贫攻坚，通过产业扶贫、教育扶贫、健康扶贫等途径和形式，发挥自身职能和优势，深入开展结对帮扶，通过“万企帮万村”“互联网+精准扶贫”等活动，开展电商扶贫，为北京市贫困群众提供项目和资金支持，帮助发展脱贫产业，促进脱贫项目建设，以产业扶贫有效增强贫困地区“造血功能”，打造特色旅游业，引领和鼓励社会爱心人士开展扶贫济困行动。在此方面，西城区总工会赴门头沟开展结对帮扶调研，签订了《推动生态涵养区生态保护和绿色发展结对协作框架协议（2019年—2022年）》，通过两个区总工会在低收入帮扶方面的紧密合作，切实帮助低收入村民就业和增收。

开展科技助贫治贫活动，要着力开展农业科技扶贫工作，提升和加强扶贫共建的科技含量和科技支撑，以消费扶贫行动为抓手，拓展贫困户增收渠道，切实解决贫困群众在生产中遇到的各种实际问题。降低农民增收成本，促进农户增收，通过多种形式向农民普及农业技术，把增强困难群众脱贫治贫的自强能力作为实现脱贫增收的重要着力点和内生机制，努力建立健全解决低收入农户增收的长效机制。要更好地发挥社会组织在贫困治理中的重要作用，开展捐资助学和捐赠教学设备等扶贫帮困活动，特别是一些企业和企业家积极履行社会责任，展现了责任与担当。例如，与大学建立实训基地，给大学生提供实习机会和平台，帮助孩子们提高综合能力；开展精准扶贫，帮助贫困地区产业发展，努力对接资源，支持和帮助农产品销售；帮助贫困地区孩子改善学习条件，捐赠书本、衣物和现金，参加市区有关部门组织的捐赠图书活动，与贫困家庭的孩子们建立手拉手帮助帮扶关系；等等。在开展脱贫攻坚和全面建成小康社会中，要广泛动员社会组织积极参与脱贫攻坚和贫困家庭帮扶活动，发挥社会组织的独特作用和优势，为脱贫攻坚和全面建成小康社会贡献力量。

（五）加强扶贫宣传

2020 年 3 月 6 日，习近平总书记在决战决胜脱贫攻坚座谈会上的讲话中指出："脱贫攻坚不仅要做得好，而且要讲得好。要重点宣传党中央关于脱贫攻坚的决策部署，宣传各地区各部门统筹推进疫情防控和脱贫攻坚工作的新举措好办法，宣传基层扶贫干部的典型事迹和贫困地区人民群众艰苦奋斗的感人故事。"① 近年来，北京市在脱贫攻坚中进行了积极的探索和努力，形成了宝贵的经验和做法以及可资借鉴的发展模式和路径，值得研究和推广，同时一些社会组织积极履行社会责任，开展扶贫攻坚，需要进一步加强宣传引导，形成社会正能量。

参考文献

曹琪：《北京市昌平区精准扶贫典型案例研究》，《北京农业职业学院学报》2019

---

① 《习近平：在决战决胜脱贫攻坚座谈会上的讲话》，中共中央党校（国家行政学院）网站，http：//www. ccps. gov. cn/xxsxk/zyls/202003/t20200306_ 138549. shtml，2020 年 3 月 6 日。

年第 4 期。

李宝东：《北京顺义：助力困难群体　共享美好生活》，《中国民政》2019 年第 16 期。

杨立雄：《最低生活保障“漏保”问题研究——以北京市为例》，《社会保障评论》2018 年第 2 期。

王方舟、解金明、赵九洲：《北京市远郊区低收入农户增收与发展研究——以北京市怀柔区低收入农户为例》，《天津农业科学》2017 年第 11 期。

林闽钢：《新时代我国社会救助发展方向》，《中国民政》2019 年第 3 期。

《帮助低收入村民就业增收　西城区总工会赴门头沟开展结对帮扶调研》，《工会博览》2019 年第 28 期。

世界级城市群视域下首都地铁服务与治理路径

张 薇　陆小成　资武成*

摘　要： 世界级城市群均以轨道交通为重要工具，为城市群人口出行提供便捷服务。地铁站是展示首都形象、方便市民出行的重要窗口。首都地铁为避免大客流对线路造成过大压力和安全隐患，采取设围栏、迂回绕行等常态限流措施，有力保障北京交通安全运行。但主要线路运能紧张，瓶颈点压力凸显，服务维护滞后，难以满足市民对公共交通、绿色出行的美好需求。构建以首都为核心的世界级城市群，要进一步提升城市群地铁服务和治理水平，满足市民出行需求，增强市民获得感。

关键词： 首都地铁服务　便民设施　治理路径

习近平总书记多次视察北京，对首都存在的人口膨胀、交通拥堵、环境污染等特大城市病问题深感揪心，明确提出了疏解非首都功能、推动京津冀协同发展等重大战略。习近平总书记明确指出，北京如何解决好海量人口的出行问题是一个大难题。要把解决交通拥堵问题放在城市

* 张薇，浙江金融职业学院会计学院教授，博士；陆小成，北京市社会科学院市情调查研究中心副主任、研究员，博士，北京世界城市研究基地秘书长；资武成，湖南师范大学商学院副教授，博士，硕士生导师。

发展的重要位置，加快形成安全、便捷、高效、绿色、经济的综合交通体系。世界级城市群均以轨道交通为重要工具，为城市群人口出行提供便捷服务。轨道交通特别是地铁，安全保障制度一定要严密，安全检查措施一定要严格，安全运行工作一定要严谨。如何解决交通拥堵问题一直以来是北京市委、市政府以及社会各界关注的重要课题。北京地铁为避免大客流对线路造成过大压力和安全隐患，采取设围栏、迂回绕行等常态限流措施，有力保障首都交通安全运行。但主要线路运能紧张，瓶颈点压力凸显，许多站点限流延伸到站外，便民设施不足，服务维护滞后，难以满足市民对公共交通、绿色出行的美好需求。

一 新中国成立70年来北京地铁发展历程与基本现状

北京作为中国首都，是中国首个开通地铁的城市。早在 20 世纪 50 年代，毛泽东同志洞察了地下铁道的重要性，明确从战备和民用角度，提出北京要搞城市地下铁道，并且指出“不仅北京要搞，很多大城市也要搞”。1953 年 9 月 28 日，北京市委响应这个号召，开始筹备北京修筑地下铁道工作。1954 年 10 月，北京市委向党中央呈送一份报告，要求“聘请苏联专家，着手勘探研究”。1953 ~ 1960 年，数千名中国学生被送往苏联学习地铁的建设。1965 年，中共中央书记处和国务院决定修建北京地下铁道。2 月 4 日，毛泽东亲自审阅了北京地铁建设方案，并在批示中确定“精心设计、精心施工”的八字方针。7 月 1 日，北京地铁一期工程开工。1969 年 10 月 1 日，北京地铁一期工程完工，以庆祝国庆节。这条线路长 23.6 公里，是中国大陆最早的地铁线路，并且早于香港、首尔、新加坡、旧金山、华盛顿等城市。[①] 1971 年 1 月 15 日，北京地铁

① 《北京地铁半个世纪的发展史》，城市中国网，2017 年 8 月 3 日。

一期工程开始试运营，线路由北京站至公主坟站。[①] 如表 1 所示，新中国成立 70 年来，北京地铁从无到有，不断发展壮大。截至 2019 年 12 月，北京市轨道交通路网运营线路达 23 条、总里程 699.3 公里、车站 405 个（包括换乘站 62 个），在建线路 15 条。到 2020 年，北京地铁将形成线网由 30 条运营、总长 1177 公里的轨道交通网络。[②]

表 1　北京地铁发展历程

时间节点	重要事项
1969 年 10 月 1 日	北京地铁一期工程完工，以庆祝国庆节。这条线路长 23.6 公里，采用明挖填埋法施工，从西山苹果园到北京火车站，共有 17 个车站
1971 年 1 月 15 日	北京地铁一期工程开始试运营，线路由北京站至公主坟站。运营线路的西端终点站在 1971 年 8 月 5 日延长至玉泉路站，11 月 7 日延长至古城站
1973 年 4 月 23 日	北京地铁 1 号线延长至苹果园站
1981 年 9 月 11 日	北京地铁一期工程经国家批准正式验收，在试运营 10 年之后，北京地铁正式对外开放。工程共投资 4.06 亿元。地铁被交由北京市地铁运营公司管理
1984 年 9 月 20 日	北京地铁二期工程开通运营。北京地铁 2 号线车站自复兴门至建国门，长 16.1 公里，有 12 个车站
1987 年 12 月 28 日	北京地铁 1 号线和环线正式分开独立运行
1991 年 1 月 26 日	北京地铁 1 号线沿长安街东延的规划（即“复八线”，由复兴门延长至八王坟地区）获得批准，总投资 8 亿元
1992 年 6 月 24 日	北京地铁复八线开工建设
2000 年 6 月 28 日	北京地铁 1 号线全线贯通运营
2002 年 9 月 28 日	北京地铁 13 号线西段通车运营
2003 年 12 月 27 日	北京地铁八通线通车运营
2007 年 10 月 7 日	北京地铁 5 号线通车运营
2009 年 9 月 28 日	北京地铁 4 号线试运营，成为继 5 号线之后第二条南北大动脉
2010 年 12 月 30 日	15 号线一期一段、昌平线一期、大兴线、房山线大部分线路、亦庄线等 5 条通向郊区新城的线路开通试运营
2011 年 12 月 31 日	北京地铁 8 号线二期北段、北京地铁 9 号线南段、北京地铁 15 号线一期东段开通试运营

① 《北京地铁 4 条新线开通　成国内地铁里程最长城市》，新华社，2015 年 2 月 21 日。

② 《北京地铁 10 号线拆座椅增运力，但最拥挤的还不是这条线》，新浪网，2019 年 8 月 8 日。

续表

时间节点	重要事项
2012 年 12 月 30 日	6 号线一期、8 号线二期南段大部分、9 号线北段和 10 号线二期大部分线路开通试运营
2013 年 12 月 28 日	8 号线二期南段剩余段以及昌平线与 8 号线联络线投入试运营
2014 年 12 月 28 日	6 号线二期、7 号线、14 号线东段、15 号线一期三段开通运营
2015 年 12 月 26 日	北京地铁 14 号线中段和昌平线二期等 2 条轨道新线投入试运营
2016 年 12 月 31 日	16 号线北段开通试运营
2017 年 12 月 30 日	北京磁悬浮地铁 S1 线、地铁燕房线和现代有轨电车西郊线开通运营
2018 年 12 月 30 日	北京地铁 6 号线西延、8 号线三期和四期开通运营。北京地铁路网总里程达到 637 公里，车站 391 个，其中换乘车站 58 个
2019 年 9 月 26 日	大兴机场线一期开通运营
2019 年 12 月 28 日	7 号线东延、八通线南延开通运营

为加强对北京地铁安全运行管理，北京市先后制定了若干管理规章制度。如 2004 年 6 月 1 日，《北京市城市轨道交通安全运营管理办法》施行。2015 年 5 月 1 日，《北京市轨道交通运营安全条例》实施。2019 年 5 月 15 日，《北京市轨道交通乘客守则》实施。北京地铁重视相关服务设施的设计与建设，如北京地铁 7 号线、14 号线等在建地铁线的设计注重“人性化、便民性”。为方便老年人、残疾人等行动不便者安全出行，在地上封闭路段均以对角线形式设置电梯，为特殊人群提供必要的出行方便。北京地铁在运营安全方面，所有在建地铁线路的两站区间内增设乘客紧急疏散平台，提高安全标准，便于遇到突发事故时乘客安全疏散。列车设有撞击吸能装置及防爬装置，保证列车发生碰撞时车辆客室的变形程度最低。① 北京地铁在票务上制定了单程票、福利票、民政一卡通、市政一卡通、手机一卡通、移动支付、电子定期票等多种方式，方便不同群体使用。特别是移动支付，可以让乘客通过网络取票机扫描手机上的二维码完成取票、进站乘车。

随着首都北京城市的快速发展，落实首都城市战略定位，加强首都

① 《北京 4 地铁线路明年通车　5 高速通新机场》，中新网，2017 年 8 月 3 日。

"四个中心"功能建设，提升"四个服务"水平，北京地铁有效提供高效出行服务、缓解交通拥堵，承载了更多服务引领首都城市运行职能。北京地铁建设与运营大大提高了城市交通的通达性，方便市民上下班出行。地铁建设提高了中心城区与周边区域的通行效率，推动了周边新城的建设与发展，优化了城市空间布局，对疏解中心城区过于密集的人口和功能发挥了重要的作用。地铁建设还能节省土地，提高空间利用效率，减少噪声和环境干扰，节约能源，减少污染。地铁与城市中其他交通工具相比，还具有运量大、准时、速度快等优势。北京地铁在党的领导下，经过近 70 年的快速发展，取得了辉煌业绩，在承担首都交通出行方面发挥了巨大贡献，主要表现为以下三个特点。[①]

第一，运行线网不断延伸，运行里程长。截至 2019 年 12 月，北京市轨道交通路网运营线路达 23 条、总里程 699. 3 公里、车站 405 个（包括换乘站 62 个）。按照新版城市总规，到 2035 年，北京市将建成 1500 公里城市轨道交通以及 1000 公里区域快线（含市郊铁路）的轨道交通线网，线网密度、通达性、运载量将进一步提升，在满足首都市民出行方面发挥更大作用。

第二，客流强度不断增大，覆盖空间不断扩大。多年来，北京地铁客流不断攀升。2011 年 4 月，北京地铁 1 号线、八通线首次公布 17 个车站限流时间。其中四惠站和四惠东站常规限流时段最长，为每日 7 时至 9 时 30 分。如表 2 所示，2010 年，北京地铁年客运量为 15. 95 亿人次，日均客运量为 500 万人次。但 2017 年，北京地铁年乘客量达到 45. 3 亿人次，日均客流为 1241. 1 万人次，单日客运量最高达 1327. 46 万人次。2018 年末投运里程为 637 公里。在北京海量的公共交通需求中，轨道交通占北京公共交通出行比例约为 1/2。[②] 随着地铁通勤的准

---

① 张燕友：《推动首都轨道交通高质量发展》，《中国城市报》2020 年 1 月 6 日。

② 《北京地铁出行人次已占公共交通出行约五成》，https：//baijiahao. baidu. com，2018 年 6 月 11 日。

时、通达、安全等优势不断彰显，越来越多的市民包括外来旅游人口等在内均偏向于选择地铁出行。随着北京地铁线的不断增多、覆盖面不断扩大，地铁方便北京市民出行的服务能力也不断得到增强。

表 2　北京地铁客运流量

年份	年末投运里程（公里）	年客运量（亿人次）	日均客运量（万人次）	最大日客流量（万人次）
2010	336	15.95	500.00	571(2010 年 9 月 21 日)
2011	372	18.00	620.00	—
2012	442	21.00	850.00	900(时间未知)
2013	465	32.00	876.00	1106(时间未知)
2014	527	29.07	796.48	988.95(2014 年 4 月 30 日)
2015	550	28.32	900.00	—
2016	574	36.60	824.70	1052.36(2016 年 10 月 21 日)
2017	608	45.30	1241.10	1327.46(2017 年 7 月 7 日)
2018	637	—	—	—

第三，首都服务保障任务重，发挥关键支撑作用。轨道交通是城市健康运行的“动脉”，北京地铁服务于首都功能运行，在强化首都“四个中心”功能建设的战略背景下，北京地铁承担着为重点区域、重要项目和重大活动提供交通服务重任，特别是在重大节日节点上发挥安全通勤的重要职责。如在北京奥运会、APEC 会议、“一带一路”高峰论坛、“亚洲文明对话大会”、世园会、中华人民共和国成立 70 周年等系列重大活动中发挥了重要的通行保障作用。此外，随着大兴国际机场线、市郊铁路城市副中心线等开通运营，北京地铁对于落实首都城市战略定位、疏解非首都功能、推动城市副中心建设、推动京津冀协同发展与世界级城市群建设提供了强力支撑。

二　首都地铁服务与治理的主要问题

首都地铁服务主要是指地铁运营过程中为乘客提供的公共服务，

包括进出站、乘车等全过程的服务。首都地铁服务与治理是首都治理体系最接近市民需求、最体现市民诉求的重要晴雨表。特别是地铁站服务，是展示首都形象、方便市民出行、打造世界级城市群的重要窗口。北京地铁为避免大客流对线路造成过大压力和安全隐患，采取设围栏、迂回绕行等常态限流措施，有力保障首都交通安全运行。但主要线路运能紧张，瓶颈点压力凸显。常态限流主要是在车站入口或站前广场，通过导流围栏减缓乘客进站速度，降低列车拥挤度，减少站台滞留乘客。2018 年 1 月，北京新增 23 个地铁常规限流站，总数达到96 个。[①] 主要分布在 15 条线路上，大部分常规限流车站分布在职住分离严重的远郊区和人口密度大的中心城区站点。其中 80 个车站为早高峰限流，主要集中在远郊区的居住组团，另外 36 个车站为晚高峰限流，主要集中在商业区、写字楼密集区以及换乘车站。北京地铁 5 号线限流站最多，达到 15 个，如天通苑北、天通苑、天通苑南、立水桥等沿线基本是限流站。天通苑、立水桥等居住区连续 5 站早高峰限流。6 号线的北运河西、通州北关、物资学院路等限流站为 12 个。大兴线的天宫院、黄村火车站、新宫等限流站为 11 个。不少地铁站（如四惠、东四、东单、国贸、双井等 13 个站点）实行早晚高峰限流。

2018 年 7 月 16 日，北京地铁公司所辖 16 条运营线路日客运量达到 1007.97 万人次，其中 10 号线客运压力最大，为 183.67 万人次，其次为 1 号线达到 122.97 万人次。北京每天 7:30～8:30 的时间进站量 97.9 万人次，出站量 102.8 万人次，轨道线网要完成全日客运量的 16%。8 月 17 日，北京轨道交通全网日客运量再创新高，达 1348.66 万人次。2019 年 11 月，北京地铁在动态评估的同时，通过挖潜、优化客运组织等手段，取消了 5 座车站的常态限流措施，具体为 1 号线八宝山站、八

① 《北京新增 23 个地铁常规限流站》，http://www.sohu.com，2018 年 1 月 8 日。

角游乐园站，5 号线蒲黄榆站、刘家窑站，13 号线回龙观站。[①] 通过实地调研发现，地铁限流车站存在许多难题亟待研究解决。

（一）缺乏防风雨棚，限流乘客面临寒风雨雪袭击难以忍受

北京职住分离严重，通勤时间平均为 1.32 个小时。远郊区乘客在早上 6 点甚至更早时间起来排队进站。因客流太大，地铁限流延伸到站外，除 5 号线等部分地铁站外装有雨棚外，90% 的地铁站外限流区没有雨棚防护，朱辛庄、沙河、沙河高教园等地上站更是如此。限流乘客需在站外等待 30 ~ 60 分钟之久，遇上风雨、冰冻、雾霾天气更加难以忍受，市民抱怨较多。下雨时乘客易被淋湿或滑倒，地面湿滑也增加了地铁站的清洁工作量。许多乘客认为，宁愿开私家车堵在路上，也比在地铁站外挨冻或在地铁里被挤成“相片”好。部分地铁站尽管有小面积雨棚，但被所停车辆占据，雨棚与出入口顶部没有连接，经常透风漏雨，空间太窄、实用性不强。

（二）缺乏便民设施，限流乘客如厕等基本需求难以满足

课题组实际调研发现，许多上班乘客因赶时间没有在家里就餐，而限流车站周边均没有早餐、开水、充电及其他生活用品等便利店，特别是许多远郊区的地铁站点孤立，站城分离，与周边建筑及生活服务设施没有联动。冬季限流乘客在长达 1 小时等待中又冷又饿，许多基本需求无法满足。北京 90% 的地铁站周边没有设置厕所。有的内急乘客不得不在地铁站外绿隔或隐蔽处就地解决，严重影响首都形象和环境卫生。站内厕所分布也较少，大多设计在站台末端，必须刷卡进站并步行较长距离，厕所位置隐蔽，女厕所蹲位少、排队长，使用极为不便。

---

① 《北京 5 座地铁站退出限流圈排队时长大幅缩短》，https：//baijiahao. baidu. com，2019 年 11 月 18 日。

（三）缺乏服务维护，车站周边“脏乱差”现象难以根治

许多限流车站周边“脏乱差”现象较为突出。有的地铁站外的垃圾桶年久失修，缺乏经常性的清理和冲洗，食物残渣、污物积存，气味恶臭，卫生极差。特别是城乡接合部、远郊区的地铁站点，其周边卫生条件差，管理失序，服务严重缺位。地铁站周边车辆乱停乱放严重，共享单车、自行车、电动车均没有固定的停车位，有的挤占人行道，私家车停车位严重不够，随意停放，影响出行安全。许多地铁站没有规划固定地点建设便民设施，流动商贩的早餐车或水果摊占道经营，有的停在地铁站与公交站交汇处，扬尘多，行人挤。部分远郊区地铁站被小广告、推销者、黑车司机等包围，秩序混乱，管理不到位。还有少部分乘客素质不高，影响首都城市形象。比如，有个别乘客在车厢内吃早餐，有乘客抄近道逆行、在车站使用滑板车，还存在吸烟、逃票、“霸座”、推销、大声播放视频音乐等行为。

三　世界级城市群视域下首都地铁服务提升与治理路径

“城市群”的概念由 1957 年法国学者提出，主要指高度同城化和高度一体化的群体，城市群通过合理布局，促进区域协同发展。我国规划了 19 个城市群，其中主要有京津冀城市群、长三角城市群和珠三角城市群等。按照世界级城市群的目标进行打造，加快构建以首都为核心的世界级城市群，需要在重要的核心城市和周边节点城市间实现 1～2 小时的交通圈，轨道交通具有运量大、速度快、安全准时、环保等优点。针对以上现实问题和市民强烈需求，建议北京有关部门从人民群众最关心的出行小事做起，把握市民对美好生活需要呈现的“便利性、宜居性、多样性、公正性、安全性”新特点，破解基础设施有欠账、公共服务有弱项等难题，抓好地铁服务，补齐设施短板，优化首都地铁

治理与服务，切实提升首都交通形象，加快打造“轨道上的京津冀”，助推京津冀协同发展与世界级城市群建设。

（一）建设防风雨棚，打造宽敞畅通、绿色智能的新地铁

在站外限流空间建立大面积的雨棚，进行人性化、实用性、安全性设计，并与车站出入口无缝连接，查漏补缺，使出入口能挡风防寒、遮日避雨。雨棚推广使用绿色环保、透明轻便、安全牢固的新材料，顶部色彩、灯具等设计使功能和装饰高度统一，减少空间压抑感，在棚顶安装分布式光伏发电设备，实现保温、防火、低碳、发电等多功能，打造绿色智能车站。

不断提升北京地铁线路线网运行效率，满足人民高效出行特别是早晚上下班高峰期的通勤需求，多种举措提高运力和可达性。借鉴上海经验，采用大数据、智慧化手段掌控客流动态及拥堵通道信息，随时增减闸机设备，安置隔离设施，选择换乘路线，改造限流空间。在持续建设新线、优化线网格局的同时，通过灵活车辆编组、加强指挥调度、多制式互联互通等举措，推动线网运能提升，提升地铁运力，确保运力配置满足出行客流需求。发挥全国科创中心的科技优势，提高地铁科技含量，实现北京轨道交通智能化运行。如在高峰期，根据客流量自动增加运力和大站快甩的区间车、缩短发车间隔等，降低满载率；在非高峰期，自动减少运力避免空载。采用生物识别、扫脸支付等“黑科技”为乘客提供可视化信息，理性出行，避免拥堵，为有关部门提供安全监控与危机预警，打造全国地铁科技创新的典范。

（二）增加便民设施，为出行市民提供多样化、人性化服务

在限流地铁站外增加早餐、开水、公厕、医疗等便利店及其他安全设施。远郊区地铁站应推广“政府便民早餐”工程，增加便利店数量与提升服务质量，满足市民便利性、多样化的需求。弘扬首都精

神，加快厕所革命，每个地铁站外应配建 2～4 个甚至更多数量的公厕，增加女厕所蹲位，使用高科技提供人性化服务，提升北京文明形象和城市品位。

借鉴武汉经验，在地铁站设置爱心候车区，建设母婴室、绿色通道、雷锋行李车、“地下图书馆”等服务设施。如武汉地铁 2 号线沿线 21 个车站，各设 1 个自动图书馆，这在全世界尚属首例，被称为“书香地铁”。这 21 个自动图书馆，全部设在非付费处，周边居民也可以前来免费借书。站内还设宣传和信息报架，供乘客免费阅读。[①] 武汉地铁站的便民措施有近 20 项，包括客服中心、直饮水、公用电话、一卡通充值、母婴室、轮椅、防踏空安全胶条、婴儿尿布台、女性候车区等。每个地铁站的站台有多个召援电话与客服中心相连，市民遇到紧急情况，可按下该电话按钮直接与值班人员通话。2 号线金银潭站、常青花园站、汉口火车站、范湖站、循礼门站、洪山广场站、宝通寺站、光谷广场站等 8 个车站，设置有人值守的银行网点，此外其余 13 个车站均设置有 ATM 机。全线各车站站台设置两台直饮水机，为乘客免费提供加热过的直饮水。站台边缘的防踏空安全胶条，缩小列车与站台之间的间隙，避免乘客踏空。还有专门针对女性和少儿设计的便民措施，如母婴室。饮水机设高低两个台子，楼梯扶手也设高低两种，就算小朋友使用也会很方便。

石家庄地铁为积极贯彻落实河北省“双创双服”和石家庄市“双问计”工作要求，提升运营服务品质，推出了一项新举措，如 25 个车站全线配置便民箱。便民箱内设有针线盒、放大镜、胶棒、笔、部分急救药品等，乘客若需使用，可告知车站工作人员。便民箱虽小，却装满了石家庄地铁浓浓的爱。应借鉴石家庄经验，设立地铁便民箱。北京地

① 《武汉“最人性化地铁站”：设女性候车区自动图书馆》，《武汉晚报》2012 年 11 月 30 日。

铁应加强服务创新，提供更多贴心暖心服务，给市民带来更舒适的出行体验，传播北京地铁之爱，打造首善之区。

（三）加强站外安全维护，消除卫生死角，提升服务能力

满足首都市民“五性”需求，树立“以人为本，安全第一”发展理念，为市民提供安全出行的交通体验。面对北京轨道交通海量客流的安全保障要求，不断完善北京地铁及站点的安全保障制度体系，提高轨道交通安全设施配置与安全等级，增强安检、监控等力量，提高安全服务可靠度。增加站外安全监控设施，按照“一站一方案”优化限流组织，根据客流情况动态化管理限流车站及时间，设置专人在车站出入口、楼梯、自动扶梯、站台等关键部位进行疏导，防止拥挤踩踏等事故发生。安排专人进行地铁站外的垃圾清理、卫生设施更换及“脏乱差”治理。加强平安地铁志愿者队伍建设，设立地铁志愿服务岗，为志愿者服务积分，积分可抵部分乘车费，每年进行 100 名优秀志愿者评选，鼓励更多市民参与志愿者服务，发挥志愿者在宣传引导、秩序维护、现场处置等方面的参与作用。增加地铁志愿者队伍，加大对乘客不文明行为的劝阻力度，配备更多的乘务管理志愿者进行文明出行及安全巡查，对乞讨卖艺、扫二维码等各类推销行为进行及时制止和劝阻。采用 PPP 模式吸引社会资本参与地铁站服务设施建设，发展地铁物业，以广告、场地门面出租等方式增加地铁站外的配套建设投入，提升地铁站建设、管理、服务能力，满足限流乘客多样化需求，提升首都地铁形象。

（四）以疏解非首都功能为契机，加强站城一体化建设

“站城一体化”充分体现现代城市轨道交通理念，即地铁站与城市建设的高度融合和城市服务的一体化建设，实现城市交通、商业服务、公共服务等供给的高度融合。日本在站城一体化建设方面具有成功的经

验，站城一体化开发举世闻名，有代表性的公共交通指向型开发（Transit Oriented Development，TOD）模式主要有两种：一种是以枢纽站为中心的集聚式开发，实现了车站周边土地的高效利用；另一种是和轨道交通同步建设的沿线型开发，能促进基础设施建设，提高沿线房产附加值。如东京、大阪的城市轨道交通利用率高、机动车利用率低是世界其他城市所不能比拟的。①

日本的“站城一体化”开发并不限于整合枢纽车站周边的公共资源、灵活运用地下空间、开发站前广场等模式，还进一步深化站城一体化内涵，通过枢纽站与轨道交通沿线相结合的共同发展，更加重视面对未来高龄社会等问题，平衡各方社会资源，使城市更具活力，发挥其创造力，营造更加具有创造性、宜居性的现代城市人居环境，推出了“下一代郊外都市营造”模式，实现由“站—城”转变为“站—城—人”的一体化开发与持续发展。深圳地铁重视站城一体化设计，做到地下空间互联互通，不出地铁可玩转“地下生活”。地铁1号、4号线成为深圳城市交通的超级“大动脉”，连城新天地商业街日均客流达20余万人次。便利店、餐饮连锁、数码百货、娱乐休闲等各种商业业态云集于此，涵盖市民日常全部需求。连城新天地地下商业街位于福田CBD，全长约1.5公里，总建筑面积4.18万平方米，与地面和周边建筑连通的出入口多达29个，体现“贯穿多站厅、连接多枢纽”等特点，为工作和生活在周边的数十万都市人群提供宽敞舒适的休闲与行走空间、丰富实惠的餐饮选择和各类生活百货。深圳地铁推进地下空间开发建设，着力构建以轨道交通网络为骨架，以“站城一体化”枢纽建设为契机，实现轨道交通路网与城市地下地上空间深度融合发展，推动深圳空间格局再造。②

① 张玲：《日本站城一体化开发与轨道沿线的社区营造》，《世界建筑导报》2019年第3期。

② 李秀瑜：《深圳地铁打造城市第二空间，建设“站城一体化”枢纽》，《深圳商报》2019年12月24日。

从根本上解决首都北京地铁限流难题、缓解交通压力，要加快非首都功能疏解，实现产城融合，减少职住分离。一方面，借鉴日本经验，针对限流站多的5号、6号、1号等线路，规划建设更加密集的地铁线甚至复线，提升公交通达性和承载力，满足天通苑、回龙观、通州副中心等“睡城”市民通勤需求。另一方面，加强站城一体化建设，在早高峰限流站，如5号线、昌平线、大兴线、八通线等郊区站点周边加强办公、商业、公共设施等一体化建设，承接中心城区产业疏解，增加就业机会，引导职住平衡。在晚高峰限流站，如10号线的三元桥、亮马桥、国贸等站点出现连续的限流，表明站点周边已难以承载过密的就业人口出行，建议采取疏解和限制措施降低企业集聚度，减少就业机会和人口密度，缓解“钟摆式”通勤压力。

借鉴深圳经验，建议在北京远郊区地铁站加快站城一体化的规划建设，布局吸纳更多就业人口的高科技园区，提高远郊区公共服务功能与建筑空间集聚效应。提升远郊区创新活力，聚焦新兴领域、高端环节和创新业态，发展新一代信息技术、新能源、人工智能等高尖精产业，吸引优质教育、医疗等资源进入，使“睡城”成为新时代首都发展的“不夜城”、新动能、新增长点，推动南北均衡、城乡融合与区域协调，加快首都高质量发展，加快打造“轨道上的京津冀”，加快以首都为核心的交通一体化的世界级城市群建设。

参考文献

张燕友：《推动首都轨道交通高质量发展》，《中国城市报》2020年1月6日。

陈光辉、顾权、张娅妮：《城市轨道交通PPP项目利益相关者关系评价——以北京地铁4号线为例》，《建设科技》2019年第21期。

蒋海兵、李业锦、谌丽：《轨道交通影响下的北京公交出行就业可达性》，《遥感信息》2018年第4期。

赵鹏飞：《基于大数据的北京城市轨道交通定价策略研究》，北京交通大学硕士学位论文，2018。

张舒澜：《北京城市轨道交通网络与城市空间结构的耦合和优化研究》，北京交通大学硕士学位论文，2017。

李金海、李明高、杨冠华等：《北京轨道交通网络化客流特征及成长趋势分析》，《交通工程》2017 年第 3 期。

周文通、陆军、孙铁山：《轨道交通对北京产业发展的空间影响》，《城市问题》2017 年第 3 期。

陈锴：《北京轨道交通系统结构与整体连通性分析》，《城市轨道交通》2016 年第 4 期。

张晓东：《北京轨道交通与城市协调发展的思考与建议》，《城市规划》2016 年第 10 期。

方恒堃：《京津冀协同发展下北京区域轨道交通发展研究》，《都市快轨交通》2016 年第 3 期。

郭文军：《京津冀协同发展下北京轨道交通规划发展战略研究》，《都市快轨交通》2016 年第 2 期。

贺鹏：《东京轨道交通互联互通对北京的启示》，《城市轨道交通研究》2016 年第 3 期。

从国家治理体系看北京住房保障制度建设

左袖阳　刘小敏[*]

摘　要： 城市治理体系是国家治理的重要组成部分，在推进国家治理体系和治理能力现代化的总体目标下，应构建系统完备、科学规范、运行有效的住房保障制度。北京作为首善之区，住房保障制度建设与实施，不仅要发挥表率作用，而且是应对高房价下的北京城市建设以及民生需求的重要体现。本文从国家治理体系角度梳理我国住房保障制度体系的完善过程，通过分析与保障性住房相关的北京信访数据，观察北京的住房保障制度不断完善的过程，针对目前存在的问题，从治理能力现代化角度提出北京完善住房保障制度的政策重点。

关键词： 治理体系和治理能力现代化　信访数据　保障性住房

中共十八届三中全会《中共中央关于全面深化改革若干重大问题的决定》明确提出，"全面深化改革的总目标是完善和发展中国特色社会主义制度，推进国家治理体系和治理能力现代化"，表明国家

---

* 左袖阳，北京市社会科学院法学研究所副研究员，博士；刘小敏，北京市社会科学院市情调研中心助理研究员，博士，北京世界城市研究基地专职研究员。

由原来的传统管理体系向现代治理体系转变。住房保障制度作为一项与民生高度相关的管理政策，是国家治理体系中的一项重要内容。随着我国经济体制改革不断深入，我国的住房保障制度日益完善。自2008年到2018年，中国完成相关的保障性住房达7000万套，但由于体制机制等多方面原因，我国的住房保障体系仍存在较多的制度设计缺陷与执行能力不足等问题。北京作为一个高房价的超大规模人口城市，其住房保障领域同样存在较多的问题，且由于首都效应，建设一个管理公平、运行高效的住房保障体系更加必要，不仅可以明显提升城市运行能力，也有利于我国超大城市的治理体系与治理能力现代化。

国家治理体系与治理能力现代化与北京住房保障体系完善有着非常紧密的内在逻辑关系。以北京为例的我国住房保障体系建设，既是我国国家治理体系与治理能力现代化的具体实践活动，也是其现代化进程的重要考验，因此，梳理国家治理体系与治理能力现代化与住房保障体系建设的内在逻辑一致性，有益于通过国家治理体系与治理能力现代化来推动住房保障体系的完善。

本文将从梳理国家治理体系与能力现代化蕴含的政策要求出发，针对北京住房保障体系建设中所表现出来的问题，提出相应的政策建议。从信访方面所汇集的保障性住房相关数据出发，基于治理体系与治理能力现代化的逻辑来总结分析北京城市住房保障方面所存在的问题，这对探索优化北京住房保障政策，完善北京城市治理体系，提升城市治理能力，具有重要的政策参考意义。

一　国家治理体系与治理能力现代化下的住房保障制度

将推进国家治理体系与治理能力现代化作为全国深化改革的总目

标，表明了我国国家治理理念的根本转变，既具有深刻的时代意义，也为未来的经济社会改革提供最为基本的政策方向。

（一）治理体系内涵

世界银行出版的《1997年世界发展报告：变革世界中的政府》认为，“治理”是指在不同层面管理国家政治、经济等事务的行政部门实践，包括复杂的机制、过程和制度，如利用社会组织，协调和消除差别和不平等，明确其合法权利和义务。“善治”或“有效治理”是一个国家——特别是发展中国家——实现发展的关键。实现有效治理需要相应的治理能力。而“治理能力现代化”成为政府实施国家治理最为重要的政策理念。

党的十八届三中全会首次提出“推进国家治理体系和治理能力现代化”这个重大命题，并把“完善和发展中国特色社会主义制度，推进国家治理体系和治理能力现代化”确定为全面深化改革的总目标。十九届四中全会专门研究国家制度和国家治理体系问题并做出《中共中央关于坚持和完善中国特色社会主义制度 推进国家治理体系和治理能力现代化若干重大问题的决定》，明确指出“我国国家治理一切工作和活动都依照中国特色社会主义制度展开，我国国家治理体系和治理能力是中国特色社会主义制度及其执行能力的集中体现”，并提出了治理战略的时间表。到2035年，各方面制度更加完善，基本实现国家治理体系和治理能力现代化；到新中国成立100年时（2049年），全面实现国家治理体系和治理能力现代化，使中国特色社会主义制度更加巩固、优越性充分展现。

因此，我国国家治理体系是在党领导下管理国家的制度体系，包括经济、政治、文化、社会、生态文明和党的建设等各领域体制机制、法律法规安排，也是一整套紧密相连、相互协调的国家制度。与传统意义上的“管理”相比，现代政治学和行政学等研究将“治理”拓展为一个内容丰富、包容性很强的概念，重点是强调多元主体管理，民主、参与式、互动式管理，而不是单一主体管理。

（二）从治理体系看住房保障体系变化

所谓保障性住房制度，即政府依法通过补贴或税收优惠等方式，向有住房需求的社会中低收入者提供低价出售或出租的保障性住房，以满足其住房需求、提高其居住水平，从而实现住房保障目的的制度，是国家住房制度与社会保障制度相结合的领域。

在我国住房体制改革以前，住房问题相当严峻，1978 年人均住房建筑面积仅为 7.6 平方米。从 1984 年的经济体制改革开始，特别是 1992 年邓小平南方谈话后，我国许多地方出现了一定程度的房地产热，房价快速上涨，[①] 部分居民购房能力不足。在推进住房制度改革和住房市场化、商品化背景下，1994 年我国人均住房建筑面积达 15.7 平方米，但与此同时，部分居民购买能力不足的风险也更加突出，为此，国家开始推进住房保障制度建设，保障部分中低收入居民的购房能力。1994 年我国正式出台了《国务院关于深化城镇住房制度改革的决定》，旨在建立以中低收入家庭为对象、具有社会保障性质的经济适用住房供应体系和以高收入家庭为对象的商品房供应体系，由此拉开我国保障性住房体系建设与完善的序幕，一开始提供廉租房及低价的经济适用住房等，其间也暴露出政策设计及管理经验的不足，经过各种调整与改进，不断适应新的形势与要求，到 2018 年，逐步建立了相对完备的住房保障体系。

首先，通过扩大供给规模来扩大保障范围。1994～2007 年建设完成 1000 多万套住房，2008～2018 年全国城镇保障性安居工程合计开工约 7000 万套。

---

① 张晓晶、孙涛：《中国房地产周期与金融稳定》，《经济研究》2006 年第 1 期。

其次，优化保障结构。从购买为主到租、购以及货币补助等多种形式与多层次的保障产品，保障模式向“补砖头”和“补人头”并行转变，提升服务能力。2008～2018 年建设的 7000 万套保障房包括公租房（含廉租住房）1612 万套、经济适用住房 573 万套、限价商品住房 282 万套、棚改安置住房 4522 万套，以满足不同条件的居民需求，同时，还有累计近 2200 万名困难群众领取了公租房租赁补贴，合计帮助约 2 亿名困难群众改善了住房条件。

最后，经过数十年的探索，保障房在模式、资金来源、选址以及建设和后期服务管理等制度建设与法律法规方面不断完善，各项政策在执行过程中得到修补与改进，我国保障房制度建设与治理能力不断提升。

不过，在取得较大成绩的同时，由于体制机制不完善等原因，我国保障房领域出现了许多问题。从发表的学术文献上也可以看出，2007～2013 年，我国保障房领域暴露出较多的问题，特别是当时城镇保障性住房制度正处于探索阶段，在体制机制与治理能力方面仍存在许多不足，影响了政策设计目标的实现，比较有代表性的是：梁绍连等认为实施的住房保障政策存在政策覆盖面公平性缺失、政策目标对象偏离和扩大贫富差距等问题，实际实施过程中，在政策设计、住房建设、资格审核和住房管理等环节上政策的公平性都受到损失，最终导致了整个住房保障政策存在一定程度的公平性缺失。[①] 从这个意义上说，在当时的条件下，我国保障房政策的公平性缺失正是政府在保障房方面的治理机制与治理能力的不足。宋伟轩指出，大城市保障性住房普遍存在空间选址偏僻、大规模集中建设、配套设施不完善等现实问题。[②] 冯念一等讨论

---

① 梁绍连、杜德斌：《我国住房保障政策公平性的缺失》，《城市问题》2007 年第 11 期。

② 宋伟轩：《大城市保障性住房空间布局的社会问题与治理途径》，《城市发展研究》2011 年第 8 期。

了保障性住房建设的模式。[1] 陈杰指出，保障房因其福利性特点，依托市场化融资困难，需要积极探索融资新路，获得多元化的资金来源。建设一定商品住房项目须配建保障性住房单元是近年来我国推广的一种保障性住房建设模式。[2] 曹伊清认为保障性住房在售（租）后，在后续管理中面临法律方面的困境。[3] 柳泽等以对北京、长沙、昆明三个案例城市保障性住房的实地调查与综合分析为基础，指出我国保障性住房空间选址中存在边缘选址、集中规模化布局、设施配套不足等问题。[4] 孙守纪等从政府角度分析，认为存在住房保障机构不健全，管理力量不足，且保障房职能由不同部门履行，存在部门协调问题，政府在保障制度中的职责不清晰，需要尽快出台专门的保障性住房法律法规，科学界定住房保障面和保障方式，提高住房保障的效率。[5]

从进程上看，学者们从制度设计到具体的政策执行不断地进行反思，这些反思正是我国住房保障制度不断完善的重要推动力，这些研究成果给我们描述了一幅我国在保障性住房制度方面治理体制不断完善与治理能力不断提高的画面。

二　北京市住房保障制度发展情况

（一）北京市保障性住房制度

北京保障性住房制度对于北京建设首善之区而言意义重大，北京在

① 冯念一、陆建忠、朱嫣：《对保障性住房建设模式的思考》，《建筑经济》2007 年第 8 期。

② 陈杰：《我国保障性住房的供给与融资：回顾与展望》，《现代城市研究》2010 年第 9 期。

③ 曹伊清：《保障性住房的后续管理问题及其解决途径》，《城市问题》2013 年第 6 期。

④ 柳泽、邢海峰：《基于规划管理视角的保障性住房空间选址研究》，《城市规划》2013 年第 7 期。

⑤ 孙守纪、孙洁：《完善我国社会保障性住房制度：基于政府视角》，《中国行政管理》2013 年第 10 期。

保障性住房制度上不断探索，既与我国的保障性住房体制机制改革的大趋势保持基本一致，也体现出了一定的特殊性。自1998年开始到2018年，北京保障性住房体系逐步完善。首先，北京的住房供给体系不断完善，从以经济适用房为代表的“以售为主”逐渐发展为以廉租房、公共租赁住房、经济适用房、限价商品房为主体的“租售并举”，而后完善修正为以公共租赁住房为主体的“租售并举，以租为主”的供应体系。其次，管理机制不断完善，自2007年北京市出台《北京市委、北京市人民政府关于贯彻落实〈国务院关于解决城市低收入家庭住房困难的若干意见〉的实施意见》以来，北京市住房保障部门制定和颁布了各类住房保障管理办法、实施细则等配套文件400余项，初步构建了北京住房保障政策体系和管理制度框架。最后，从建设规模上看，北京市住房保障能力不断增强，北京市在“十二五”期间共计筹建保障性住房100万套。

（二）从信访数据看北京住房保障制度的问题

从治理体系与治理能力提升过程来看，北京市保障性住房机制不断完善，其间也暴露出较多的问题。为准确量化问题，我们选用北京与保障房相关的信访数据来加以说明。信访制度作为我国国家治理体系的重要组成，是具有中国特色的人民权益保护制度，是国家治理体系中风险预警、政策纠偏的制度设置和替代性纠纷解决机制，是我国公民参与国家治理和实施权力监督的重要制度安排和法定渠道，[①] 因此，可以用信访数据来说明北京保障性住房相关问题的变化情况。

从统计数据看，北京市与保障性住房相关的信访总量自2000年开始不断增多，2007年加速上升，到2013年达到最高的2463件次，2014

① 张宗林、王凯：《国家治理视野下信访制度特性和功能的再审视》，《行政论坛》2019年第4期。

年后迅速回落，其中 2011 ~2015 年是波峰，信访总量处于高位，是北京保障性住房问题爆发期（见图 1）。

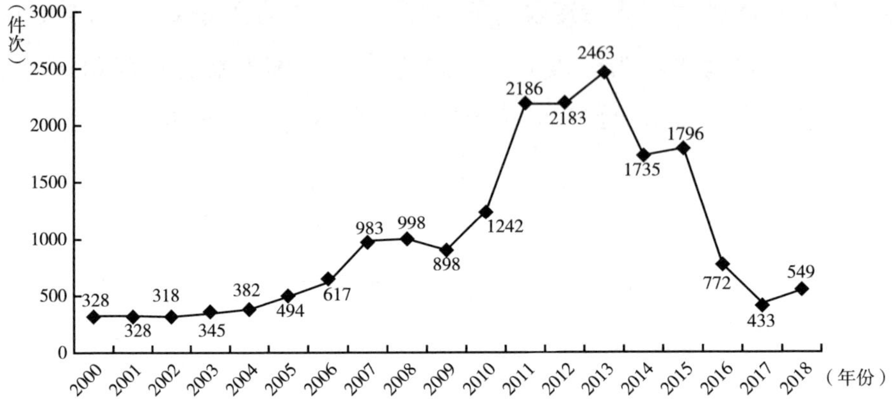

图 1　北京保障性住房类信访总量

信访总量变化从另外一个侧面反映了北京保障房建设规模的变化，这与保障房的建设周期是一致的。从我国的房地产建设周期看，2000 ~2007 年是我国保障房建设低潮期，商品房迅速发展，经济适用住房投资比例大幅下降；2007 ~2010 年，国家开始调控房地产市场，重视住房保障问题，加快推进保障性安居工程建设；2009 年制定保障性住房发展规划，保障性住房建设进入一个高潮期。从新开工建设面积看，2011 年新开工建设面积达 1726.8 万平方米，较 2010 年的 545.2 万平方米增长 2 倍以上，不过，在体制机制并未完善的前提下，各类与保障性住房相关的纠纷迅速增多。

从数据上看，2018 年，与保障性住房相关的信访总量数达 549 件次，尽管与 2013 年的最高点相比有较大幅度的回落，但是与 2017 年相比仍有所增加，说明北京保障性住房领域仍存在较多的问题，从治理机制与治理能力现代化的角度看，北京在保障性住房方面仍有很多需要改进的地方。可总结为，信访总量仍较高，且集体访与重复访比例过高，说明信访相关的问题解决难度较大。

为此，我们对2018年信访数据进行结构分析发现，信访总量涉及1164件次、1596人次，平均每件次信访涉及2.9人次。根据来源可将信访分为来信以及来访，来信总量达501件次，其中纸质来信达89件次，电子邮件达412件次。来信中，联名信达5件次，涉及人次达217人次。信访的重复率说明双方处理问题的难度，重复率越高，事件相对越复杂。重复个人来信为252件次，复信率达33.69%，而重复联名信为8件次，涉及人次达137人次，得信率达61.54%。从来访的数据看，共发生48件次来访，涉及403批次、602人次，其中，个人访为45件次，涉及414人次；集体访为11件次，涉及188人次。从重访率看，个人重访率达88.52%，重复集体访为8批次，涉及132人次，重访率为72.73%。从信访的统计数据上看，北京住房保障领域仍存在较多需要改进与完善的地方，集体访件数与涉及人数较多，并且重访率较高，问题较为棘手。

三　政策建议

推进国家治理体系和治理能力现代化，势必要求在国家的行政制度、决策制度、司法制度、预算制度、监督制度等重要领域进行突破性的改革。国家治理体系是在党领导下管理国家的制度体系，包括经济、政治、文化、社会、生态文明和党的建设等各领域体制机制、法律法规安排，也就是一整套紧密相连、相互协调的国家制度。治理体系现代化需要治理主体的多元化，除政府外，还包括企业组织、社会组织以及居民自治组织等。目前住房保障制度仍存在参与主体不足，过度依赖政府，市场力量参与度不够，资金投入渠道单一、政府财政压力大，社会资本与各类基金参与困难等问题。因此，应构建完善的保障性住房资金支持体系，搭建多方参与平台。

治理体系现代化强调治理过程的协商、治理权力的多向性，既可以是传统的自上而下，强调政府在治理过程中的权威性，也可是平行的，吸收更多的社会力量参与社会管理。住房保障制度需要坚持惠民性质，确保政策以人民利益为中心，明确保障房“住有所居”的安居思想在政策制定与执行中发挥主导作用。同时，政府也应明确权力边界，确保制度的公平、公开及公正，建立完备的监督机制。治理体系现代化除了要求在法制框架下运行外，还包括在处理问题时对各种非国家强制的契约的尊重。住房保障立法是提升保障体系运行效率的重要约束力，立法缺失导致住房保障安居工程运行备受困扰，也是引发各类保障性住房纠纷的重要原因。针对北京保障性住房机制在运行中存在的一些问题，本文提出如下建议。

（一）加强住房保障立法

立法是实现保障性住房机制健康运行的基本保障，《北京市城镇基本住房保障条例》已完成前期的准备工作，但也需要根据当前保障房市场出现的新问题、新现象及时更新，以适应新形势的需要。

（二）建立科学的保障性住房供给机制

保障性住房建设因治理能力的现代化强调尊重规律，要充分发挥市场机制的调节作用，通过建立科学的供给机制，实现供需平衡，既要保证市民的基本需求，又要避免资源浪费，同时还可与当前北京非首都功能疏解的大趋势相一致，促使保障性住房供给的结构平衡，发挥保障性住房在促进城市人口区域合理布局的重要作用。同时，要健全保障性住房的资金支持体系，中央政府应当更多地偏向于宏观层面的调控以及对保障性住房供给方进行财税补贴，采取各种方式鼓励地方政府和非营利机构参与保障性住房的建设和运营，赋予它们相应的权利和义务，并建立对应的监督考核机制，确保保障性住房的顺利建设和运营。

（三）建立多方保障房监管体系

保障房引发信访投诉的一个重要原因是房屋质量问题。保障房一般价格低廉，相对于商品房，开发利润小，很容易导致开发商为降低成本、获取更多利润而出现违规行为，在建设过程中偷工减料，从设计、施工到建设交付都可能出现质量问题。目前，我国正在完善保障房工程监理责任体系，但是在实际运行过程中，表现出治理能力不足，目前完全依赖于有限的政府管理，常常因人员有限而出现监管不到位，并且存在监管腐败风险。从提升治理能力角度看，应建立健全居民、社会以及政府和开发商参与的联合监管体系，也可通过政府购买服务的方式，委托社会第三方专业机构进行监管。

参考文献

张晓晶、孙涛：《中国房地产周期与金融稳定》，《经济研究》2006 年第 1 期。

冯念一、陆建忠、朱嫣：《对保障性住房建设模式的思考》，《建筑经济》2007 年第 8 期。

陈杰：《我国保障性住房的供给与融资：回顾与展望》，《现代城市研究》2010 年第 9 期。

宋伟轩：《大城市保障性住房空间布局的社会问题与治理途径》，《城市发展研究》2011 年第 8 期。

孙守纪、孙洁：《完善我国社会保障性住房制度：基于政府视角》，《中国行政管理》2013 年第 10 期。

曹伊清：《保障性住房的后续管理问题及其解决途径》，《城市问题》2013 年第 6 期。

柳泽、邢海峰：《基于规划管理视角的保障性住房空间选址研究》，《城市规划》2013 年第 7 期。

梁绍连、杜德斌：《我国住房保障政策公平性的缺失》，《城市问题》2007 年第11 期。

张宗林、王凯：《国家治理视野下信访制度特性和功能的再审视》，《行政论坛》2019 年第 4 期。

经济治理篇

全局思维建设京津冀世界级城市群

赵雅萍　何仁伟*

摘　要： 京津冀城市群是我国最重要的经济中心之一，也是我国重点规划的三大世界级城市群之一。目前，京津冀城市群的一体化发展水平与长三角、粤港澳大湾区两大城市群还存在明显差距。可借鉴国际经验，运用全局发展思维，从世界、全国、城市群内部、城乡地域系统等四个维度探讨京津冀世界级城市群建设，推动京津冀协同发展。

关键词： 世界级城市群　京津冀城市群　京津冀协同发展

城市群是城市发展到高级阶段的空间组织形式，是指在特定连续分布的地域范围内，依托发达的交通、通信网络等基础设施，以中心城市引领和带动，由不同规模、不同职能城市组成的空间紧凑、经济联系密切、分工明确的高度一体化的城市群体。这表明城市群内部是一个相互联系、相互影响的有机整体，同时城市群又和外部区域进行着庞大的物

* 赵雅萍，北京市社会科学院市情调研中心助理研究员，博士，北京世界城市研究基地专职研究员；何仁伟，北京市社会科学院市情调研中心副研究员，博士，北京世界城市研究基地专职研究员。

质、能量、信息交流，保证城市群的有效运转。[①] 城市群是国家经济的核心区域，是国家参与全球竞争和国际分工的重要力量。作为世界级的城市群，不仅要求内部存在密切联系和分工合作，还应与所在国家（地区）的其他城市群、全世界的其他城市群都存在广泛的交流。

2015 年 4 月 30 日中央政治局审议通过的《京津冀协同发展规划纲要》中，将京津冀地区的功能定位为“以首都为核心的世界级城市群”，这表明京津冀城市群建设是京津冀协同发展的有机组成部分。京津冀城市群的总体发展水平不仅与世界上主要城市群差距过大，同时也不及国内的长三角、粤港澳大湾区城市群。有必要以全局思维，从世界、全国、城市群内部等不同层面探讨京津冀世界级城市群建设，以期对京津冀协同发展形成有价值的政策参考。

一　京津冀城市群与国内主要城市群差距及形成原因

长三角、粤港澳大湾区、京津冀城市群是我国最重要的三大经济中心，也是国家重点规划的三大世界级城市群，担负着引领中国经济全面崛起的重要任务。从三个城市群各自发展现状分析，目前长三角城市群的协同发展在全国处于领先地位，以上海为中心主导城市群内部协作，产业分工合理，资源要素配置市场化程度高，《2010 中国城市群发展报告》显示其已跻身六大世界级城市群行列。粤港澳大湾区城市群以较小的体量和毗邻港澳的区位优势，在改革开放早期国家政策的推动下，充分发挥市场机制的作用，发展成为我国经济最具活力的地区，城市群内部涌现出广州、深圳、香港、佛山、东莞等一批竞争力强劲的城市，

① 杜朋奇：《京津冀建设世界级城市群：进展与策略研究》，河北经贸大学硕士学位论文，2018。

呈现多中心的“网络化、扁平化”空间形态。[①] 相对于以上两个城市群而言，京津冀城市群经济总量较小，市场化程度较低，一体化发展相对滞后。京津冀城市群虽有北京、天津两个强大的增长极核心，但两中心互不统属，且本身处于极化阶段，造成河北省内诸多城市发展受限，未能形成有效的产业分工和协作，产生了高昂的内部协调成本。京津冀城市群一体化水平不高的原因主要体现在以下几方面。

（一）北京对津冀的带动作用不强

三地古时称为“京畿重地”，由津冀“拱卫京师”，为北京提供发展所需的资源要素，但新中国成立以来特别是改革开放以来的较长时期内，随着北京自身生产职能发展完善和生产要素从区域外调入的可能性增加，北京对津冀产品需求和拉动作用不断下降。

（二）京津冀城市群内部分工不清晰、三大城市群之间分工模糊

随着北京进入后工业化阶段，大量工业生产部门向外扩散，但津冀两地在承接产业转移时未进行明确分工，且原有产业基础在一定程度上重叠，弱化了京津冀的经济联系。虽然三大城市群在规划中分别提出了自身发展定位，但三者之间分工比较模糊，未突出城市群的比较优势。

（三）城市群内部发展不均衡

北京作为中国首都，集聚了众多资源和生产要素，导致津冀两地发展机会相对较少；2005 年“滨海新区”纳入国家战略之后，天津迎来

---

① 孙久文、原倩：《京津冀协同发展战略的比较和演进重点》，《经济社会体制比较》2014 年第 5 期。

崭新发展机遇，从而拉开了与河北的发展差距。京津两大都市对资源具有强大的虹吸效应，在聚集优势资源要素的同时也导致“大城市病”，特别是北京“大城市病”最为突出。

二　充分发挥世界性城市对城市群的引领作用

目前世界经济的竞争主要表现为以城市群为参与主体的竞争，世界级城市群是这场竞争的主角，其中居于核心地位的是世界级城市（国际性城市）。[①] 在京津冀城市群中，北京在国际上具有较高知名度，同时发挥着绝对的引领作用。

《京津冀协同发展规划纲要》指出，北京是“全国政治中心、文化中心、国际交往中心、科技创新中心”。所以可部分参考美国首都华盛顿特区发展经验，在疏散非首都功能的同时，发挥北京世界性城市的引领作用。

（一）北京的科研创新能力强

北京是我国拥有最多科研院所的城市，集中了全国强大的科研实力，以创新型产业集群和创新引领示范区为平台，在与国家战略需要相关的高科技和战略性新兴产业方面进行科技创新和成果转化，打造世界级原始创新中心，这也是引导京津冀城市群进行全球竞争和国际交流的关键所在。

（二）北京商业发展水平高

北京商业基础设施发达，集中了众多的世界金融管理机构总部，因

① 阎东彬、范玉凤、陈雪：《美国城市群空间布局优化及对京津冀城市群的借鉴》，《宏观经济研究》2017 年第 6 期。

此要大力发展高端消费品零售业、与金融相关的商业服务业、生产性服务业等现代服务业，强化总部经济。

（三）北京文化产业基础雄厚

北京历史文化悠久、古迹众多，文化基础设施丰富，可发展旅游业，以举办国际政治性会议、国际学术研讨会和科技交流会、国际体育赛事为代表的现代会展业等文化产业，促进文化中心的建设和发展。

（四）北京是我国对外交往的主要窗口

北京作为我国首都，是我国与国外进行政治交往的重要窗口，应以“一带一路”建设和习近平总书记“文明交流互鉴”讲话为契机，促进不同国家、不同民族、不同文明的交流，将北京打造成促进世界和平发展的国际交往中心。

（五）大兴机场助力建设世界级城市群

将大兴机场打造为国际中转枢纽，开创北京对外开放新格局。大兴机场是展示中国实力、中国风范的新窗口，是中国扩大对外开放的重要平台，通过发展全球临空产业集群，推动国际开放性产业发展，有效吸引全球高端要素和创新要素向京津冀集聚，带动世界级城市群的展翅腾飞。

（六）高质量建设雄安新区，打造新时代高质量发展的样板[①]

雄安新区位于河北中部腹地，与北京、天津形成三角鼎立之势，对

---

① 冯凤玲、刘晓敏：《雄安新城与建设京津冀世界级城市群关系研究》，《现代商业》2018年第12期。

承接北京非首都职能转移，解决河北中部地区缺乏中心城市、改变河北中部落后面貌、打造河北新的核心增长极，优化京津冀城市群内部城市布局和空间结构具有重要意义，也是北京大都市区的重要组成部分。雄安新区在建设中应注重预则立、不预则废。根据国务院批复的《河北雄安新区规划纲要》《河北雄安新区总体规划（2018～2035年）》《中共中央 国务院关于支持河北雄安新区 全面深化改革和扩大开放的指导意见》，探讨以创新为引领、打造现代化经济体系的发展之路，探讨在人口密集区域建设新城、创新城市治理和绿色发展的可持续发展之路，探讨优化公共服务供给，完善社会公平的创新之路，探讨深化人口和土地管理体制改革、推动城乡一体化的统筹发展之路。

三 发挥京津冀在北方经济中的引领作用

长三角、粤港澳大湾区、京津冀是新时期推进我国区域协调发展战略的重要单元，代表着我国经济发展的最高水平，直面发达国家市场、参与国际竞争。从全国范围看，三大城市群在国内也存在相互竞争和相互合作，因此协调好各自利益、分工协作，实现战略互动和共同崛起方为长久之计。对此，可以采取以下对策措施：一是从国家层面建立三大地区的定期交流机制，协调各自发展中的利益关系和发展方向，避免因恶性竞争而导致利益受损；二是根据国家定位方向和各自发展规划找准各自利益契合点，实现优势互补、错位发展，提升城市群内部产业竞争力；三是在高科技制造业和科技创新中进行全方位合作，找准未来科技发展方向，为中国在全球竞争中奠定良好的科技基础；四是鼓励城市群之间同一产业类型的企业开展竞争和兼并重组，基于市场机制实行优胜劣汰，培育具有国际竞争力的大型企业。

三大城市群之中，长三角、粤港澳大湾区均位于我国南方地区，成为引领南方地区经济发展的排头兵。近几年北方经济受全球经济不景气和国家环保政策影响发展减速，南北经济差距有拉大趋势，而京津冀地区，除北京外，天津和河北经济增速持续下滑，使经济发展雪上加霜。因此天津和河北应紧抓国家“京津冀协调发展战略”之利，利用北京非首都功能疏解的契机，尽快完成产业结构的调整优化升级，促进经济发展。2018 年 11 月 18 日，国家发布《中共中央国务院关于建立更加有效的区域协调发展新机制的意见》，明确指出要以城市群推动国家重点区域融合发展，建立以中心城市引领城市群发展、城市群带动区域发展新模式，推动区域板块间融合发展。这说明京津冀城市群发展不仅是三省市内部的事，而且应放到更大的区域板块中予以谋划。京津冀城市群扼守我国北方中心，东接东北，西靠晋陕，南连华北，处于渤海的中心位置，是环渤海经济圈名副其实的龙头，是北方经济崛起的发动机，对促进国家区域均衡发展战略实施、国内区域协调发展、提升国家国际竞争力具有重要意义。①

四　多方合力推动城市群内部协同发展

全球公认的世界级城市群主要有美国东北部大西洋沿岸城市群、北美五大湖城市群、日本太平洋沿岸城市群、英伦城市群、欧洲西北部城市群，均位于发达国家。我国要打造世界级城市群，有必要学习发达国家或地区世界级城市群建设经验，少走弯路。

（一）核心城市打造城市新区或邻近区域规划新城，打造反磁力中心，疏解城市部分职能，解决“大城市病”

重点处理好雄安新区与各城市的分工协作关系，首先，雄安新区是

① 颜晓峰：《推动京津冀协同发展的战略思维》，http://theory.people.com.cn/n1/2019/0218/c40531-30759489.html，2019 年 5 月 25 日。

疏解非首都功能集中承载地，是大北京都市区的重要组成部分，因此应明确北京市区和雄安新区职能分工，彼此协调，相互补充；其次，雄安新区未来产业发展的定位及其与天津产业的分工协作；最后，雄安新区与河北的唐山、石家庄两大中心城市的分工协作问题亟须解决，对其他城市的引导作用也亟须确定。

（二）发挥市场主导和政府引导相结合的发展模式

全球范围内，生产要素按市场规律流通，因此城市群内部应破除阻碍生产要素自由流通的行政壁垒，使各要素根据市场机制进行交易，各地则根据资源基础和产业条件有效吸引生产要素，优化资源配置，促进经济效益最大化。北京和天津属于直辖市，特别是北京的特殊政治地位，京津冀三者在行政上具有天然的不对等地位，这势必在行政上限制了生产要素自由流通和城市群内部协同。因此，一方面可建立国家层面的协调委员会，由国务院直接领导，做好顶层规划和利益协调工作；另一方面所有城市的地方政府建立地方合作委员会，制定统一的区域协调治理机制。在人口流动、产业分工协作、利益分配、基础设施布局和建设、公共服务共享、社会治理、环境保护等方面推进协同发展。

（三）打造快捷高效、多层次的交通网络体系

首先，要打破北京与其周围邻近地区的“断头路”问题，通过轨道交通、高速公路、高速铁路的建设和延伸，实现首都 1 小时交通圈。其次，长远来看，通过高速公路网、高速铁路网、普通公路网的建设，增强“双城”（北京、天津）对河北偏远地区的辐射作用、河北主要中心城市对省内邻近区域的辐射作用、河北市区对周围县域的辐射作用。再次，发挥北京大兴机场与首都机场双国际枢纽的作用，加强对北京、天津、雄安新区等京津冀核心区的辐射作用，推动京津冀城市群多极联动；完善京津都市圈路网系统，建设完善的现代综合交通体系，促进京

津冀交通一体化。最后，强化对港口的统一管理，促进对外贸易发展。成立京津冀港口运输管理集团，将所有港口统一管理，根据各自基础设施和条件，明确港口功能和未来发展方向。

（四）优化城市规模等级结构，形成层次合理的“多中心”城市群协同发展体系

《京津冀协同发展规划纲要》指出，首要任务是解决北京“大城市病”，形成以“一核、双城、三轴、四区、多节点”为骨架的空间布局。但目前河北省缺乏500万～1000万人口的特大城市，导致城市群内部城市规模等级出现了明显断层，对城市群协同发展产生负面影响。因此，可考虑从以下几个方面着手：一是通过市场主导、行政区划调整、政府引导等手段促进石家庄和保定做大做强，紧抓雄安新区建设契机，促进保定和雄安新区融合发展，培育两座500万～1000万人口的特大城市，打造河北中南部地区的核心增长极，促进城市群城市规模等级结构的优化；二是唐山、邯郸本身为百万人口大城市，且在《京津冀协同发展规划纲要》中被定位为区域中心城市，可依据地理位置将其打造成河北东部、南部的区域增长极，进而辐射河北的承德、秦皇岛、邢台等城市；三是根据《京津冀协同发展规划纲要》，可通过加快交通、通信、网络等基础设施的建设促进生产要素合理流通、优化配置，进而促进京津、京保石、京唐秦“三轴”的完善，形成京津冀协同发展的主体框架；四是在港口一体化基础上，打造层次分明、功能互补的港口经济合作区，进而带动京津冀沿海区域的协同发展，形成第四条发展轴。

五　构建多中心引领的城乡融合空间结构模式

城市与乡村是一个紧密联系、不可分割的有机整体和地域系统，是

相互促进、相互支撑的命运共同体。城乡分离、城乡分化、城乡失衡、发展失调将对城乡地域系统的可持续发展构成严重威胁。因此，不能用单一的城镇化发展思路来推进城市群的发展，而应把城乡作为一个有机整体，用城乡融合发展的思路来推进城市群的建设和高质量发展。

（一）充分发挥城镇增长极的带动作用

城乡融合是相对发达的城市与落后的农村，通过资源要素双向流动，促进经济、社会、生活、生态空间功能和结构优化，城乡差距不断缩小，最终实现城乡居民生活质量相当，城乡发展有机协调、交融一体的目标和过程。[①] 乡村是当前中国城乡发展的短板，实现城乡融合发展需要率先推动乡村振兴。城乡融合发展和乡村振兴需要发挥城镇增长极作为区域核心对其边缘或外围乡村的带动作用。目前，京津冀区域城市融合发展总体水平还不高，且区域内城乡融合发展水平存在较大的空间差异，即京津两市的城乡融合发展水平较高，各地级市城乡融合发展水平还处于较低水平。作为京津冀区域和京津冀世界级城市群的经济社会发展“核心”，北京、天津及各地级市中心城区并未有效发挥应有的辐射和带动作用是导致以上问题的重要原因。

（二）实施多中心引领发展策略

辨识环京津冀区域多层级“核心—边缘”结构，实施多中心引领发展策略，是破解京津冀区域城乡发展差距、促进城乡整合发展，进而推动城市群高质量发展的重要手段。京津冀区域具有多层级嵌套的“核心—边缘”结构，具体而言，在京津冀区域尺度下，北京、天津都

---

① 刘彦随：《中国新时代城乡融合与乡村振兴》，《地理学报》2018 年第 4 期；何仁伟：《城乡融合与乡村振兴：理论探讨、机理阐释与实现路径》，《地理研究》2018 年第 11 期；刘春芳、张志英：《从城乡一体化到城乡融合：新型城乡关系的思考》，《地理科学》2018 年第 10 期。

市核心区与其所辐射的区县、地级市区域构成了最高等级的“核心—边缘”结构；在地级市尺度下，各地市辖区与周边县域构成了次一级的“核心—边缘”结构；在县域尺度下，行政单元内部的县城与周边乡镇构成低一级的“核心—边缘”结构；在县域内部，中心镇与广大农村地区构成最基础的“核心—边缘”结构。发挥不同级别的城市及城镇区域核心对边缘地区的外溢效应是推动城乡融合发展、促进京津冀世界级城市群发展的重要途径。在推动城乡融合和乡村振兴的过程中，应充分重视以京津都市区、各地市辖区、县城、中心镇等为载体的多层级发展核心对乡村地区发展的溢出效应，实施多中心引领发展战略，借助不同行政级别间的传导效应、各级“核心”向自身腹地的直接溢出效应和高等级发展中心的跨尺度辐射效应等，带动乡村地区与城镇形成市场共享、就业与创业机会共生、生产链与供应链互联、基础设施与公共服务互通、生态环境共治、经济社会发展共荣的城乡融合发展格局。

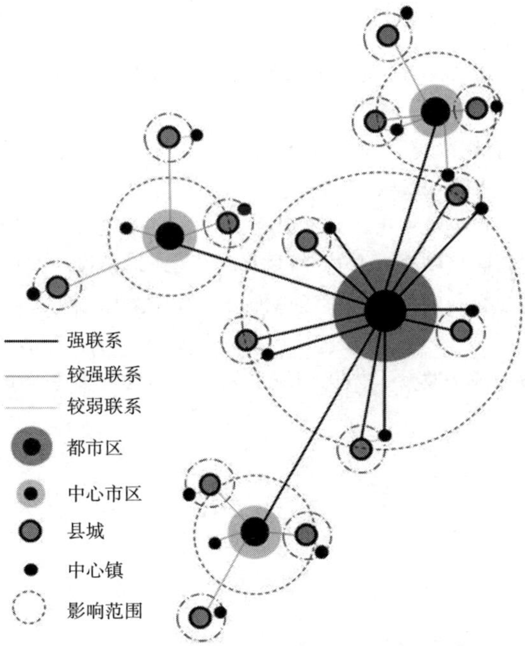

图1　京津冀区域多中心引领的城乡融合发展空间结构模式

同时，要充分把握雄安新区建设和京津冀协同发展的契机，多措并举，将雄安新区打造为引领城乡融合的突破区、实现跨越式发展的新型增长极，最终形成京津冀区域多中心引领的城乡融合发展空间结构模式（见图1），实现京冀津世界级城市群及其城乡地域系统的高质量、可持续发展。

参考文献

杜朋奇：《京津冀建设世界级城市群：进展与策略研究》，河北经贸大学硕士学位论文，2018。

孙久文、原倩：《京津冀协同发展战略的比较和演进重点》，《经济社会体制比较》2014年第5期。

阎东彬、范玉凤、陈雪：《美国城市群空间布局优化及对京津冀城市群的借鉴》，《宏观经济研究》2017年第6期。

冯凤玲、刘晓敏：《雄安新城与建设京津冀世界级城市群关系研究》，《现代商业》2018年第12期。

颜晓峰：《推动京津冀协同发展的战略思维》，http：//theory. people. com. cn/n1/2019/0218/c40531 - 30759489. html，2019年5月25日。

汪彬、杨露：《协调发展与世界级城市群建设——基于长三角城市群的研究》，《国家行政学院学报》2018年第6期。

肖金成：《京津冀世界级城市群发展研究》，《经济研究参考》2018年第15期。

刘彦随：《中国新时代城乡融合与乡村振兴》，《地理学报》2018年第4期。

何仁伟：《城乡融合与乡村振兴：理论探讨、机理阐释与实现路径》，《地理研究》2018年第11期。

刘春芳、张志英：《从城乡一体化到城乡融合：新型城乡关系的思考》，《地理科学》2018年第10期。

京津冀世界级城市群建设中的北京地位和发展路径研究*

刘作丽**

摘　要： 自《京津冀协同发展规划纲要》提出要建设以首都为核心的世界级城市群的目标以来已接近4年，虽然京津冀三地交通、生态环保、产业、教育、医疗等诸多领域的协同发展都取得了很大进展，但京津冀城市群距离“世界级”仍有非常大的差距。为了探寻缩小差距的路径和举措，本文重点讨论了北京在其中的作用，进一步深化“核心”的内涵；通过梳理世界级城市群及其核心城市作用的相关理论和实践，结合北京发展面临的新形势新要求，从对外枢纽、对内中枢和引领示范三个方面对“核心”进行了进一步阐释，以便北京能更好地、更有的放矢地发挥其在城市群中的作用，尽快缩小差距，与津冀携手共建京津冀世界级城市群。

关键词： 世界级城市群　区域协同　北京　京津冀

一　引言

以世界级城市群为代表的巨型城市区域，在打破行政樊篱，整合区

* 本文系北京市财政支持课题“北京在京津冀城市群中的作用研究”的部分研究成果。

** 刘作丽，北京市经济与社会发展研究所副研究员，博士。

域经济、社会、文化、生态等功能方面的重要作用已引起了各国各界的充分关注，正取代都市区成为21世纪参与全球竞争的基本单元，同时也是区域治理的新的空间单元。[①②③④]《京津冀协同发展规划纲要》和《北京城市总体规划（2016年—2035年）》都明确提出京津冀地区要建成以首都为核心的世界级城市群，然而，京津冀城市群距离“世界级”仍有非常大的差距。[⑤] 国内外城市群发展的理论和实践都表明，中心城市作为“核心”对整个城市群的发展起着重要的引领作用，在很大程度上决定着城市群的发展方向和整体竞争力。因此，北京“核心”作用发挥得如何将直接影响京津冀城市群向“世界级”迈进的高度和速度；而进一步明晰“核心”作用的内涵，是更好地、更有的放矢地发挥“核心”作用的前提和基础。本文充分借鉴世界级城市群及其核心城市作用的相关理论和实践，结合北京发展的新形势新要求，从对外枢纽、对内中枢和引领示范三个方面分析了北京在建设京津冀世界级城市群中的作用，对“核心”进行了进一步的阐释和发展。

二　对外枢纽和全球竞争的代言人

世界级城市群是以一个或多个全球城市为核心，在国际经济、社会发展中具有世界影响力的大型城市群落。[⑥⑦] 因此，作为京津冀城市群

① Morrill R., “Classic Map Revisited: The Growth of Megalopolis,” *The Professional Geographer*, 2006, 58 (2).

② University of Pennsylvania, “Department of City and Regional Planning,” *Reinventing Megalopolis*, 2005.

③ RPA, “Northeast Megaregion 2050: A Common Future,” http://www.america2050.org/, 2007.

④ 〔英〕彼得·霍尔、凯西·佩恩：《多中心大都市——来自欧洲巨型城市区域的经验》，罗震东等译，中国建筑工业出版社，2010。

⑤ 肖金成、申现杰、马燕坤：《京津冀城市群与世界级城市群比较》，《中国经济报告》2017年第11期。

⑥ 何立峰主编《国家新型城镇化报告2016》，中国计划出版社，2017。

⑦ 姚士谋等：《中国城市群新论》，科学出版社，2016。

的核心城市，北京必须首先发挥好全球城市的功能，做好整个京津冀乃至更大区域的全球代言人，带领京津冀区域融入全球城市体系，与津冀携手共建世界级城市群。

（一）要建成具有全球话语权的大国首都，可以代表城市群、全国为全球治理体系完善提供中国方案

尽管经济变量是众多学者解释全球城市控制能力的决定因素，但以洛杉矶学派为代表的学者认为，全球城市不仅是经济全球化的结果，更应该是政治、经济、文化、社会、生态等多种因素综合作用的结果，华盛顿、北京、首尔等城市的国际化与其作为首都有着密不可分的关系。[①②] 北京作为屹立于世界的东方大国首都，需要深度参与并完善全球治理体系，需要对国际事务、国际经济和全球化方向具备应有的影响力和掌控力；因此，北京作为我国最高权力机构的所在地，未来也应该是具有全球影响力的各类专业组织、贸易联盟、行业同盟等国际机构的集聚地，同时还应该拥有具有全球影响力的中国发声渠道。

（二）要成为全球城市网络的关键节点，可以带领城市群融入全球经济体系

全球城市寓于全球城市网络之中，本质属性是基于流动的连接，关键功能在于把不同空间尺度的经济活动连接到全球经济中去，实现全球资源的自由流动和合理配置，同时，通过这种广而密的连通来体现其在全球经济体系中的重要地位。[③④] 对于这种网络连通，不同学者有不同

---

① Scott A. J., Agnew J., Soja E. and Stoper M., *Global City-Regions: Trends, Theory, Policy*, Oxford University Press: New York, 2001.

② Hill R. C., Kim J. W., "Global Cities and Developmental States: New York, Tokyo and Seoul," *Urban Studies*, 2000, 37 (12).

③ 周振华：《崛起中的全球城市：理论框架及中国模式研究》，格致出版社、上海人民出版社，2017。

④ 周振华：《全球城市：演化原理与上海2050》，格致出版社、上海人民出版社，2017。

的解释，弗里德曼认为这种连通主要来源于集聚其中的跨国公司总部，通过“命令与控制”连接并组织区域经济、国家经济融入全球经济；①②③ 萨森则认为这种连通主要来源于集聚其中高度专业化的生产者服务业，通过提供会计、广告、法律、管理咨询和金融等服务需求来实现与全球经济的连接，④ 这两种解释相互联系、相互补充。北京作为首都，要带领全国实现“两个一百年”奋斗目标、实现中华民族伟大复兴的中国梦，要带领京津冀地区建设世界级城市群，需要通过不断强化在全球城市网络中的连通性而增强其对全球经济的掌控能力。因此，可以提高这种连通性的跨国公司和各类专业化的生产者服务业对于提高北京在全球网络中的连通性仍然是非常重要的。换句话说，北京落实首都城市战略定位，强调功能疏解并不是说不发展了，而是要立足自身功能定位谋求更好发展，继续集聚有利于竞争力提升的资源和要素，不断增强对发展的掌控能力，带领京津冀乃至更大区域融入全球经济体系。

（三）要成为高等级设施的枢纽节点，可以为城市群融入全球体系提供优质的服务环境

全球城市本质上是“流动的空间”，它不是依靠所拥有的东西而是通过流经的东西来获得和积累财富、控制和权利。⑤⑥ 各类高等级的设施和优质的服务环境是货物、金融、技术、信息、创意、人才等各种

---

① Friedman J.，“The World City Hypothesis，” *Development and Change*，1986，17（1）.

② Friedman J.，Gerlowski D. A.，Silberman J.，“What Attracts Foreign Multinational Corporations? Evidence from Branch Plant Location in the United States，” *Journal of Regional Science*，1992，32（4）.

③ 谢守红、宁越敏：《世界城市研究综述》，《地理科学进展》2004 年第 5 期。

④ Sassen S.，*The Global City*：*New York*，*London*，*Tokyo*，New Jersey：Princeton University Press，1991.

⑤ Castells M.，*The Informational City*：*Information Technology*，*Economic Restructuring and the Urban-regional Process*，Cambridge：Basil Blackwell，1989.

⑥ Castells M.，*The Rise of Network Society*，Oxford：Blackwell，1996.

“流”实现高效连通的前提和基础，是全球城市获得和积累财富、控制权力的必备条件。北京作为京津冀城市群连接世界的纽带和平台，“四个中心”和“四个服务”二者不可分割、不可偏废，进一步强化机场、网络、通信等设施的保障能力，优化营商环境，提升首都城市软实力，是集聚首都核心功能适用人才和要素、实现高质量发展的必要条件，也是实现和发挥全球城市功能和提高全球掌控能力的重要支撑。

三 对内中枢与区域协同的关键力量

世界级城市群是由核心城市利用发达的交通网络、信息网络，协同周边若干分工明确、联系紧密的大中小城市而形成的大型城市群落。因此，作为京津冀城市群的核心城市，北京在发挥好全球城市功能、做好城市群全球代言人的同时，还需要注重群内城市之间的联系，带领“一群城市”发展成为具有全球影响力的“城市群”。

（一）北京要成为京津冀城市群功能的组织和协调中心

伴随世界城市体系的演化，城市群特别是世界级城市群内各城市之间“中心—外围”的主从关系已经开始向不同等级“节点”的弹性互补关系转变；核心城市从吸纳外围能量的“黑洞”向呼出城市生命力的“虫洞”转变，城市群成为繁荣永续的命运共同体。[①] 作为京津冀城市群的核心城市，北京之于整个区域不仅仅要发挥中心辐射功能，还需要更多地发挥节点组织协调功能，强化与周边城市的联系，将区域内不同城镇更好地组织起来，通过区域内产业链、价值链和创新链，推动不同城市都能在全球生产体系价值链的不同位置获利，共同在全球城市网络中承担节点功能。这种组织协调已不是简单的产业转移，而是要通过

① 王伟、吴志强：《中国城市群空间结构与集合能效研究》，同济大学出版社，2017。

市场机制借助资本、技术等将上下游产业连接起来，推进区域功能一体和协同发展。

（二）北京成为京津冀城市群空间整合的关键力量

城市群空间结构和规模结构是城市群区域经济整体功能协调的晴雨表，既可以通过结构的变化来了解城市群运行状况，也可以通过结构的调整来优化城市群的功能，以便达到城市群整体良好的发展态势。国内外成熟城市群发展的实践告诉我们，城市群需要具有完善的城市规模体系、合理的城市空间结构，而城市群由少数超大、特大或大城市作为核心城市与多数中小城市、小城镇相互串联而成，各规模等级城市间保持“金字塔”形结构比例关系，各规模等级之间不断层、不缺层，空间上布局合理；只有这样高等级城市的功能作用才可以通过城市网络有序连接到整个城市体系，从而产生较高的城市群整体功能效应。北京作为京津冀城市群的核心城市，将成为优化京津冀地区空间结构和规模结构的关键力量。一方面，北京在优化提升首都功能和疏解非首都功能过程中，要进一步强化与天津联动，加快实现同城化发展，同时还要借助“两翼”新部署的重大契机，[①] 通过高水平规划建设城市副中心、全方位对接支持河北雄安新区的规划建设，积极打造“北京—天津—雄安”京津冀城市群的金三角，支撑起城市群的主体框架。另一方面，作为核心城市，北京要通过区域内产业链、价值链和创新链最大限度地强化与其他城市的功能联系，提升各自的发展机会和能力，推动形成结构完善、空间合理、高度融合的城市群空间体系，整合空间结构，提高空间效能。

---

① 在“一核双城三轴四区多节点”总体格局下，围绕建设“以首都为核心的世界级城市群”的总体定位和目标，党中央、国务院进一步决策部署建设北京城市副中心和雄安新区两个新城，即北京新的“两翼”。

（三）北京成为带动京津冀城市群整体发展的重要引擎

恩格斯《英国工人阶级状况》中对于伦敦有过这样的描述："这种大规模的集中，250 万人这样集聚在一个地方，使这 250 万人的力量增加了 100 倍。"虽然这里讲的是要素在单个城市内的集聚，但将其扩大到城市群体，这种集聚效应一样适用。城市群体优势远大于单个城市优势的简单加总，而充分放大这种群体优势的关键在于通过核心城市的有效组织协调形成群内不同城市之间多种"流"的密切交互，发挥"1 +1 >2"的作用，形成发展的强大聚合力，即城市群的整体效益。① 北京一方面要紧紧抓住疏解这个"牛鼻子"，有序疏解非首都功能，为自身留出更多发展空间；另一方面要强化科技驱动、服务带动城市群转型发展的意识，在城市群内为首都功能找互补、找配套、找合作，为城市群转型发展提供资本、技术、服务等方面的支撑，把会计、广告、法律、管理咨询、金融、高科技等首都优势领域产业链做长做精，在提升首都核心功能的同时优化区域产业结构、促进区域经济增长。

四　引领示范和协同发展的"样板城市"

全球经济的发展正经历从资本控制向创新驱动（这里的创新，不单指科技创新，还包括制度创新）的重大转型，作为世界级城市群的核心的全球城市当仁不让。②③④ 作为城市群的核心城市，北京需要顺应

① 王伟、吴志强：《中国城市群空间结构与集合能效研究》，同济大学出版社，2017。
② 盛垒等：《从资本驱动到创新驱动——纽约全球科创中心的崛起及对上海的启示》，《城市发展研究》2015 年第 10 期。
③ 周其仁：《改革的逻辑》，中信出版社，2013。
④ 周其仁：《突围集——寻找改革新动力》，中信出版集团，2017。

这一趋势并对城市群发挥引领示范的作用，努力为城市群高质量发展探索新理念、新举措，为区域协同治理探索新模式、新机制，为人口经济密集地区优化开发探索新路径，力争成为京津冀城市群高质量和协同发展的“样板城市”。

（一）为区域城市高质量发展探索新理念、新举措

北京正在深刻转型，减量发展、绿色发展、创新发展成为首都追求高质量发展的鲜明特征。[①] 首先，从集聚资源求增长到疏解功能谋发展，北京成为全国第一个“减量”发展的城市，要努力探索与“减量”发展相适应的模式，倡导“精明增长”，鼓励紧凑、混合开发和弹性多元共治。津冀两地的很多城市虽然仍处于“增量”发展阶段，但“减量”发展所蕴含的集约高效理念同样需要引起足够的重视，要充分借鉴北京发展的相关经验，汲取相关教训，共同为实现京津冀地区优化开发探索新路径。其次，北京聚集了大量的创新资源，拥有良好的营商环境，需要积极探索破解高质量发展面临的人才、技术等要素制约的先行先试政策，探索依靠创新、人才驱动的高效型增长模式，探索构建与国际接轨的城市治理体系，这不仅有助于实现京津冀城市群的转型发展和竞争力提升，而且有助于缓解我国日益拉大的南北差距，还有助于我国经济在复杂多变的世界经济格局中实现成功突围。最后，绿色、可持续发展一直是世界级城市群及其核心城市的重要目标之一，纽约提出将“成为世界上最大的可持续发展城市以及应对气候变化的全球领导者”，伦敦要“成为改善环境的世界领导者”等。北京的发展也是如此，要在治理污染、改善环境、提升品质、塑造特色等方面下更大力气，成为世界超大城市可持续发展的典范，这是建设中国特色的、国际一流的、

① 朱竞若：《奋力开创首都发展更加美好的明天——访北京市委书记蔡奇》，《人民日报》2018 年 5 月 14 日。

可持续的和谐宜居之都的重要基础，也是集聚创新型人才和高端要素、实现高质量发展的必要条件，还可以为城市群内其他城市的可持续发展做好示范。

（二）为区域协同治理探索新模式、新机制

京津冀协同发展尤其是“两翼”的提出，给北京市优化空间布局、提高空间组织效率带来了千载难逢的机遇，无疑将直接推动京津冀的空间发展格局发生历史性的巨变，这将有助于北京更为坚决地疏解非首都功能，为北京充分发挥对外枢纽作用、建设具有全球影响力的大国首都创造条件；也将有助于北京更好地发挥对内组织协调作用，为更高效地组织城市群功能和空间结构、支撑世界级城市群建设带来机遇。北京需要抓住这一历史机遇，发挥好对外枢纽、对内组织协调的作用，探索处理好中心城与新城、北京与“两翼”、北京与邻近周边、北京与京津冀城市群、地方与全球等多类空间关系，构建新型合作和利益分享机制，创新治理模式和管理体制，因地制宜地选择多样化的跨界治理方式，带动群内各类城市充分发展，实现区域协同，将“一群城市”发展为具有全球影响力的城市群。

五　总结与讨论

事实上，北京在京津冀城市群中的“核心”作用一直以来都是十分明确的，这一点毫无争议，但对于“核心”的具体内涵不同的学者可能会有不同的理解，目前少有学者对此命题进行系统阐释。笔者认为，准确剖析“核心”作用的内涵是深刻理解北京在京津冀城市群中责任和担当的基础，也是更好地发挥北京在京津冀城市群中“核心”作用的前提条件。本文尝试从对外枢纽、对内中枢和引领示范三个方面对此进行阐释，建立一个初步的分析框架，为探寻更好地发挥“核

心”作用的路径和方法提供一个思路，后续研究将会持续予以关注与跟踪。

参考文献

肖金成、申现杰、马燕坤：《京津冀城市群与世界级城市群比较》，《中国经济报告》2017 年第 11 期。

何立峰主编《国家新型城镇化报告 2016》，中国计划出版社，2017。

姚士谋等：《中国城市群新论》，科学出版社，2016。

周振华：《崛起中的全球城市：理论框架及中国模式研究》，格致出版社、上海人民出版社，2017。

周振华：《全球城市：演化原理与上海 2050》，格致出版社、上海人民出版社，2017。

谢守红、宁越敏：《世界城市研究综述》，《地理科学进展》2004 年第 5 期。

王伟、吴志强：《中国城市群空间结构与集合能效研究》，同济大学出版社，2017。

盛垒等：《从资本驱动到创新驱动——纽约全球科创中心的崛起及对上海的启示》，《城市发展研究》2015 年第 10 期。

周其仁：《改革的逻辑》，中信出版社，2013。

周其仁：《突围集——寻找改革新动力》，中信出版集团，2017。

朱竞若：《奋力开创首都发展更加美好的明天——访北京市委书记蔡奇》，《人民日报》2018 年 5 月 14 日。

Morrill R.，“Classic Map Revisited：The Growth of Megalopolis，” *The Professional Geographer*，2006，58（2）.

University of Pennsylvania，“Department of City and Regional Planning，” *Reinventing Megalopolis*，2005.

RPA，“Northeast Megaregion 2050：A Common Future，” http：//www.america2050.org/，2007.

京津冀创新要素优化配置路径研究

吕静韦　王　双*

摘　要： 基于创新理论，运用 Stata 15.0 并采用 LSDV 估计法对 2008～2018 年全国 31 个分省区层面上创新要素的区域创新经济绩效进行分析，从技术创新、人才资源和金融资本角度，对比分析了京津冀地区与其他省份之间的差距和优势，得出以下主要结论：一是京津冀创新要素对经济贡献度的下降主要受人才资源的影响，二是创新环境是京津冀创新要素发挥经济效能的重要保障。建议激发京津冀地区创新要素活力，增强区域创新能力和经济创新发展的驱动力；优化创新生态环境，注重市场机制和政府调控相结合；构建先进高效创新生态体系，推动各类创新要素资源集聚共享。

关键词： 京津冀　资源要素　优化配置　创新要素

一　引言

习近平总书记指出，当前和今后一个时期，京津冀协同发展“进

* 吕静韦，天津社会科学院城市经济研究所副研究员，博士；王双，天津社会科学院城市经济研究所所长、研究员，博士。

入到滚石上山、爬坡过坎、攻坚克难的关键阶段”。深入推进京津冀协同发展战略，有序疏解北京非首都功能，破除地区之间的利益藩篱和政策壁垒，加快形成统筹有力、竞争有序、绿色协调、共享共赢的区域协调发展新机制，关键在于推动要素资源，尤其是创新要素在地区间的流动，形成市场一体化、区域协调化的创新生态体系和发展机制。本文基于创新生态视角，聚焦创新要素生态系统对区域经济的作用机理，探讨新时代京津冀创新要素资源的配置效率，激发京津冀协同发展内生动力，为形成优势互补、高效合理的资源配置路径，创新区域发展模式，促进区域发展新格局形成提供政策依据。

二 文献回顾

熊比特提出的创新理论将产品、技术、市场、制度、资源配置作为创新的五个维度，奠定了创新生态系统的研究基础，系统内部各主体之间的相互作用关系，以及政府与市场的交互作用关系构成了创新系统的自组织性和多样性。[①] 起源于20世纪50年代生物学领域的三螺旋理论在创新要素和创新环境方面为区域创新生态系统研究提供了理论支撑和范式，该理论结合官、产、学之间的互动关系，提出政府、企业、大学是知识经济社会的内部环境要素，市场是外部环境，内部要素与外部环境之间的交叉螺旋关系促进了创新的产生。在区域创新系统中，创新主体之间不再是互不联系的个体，而是具有利益联系的集合体。在区域创新系统中，创新主体子系统、创新资源子系统、创新环境子系统之间通过非线性的相互作用产生整体协同效应，各资源要素在系统内的流动和组合方式能够影响区域内企业、大学、科研院所等创新主

① 宋之杰、于华、徐晓华等：《国内外创新生态系统研究进展》，《燕山大学学报》（哲学社会科学版）2015年第3期。

体之间的联系。①

作为创新主体的学研方和企业方在创新投入和创新产出方面具有统一性，但双方创新能力对协同创新的影响程度因环境变化而不同。② 市场为创新系统提供发展的产业环境和技术再次创新的动力，中国 3G 技术到 5G 技术的发展为技术创新提供了应用场景，在技术扩散中又进一步促进了技术发展。③ 创新主体之间的关系通过一定的创新环境而更加紧密，创新主体对创新的驱动作用因创新环境而异，外部环境的动态性为协同创新主体之间的交流提供中介“桥梁”，能够有效促进创新系统内部主体间的沟通交流。有学者进一步提出应将政府纳入区域创新系统的外部环境范畴，因为政府作为产业发展和创新政策的制定者和推行者，对于创新发展提供了重要推动作用，但未实际参与创新活动本身。在创新生态系统内部，科研机构和高校等构成其创新主体，技术、人才、资本为其要素基础，市场、政府为其创新能力的发挥提供环境保障。创新生态系统不仅强调系统内部的结构与功能，而且注重系统结构和动态环境之间的关联性和动态性。一定区域内相互关联的生态企业、科研机构和高校院所充分发挥自身整体性，通过激发创新主体的创新行为和系统内部构成要素之间以及其与外部环境之间的动态关联，促进区域内创新发展。

创新生态系统为创新主体开展创新活动提供了必要的环境和条件，有利于提高资源要素的整合效率，促进区域创新水平和竞争力提升，对推动地区科技创新和经济高质量发展具有重要作用。创新生态系统是结构—功能—过程的动态组合，政府、企业、大学和科研机构等主体内部

① 苏屹、刘艳雪：《国内外区域创新研究方法综述》，《科研管理》2019 年第 9 期。

② 王帮俊、吴艳芳：《区域产学研协同创新绩效评价——基于因子分析的视角》，《科技管理研究》2018 年第 1 期。

③ Liu G., Gao P., Chen F., et al., "Technological Innovation Systems and IT Industry Sustainability in China: A Case Study of Mobile System Innovation," *Telematics and Informatics*, 2018, 35 (5).

和相互之间的知识、技术、人才等要素资源流动，使系统结构与市场环境产生动态关联效应，促进了创新要素的整合与共生发展，营造了开放式创新的氛围。[①] 政府、企业与高校之间的空间关联以及企业与科研机构之间的联结能够有效促进区域创新绩效的提升。[②] 从创新生态系统共生对科技创新的促进作用看，长期效果较短期效果更为显著，正向驱动效应随时间逐步放大，负向抑制作用逐步缩小；从影响因素看，对科技创新具有正向驱动作用的三个因素为共生基质、共生平台、共生环境，驱动效应不明显的因素为共生网络。

随着对创新研究的深入，有关创新要素研究日益受到关注。创新要素在创新主体内部和创新主体之间的相互流动，加速了创新产生，但学者们对要素在创新中的作用认识各不相同。而随着知识经济的快速发展，区域经济发展的决定性因素逐渐由传统资源要素向具有创新能力的技术、人才等资源要素转变。[③] 创新要素在经济发展中的地位和作用会随时间和环境而变化，如日本 21 世纪的经济增长动力由人力资源要素向技术要素的转变。[④]

从创新要素对京津冀产业和经济社会发展的影响来看，人才要素、技术创新、金融资本的分布仍然是影响京津冀产业结构优化的重要因素，创新要素的空间集聚与扩散对区域经济增长具有显著促进作用，能够提升该区域技术水平和效率并产生内源式创新，有助于推动区域产业结构升级和经济增长方式转变。[⑤] 但京津冀产业协同发展中面临的资源

---

① 陈健、高太山、柳卸林等：《创新生态系统：概念、理论基础与治理》，《科技进步与对策》2016 年第 17 期。

② 白俊红、蒋伏心：《协同创新、空间关联与区域创新绩效》，《经济研究》2015 年第 7 期。

③ 刘秉镰、朱俊丰、周玉龙：《中国区域经济理论演进与未来展望》，《管理世界》2020 年第 2 期。

④ Goto A.，“Japan's National Innovation System：Current Status and Problems，” *Oxford Review of Economic Policy*，2000（2）.

⑤ 李峰：《雄安新区与京津冀协同创新的路径选择》，《河北大学学报》（哲学社会科学版）2017 年第 6 期。

要素短缺和分布不平衡等问题不容忽视，创新资源协调能力和配置效率不足、人口空间集中度和地理分布不均衡、要素市场分割造成的动力机制单一、创新要素与制度环境和经济发展情况的匹配度不高等仍是影响京津冀地区产业结构优化和协同创新的重要障碍。[①]

国内外学者就创新要素的重要影响给予不同程度的肯定，在此基础上，本文认为人才、技术、资本是影响京津冀产业结构优化升级的三类主要创新要素资源，创新要素禀赋和配置差异是实现京津冀协同发展的基本前提。通过分析京津冀创新要素分布特质及其对京津冀产业结构的影响，提出优化京津冀创新要素配置的路径和对策建议，为促进京津冀协同发展提供理论支撑。

三　机理分析与模型构建

（一）创新要素对区域经济的影响机理

创新是一个贯穿创新要素投入和创新成果产出，多要素传递、多主体参与的复杂而系统的过程。考察创新要素对区域经济的影响，首先要了解区域创新系统的作用机理，对创新要素进行界定和衡量；其次要了解创新要素对区域经济产生效应的机理和过程。新古典经济学框架下的索洛经济增长模型（Solow Growth Model）在修正哈罗德—多马模型的基础上，强调了劳动力和资本要素对经济增长的内生作用，以及对技术进步的外生作用，并主张政府通过有效干预市场经济促进经济稳定，为后续经济增长研究提供了思路。随着经济社会发展，创新要素在经济增长中的作用日益重要。作为国家创新系统的子系统，区域创新系统具有

① 张斯琴、张璞：《创新要素集聚、公共支出对城市生产率的影响——基于京津冀蒙空间面板的实证研究》，《华东经济管理》2017 年第 11 期。

对创新资源进行组织和协调并产生创新的功能。一方面，创新的产生需要系统内部创新主体之间的协作和交流。另一方面，创新环境对创新效应的发挥产生影响。创新要素能够顺利转化为生产力不仅需要市场进行信息引导并发挥资源配置效能，而且需要资金支持。① 创新要素在区域创新系统的内外部环境共同作用下，通过创新主体产生创新行为和创新绩效。② 高校和科研院所在技术原理、技术规律和方法的研究中产生知识创新，企业在技术试制、测验和应用中产生产品创新，三个创新主体共同产生专利创新和技术创新，③ 在一定的外部环境下，企业将新技术新知识成果化、产品化、生产化，最终在营销推广中实现市场化。市场上技术产品的交易情况影响技术创新的扩散和产业化程度，政府财政在研发方面的支出和相应政策的制定反映了政府对于该地区创新的支持力度，对区域创新系统发挥经济效能具有重要影响。

区域创新绩效对于支持创新的政策制定和实施具有重要作用。它能够模拟资源要素的配置方式和创新主体的行为确定产生创新绩效的最佳做法，以及创新行为在一定创新环境下所产生的复杂而动态的经济效应，并以此作为决策的参考和工具。④ 创新要素的分布和配置状况潜在影响着区域创新效率和经济效益的提升。本文认为创新要素主要包括技术创新、人才资源和金融资本，创新主体主要包括企业、高校、科研院所，创新环境主要包括技术市场环境和政府宏观调控环境（见图 1）。

---

① 白俊红、蒋伏心：《协同创新、空间关联与区域创新绩效》，《经济研究》2015 年第 7 期。

② 徐斌、罗文：《价值链视角下科技人才分布对区域创新系统效率的影响》，《科技进步与对策》2020 年第 3 期。

③ 余泳泽、刘大勇：《创新价值链视角下的我国区域创新效率提升路径研究》，《科研管理》2014 年第 5 期。

④ Hajek P., Henriques R., Castelli M., et al., "Forecasting Performance of Regional Innovation Systems Using Semantic-based Genetic Programming with Local Search Optimizer," *Computers & Operations Research*, 2018.

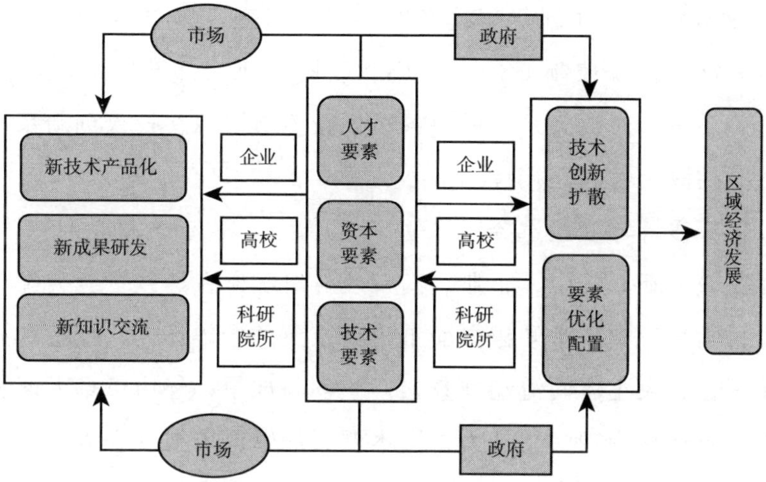

图 1　创新要素对区域经济发展的影响机理

（二）模型构建与变量选择

1. 计量模型构建

在模型设定时，是选择固定效应模型（FE）还是随机效应模型（RE）关系到面板数据的处理方式。由于每个省份的“省情”不同，考虑存在不随时间而变化的遗漏变量，采用固定效应模型（FE），分别从时间和空间两个方面进行测度。

构建计量模型如下：

$$P_{it} = \beta_0 + \beta_1 itf_{it} + \beta_2 controls + v_i + v_t + \varepsilon_{it} \tag{1}$$

式中，i、t 分别表示地区、年份，P 表示地区、年份下的区域经济绩效产出，itf_{it} 表示技术创新、人才资源、金融资本在地区、年份下的三维资源要素投入数据，$controls$ 代表控制变量（市场环境和政府环境），v_i、v_t 分别表示地区和年份，将其作为模型的固定效应。

为了消除异方差，对变量进行取对数处理，假定 $P = \ln pcgdp$；$itf_{it} = F_1(r)$，$r = \ln(f_w)$，$f_w = inn, tal, fin$；$controls = F_2(e_\theta)$，$e_\theta = \ln(mar,$

gov）；被解释变量（创新绩效产出）与解释变量（技术创新、人才资源、金融资本）及控制变量（市场和政府组成的外部创新环境）之间的数据关系包含对数关系，反映各类创新要素资源在投入创新系统后对经济效益的滞后性和间接性。

2. 指标设计与变量选择

在区域创新系统中，企业、高校、科研院所在科技资源分配、创造并溢出科学知识和技术知识方面承担着重要的主体作用，技术和人才等创新要素在三大主体间流动并直接产生创新成果，经由市场的配置作用从理论成果转化为现实生产力，资本要素能够调节技术和人才要素的分布状况，加速产业分工和创新；政府的宏观调控作用和机制调节能够促进创新主体间的互动和要素流动，提高资源的配置效率，提升创新的质量和效率，并进一步促使创新与经济紧密结合，进而促进经济发展。

被解释变量：区域经济产出（*pcgdp*）。区域人均经济资源越丰富，说明区域经济发展状况越好，参考苏屹等研究，① 本文选用我国内地 31 个省份的人均 GDP 作为衡量区域经济情况的指标。

解释变量：创新要素包括技术创新（*inn*）、人才资源（*tal*）、金融资本（*fin*）。技术要素的主要投入形式为 R&D 经费，主要产出形式为专利；人才要素的主要投入包括高校培养的高素质人才和从事 R&D 活动的人才，主要产出为知识和技术；资本要素的主要投入来源为上年度的金融业产值。区域创新系统对区域经济产生影响的过程，也是技术创新由研发向市场化转变的过程。在这一过程中，创新要素的投入形式有所不同，初期主要投入 R&D 经费和 R&D 人员进行技术研发，当技术研发产生创新成果时，创新投入要素便转化为专利等形式。相对专利授权数而言，专利申请量不易受滞后期的影响，且更能反映当期区域技术创新的水平，因此，本文选取 R&D 经费和专利申请受理量作为技术要

① 苏屹、刘艳雪：《国内外区域创新研究方法综述》，《科研管理》2019 年第 9 期。

素的衡量指标，涵盖技术研发到市场化的全过程。掌握知识的人才要素主要来自高等学校这一为社会培养和输送人才的部门，还包括具备研发技能人才的企业主体，故采用高等学校毕业人数和 R&D 人员作为衡量指标。柯布—道格拉斯生产函数将劳动力和资本作为两种主要投入要素。资本要素能够调节技术和人才要素的分配，间接创造技术并促进新增经济价值产生，伴随银行资本和工业资本相互融合、应运而生的金融资本，是银行资本和产业资本的融合衍生物，具有独特的财务杠杆优势和高回报率优势，能够有效弥补企业在运营过程中的融资能力欠缺，弥补政府财政对经济增长贡献的不足，为各类产业开展创新提供强有力的资本支撑，①②③ 在企业经营、产业创新和经济发展过程中发挥着不可替代的作用。考虑到金融资本量主要由上一年度的存量来决定，对创新绩效的影响具有滞后性，本文将金融资本的基期定为 $t-1$ 年，即以上一年度的金融增加值为衡量指标。

控制变量：创新环境。创新环境是影响区域创新系统的重要因素。创新环境通过影响创新主体的决策和行为，对创新过程和创新效率产生影响，能够降低创新的不确定性和盲目性。一定区域内，技术市场成熟度越高，表明技术创新面临的市场环境越成熟，越有利于创新效率提升，本文选用技术市场成交额作为区域市场环境的衡量指标。创新信息的缺失、创新政策的不完善都可能导致创新体系与创新绩效的脱节，④

① 司秋利、杨念：《基于中介效应的金融发展、资本形成与技术创新研究》，《经济论坛》2018 年第 8 期。

② Fabrice Gayraud, David Lemoine, Guillaume Massonnet, "An Optimal Policy for the Capacitated Lot Sizing Problem with Financing of the Working Capital Requirement," *IFAC Papers OnLine*, 2019, 52 (13).

③ Vishal Sharma, Ashok Mittal, "Fiscal Deficit, Capital Formation, and Economic Growth in India: A Nonlinear ARDL Model," *Official Journal of Indian Institute of Management Calcutta*, 2019, 46 (1).

④ Chrystalla Kapetaniou, Marios Samdanis, Soo Hee Lee, "Innovation Policies of Cyprus during the Global Economic Crisis: Aligning Financial Institutions with National Innovation System," *Technological Forecasting & Social Change*, 2018 (133).

造成创新系统的不完备，影响区域创新效率。Balconi 等[①]认为，企业不仅会吸收大学培养的人才，而且会通过与高校和科研院所之间的合作促进新技术和新产品的产生，并通过生产经营活动使其转化为实际产品，最终促进经济进步。

根据模型方程设计构建面板数据，空间维度为我国内地 31 个省份，时间维度为 2009～2018 年，其中金融业增加值的样本数据年份为 $t-1$ 年，数据来源于《中国统计年鉴》、《中国科技统计年鉴》和各省份统计年鉴。

四　实证结果分析

（一）面板数据检验

将面板数据代入 Stata 15.0 进行检验，在直观展示观测数据具体特征时，没有发现极端异常值，变量之间的纲量距离可以接受，观测值在时间上的分布较为均匀，呈现较强的平衡性，可以对数据开展下一步分析。利用豪斯曼检验（Hausman test）对是否应采用固定效应模型进行检验，结果显示检验值 p 为 0.0000，即认为随机效应模型与固定效应模型差距过大，拒绝采用随机效应模型的原假设“H0：u_i 与 x_{it}，z_i 不相关”。

（二）外部环境分析

在区域创新系统中，外部环境包括市场和政府两种力量。通过回归分析，可以对市场和政府在区域创新系统中的作用进行度量，从而为后

① Balconi M., Laboranti A., "University-industry Interactions in Applied Research, the Case of Microelectronics," *Research Policy*, 2006, 35 (10).

续创新要素对经济增长的影响进行更好的环境假设。以人均 GDP 为因变量，分别对市场作用机制下的创新效果和市场、政府共同作用机制下的创新绩效进行度量，结果证实，在 95% 的显著性下，方程的回归结果均显著，且在政府和市场共同作用下的回归方程显著性较市场单独作用下的显著性高，R^2 由 0.18 提高到 0.25，*F* 值由 67.62 下降至 51.08，*MSE* 值由 81.297 下降至 77.893，说明含市场和政府共同作用的模型较仅考虑市场作用的模型拟合效果更好，如表 1 所示。

表 1　区域创新系统的环境检验对比

项目	F	R^2	$Adj\ R^2$	$Root\ MSE$
市场作用下的环境回归结果	67.620	0.180	0.177	81.297
市场和政府共同作用下的环境回归结果	51.080	0.250	0.245	77.893

（三）基于 LSDV 估计法的个体效应分析

LSDV 估计法①可以分离不同个体样本的不同截距，从而把每个截面的不同通过截距项的不同反映出来。在本研究中，LSDV 估计法用来考察各地区创新要素对区域经济的影响程度。② 为了消除异方差影响，对变量分别取对数，回归结果如表 2 所示。

表 2　创新要素对各地区经济的影响

地区	ln(*tal*)	ln(*inn*)	ln(*fin*)	ln(*gov*)	ln(*mar*)
北　京	-56.493***	1.652**	5.825***	-27.322***	1.223***
天　津	-3.144	-32.138***	46.813***	-0.0350	40.854**
河　北	-349.240***	-41.991***	85.235**	99.511***	27.206*
山　西	-176.459***	-45.781***	83.732***	69.884***	28.438

① 魏冉：《基于 LSDV 估计法的中国主要品种能源消费影响碳排放强度效应分析》，《郑州大学学报》（工学版）2019 年第 2 期。

② 李烨、张广海：《我国区域经济真实增长的实证分析》，《统计与决策》2018 年第 22 期。

续表

地区	ln(*tal*)	ln(*inn*)	ln(*fin*)	ln(*gov*)	ln(*mar*)
内蒙古	129.976***	87.021***	249.489***	236.160***	180.801***
辽宁	-169.991***	27.402***	115.896***	79.864***	103.490***
吉林	-46.156***	22.376**	171.732***	135.171***	149.243***
黑龙江	-182.278***	-61.402***	103.216***	31.999**	69.256**
上海	-25.536	207.212***	-76.697*	-50.987*	-28.650
江苏	-376.135***	42.612***	32.477***	45.616***	27.990***
浙江	-136.436***	89.228***	98.235***	159.690***	81.1***
安徽	-331.465***	-75.302***	-27.583***	-2.179	14.859
福建	-62.059***	52.721***	155.858***	187.562***	110.096***
江西	-286.836***	-67.892***	53.236**	57.497**	49.406*
山东	-359.972***	50.673***	85.277***	91.055***	65.743***
河南	-447.725***	-61.818***	21.720	75.429***	1.333
湖北	-357.260***	-18.696***	66.596***	13.837***	56.383***
湖南	-324.448***	-51.105***	63.235***	55.636***	50.351**
广东	-318.816***	66.969***	53.010***	69.099***	45.749***
广西	-177.249***	-88.996***	47.933*	100.589***	14.014
海南	86.060***	-36.240***	181.382***	170.155***	133.281***
重庆	-64.575***	-13.559***	147.692***	90.76703***	72.434***
四川	-375.831***	-75.481***	19.348	-14.213	-20.245*
贵州	-64.116***	-112.411***	22.546	48.928**	19.818
云南	-128.546***	-111.573***	28.214	20.249	-16.435
陕西	-262.428***	-21.155***	120.621***	2.829	87.324***
甘肃	-81.398***	-120.446***	75.704**	-44.494***	29.852
青海	125.080***	-39.595***	189.738***	102.186***	137.604***
宁夏	124.998***	-15.50**	193.527***	185.517***	149.578***
新疆	60.123***	-30.898***	109.836***	162.837***	88.310**
西藏	93.245**	-95.116***	146.529***	119.899***	99.621**

注："***"表示 Prob. <0.001，"**"表示 Prob. <0.05，"*"表示 Prob. <0.1（two-tailed tests），原假设为变量间不存在协整性，回归结果取到小数点后三位。

结果显示，创新要素对31个地区的经济影响程度和显著程度存在较大差异。从创新要素对区域经济系统产生影响的显著性程度看，技术创新要素对区域经济的影响除北京、吉林、宁夏在0.05的水平上显著外，其他地区均在0.001的水平上显著，显著性程度高于人才资源和金融资本要素；人才资源对区域经济影响的显著性程度次之，除天津和上海不显著、西藏在0.05的水平上显著外，其他地区人才资源对区域经济的影响均在0.001的水平上显著；金融资本对区域经济影响的显著性程度最差，四川、贵州、云南、河南四个省份的影响不显著，上海、广西的显著性水平为0.1。

从京津冀各创新要素对区域经济的影响程度看，三地人才资源要素对经济发展的贡献度均不理想，呈负向影响，且河北和北京人才资源要素对经济的负向影响较天津更为显著，每单位人才资源要素的投入对北京、天津、河北人均GDP的贡献度分别为-56.493、-3.144、-349.24；技术创新要素对北京地区经济的促进作用优于天津和河北两地，每单位技术创新要素对北京、天津、河北人均GDP的贡献度分别为1.652、-32.138、-41.991；金融资本要素对京津冀三地经济的正向影响作用较为突出，尤其是河北和天津，每单位技术创新要素对北京、天津、河北人均GDP的贡献度分别为5.825、46.813、85.235。

从京津冀创新环境对创新要素的支撑作用看，三地技术市场环境对创新要素作用的发挥起到积极影响，尤其是天津，每单位技术市场成交额能分别带动1.223、40.854、27.206单位创新要素经济效能的发挥；但政府宏观调控环境有待改善，北京和天津政府财政科技支出对人均GDP的影响均为负，分别为-27.322、-0.035。从全国范围看，京津冀技术市场环境整体优于长三角地区，但弱于内蒙古、吉林、海南、宁夏、青海等地区；北京政府宏观调控环境仅优于上海和甘肃，天津略好于四川和安徽。

与长三角地区相比，京津冀地区在技术创新要素方面的整体实力稍显逊色，除北京外，津冀两地的技术创新对经济的影响均为负，而长三角地区仅有安徽的技术创新对经济产生了负向影响，上海、江苏、浙江均为正影响；京津冀地区在金融资本要素方面优势较为明显，金融资本对经济的影响均为正向，而长三角地区仅有江苏和浙江在金融资本对经济产生了正向影响，上海、安徽均为负影响。与内蒙古、西藏、青海等西部地区相比，京津冀地区的创新要素对经济的贡献度较弱，尤其体现在人才资源和金融资本两方面。

五　对策建议

利用面板数据，运用 Stata 15.0 并采用 LSDV 估计法对中国分省区层面上创新要素对地区经济发展的影响进行分析，从技术创新、人才资源和金融资本三类创新要素角度，对比分析了京津冀地区与其他省份之间的差距和优势，得出以下主要结论：一是京津冀创新要素对经济贡献度的下降主要受人才资源的影响。北京非首都功能的疏解伴随着高校、科研院所等外迁，大量人才资源流向津冀地区和长三角地区。一方面，北京本地人才资源要素减少，创新能力减弱；另一方面，津冀两地的人才资源要素作用并未充分激发，导致整体创新实力下降。二是创新环境是影响京津冀创新要素发挥经济效能的重要保障。具有政府和市场双重作用的环境较无政府宏观调控作用的环境更加有利于创新要素在创新主体间合理配置和区域创新系统功能的发挥，有助于提升区域经济效能，但京津冀地区政府宏观调控作用对创新要素的支撑力还有待进一步提升。

根据上述分析，提出促进京津冀创新要素优化配置的建议，具体如下。

第一，激发京津冀地区创新要素活力，增强区域创新能力和经济创新发展的驱动力。北京在巩固创新驱动战略成效的同时，应量力而行，关注本地创新资源的流失，减少因人才流出导致的区域创新系统功能弱化和经济效能减退等问题，从更深层次上大力激发创新动力，增强创新对经济发展的驱动力。进一步创新人才引进、激励与评价机制，完善人才保障机制，构建人才高效流动与配置机制，促进人才在区域间达到科学高效配置。完善金融资本流动和利用机制，加大金融资本对人才、技术投入的杠杆作用，降低人才资源、技术创新对经济系统的负向影响。

第二，优化创新生态环境，促进区域创新系统经济效能发挥。注重市场机制和政府调控相结合，形成职责边界清晰的运行机制。充分发挥市场对创新资源的决定性配置作用，进一步提升北京、天津政府优化配置创新资源的能力，增强京津冀整体技术市场环境对创新资源的吸引力，形成有利于创新活动开展和创新成果交易的优质外部环境，为经济发展提供有力支撑。在国家层面上，应注重引导创新资源和要素在不同区域之间合理流动，增强区域创新系统经济效能的协调性；在地区层面上，应提高对技术创新、人才资源、金融资本的利用效率，形成分工科学和功能完善的调节机制，降低创新极化效应引致的经济效率失衡风险。

第三，构建先进高效创新生态体系，推动各类创新要素资源集聚共享。优化创新协同治理，完善以市场为导向、企业为主体、产学研深度融合的创新生态体系，营造科技、金融、产业一体化的生态环境，促进创新多主体协同、多要素联动、多领域合作。以政策创新为引导，围绕全要素全生命周期的创新创业生态体系，在科技载体建设、科技企业引育等方面完善相应扶持政策，营造创新软环境。培育适合创新的生态机制，建立人才引育机制、资金投入机制、知识产权保护和诚信机制，完善税收制度和移民政策，提供公平的环境、透明的规则及开放的市场。

参考文献

宋之杰、于华、徐晓华等：《国内外创新生态系统研究进展》，《燕山大学学报》（哲学社会科学版）2015 年第 3 期。

苏屹、刘艳雪:《国内外区域创新研究方法综述》,《科研管理》2019 年第 9 期。

王帮俊、吴艳芳:《区域产学研协同创新绩效评价——基于因子分析的视角》,《科技管理研究》2018 年第 1 期。

陈健、高太山、柳卸林等:《创新生态系统:概念、理论基础与治理》,《科技进步与对策》2016 年第 17 期。

白俊红、蒋伏心:《协同创新、空间关联与区域创新绩效》,《经济研究》2015 年第 7 期。

刘秉镰、朱俊丰、周玉龙:《中国区域经济理论演进与未来展望》,《管理世界》2020 年第 2 期。

李峰:《雄安新区与京津冀协同创新的路径选择》,《河北大学学报》(哲学社会科学版)2017 年第 6 期。

张斯琴、张璞:《创新要素集聚、公共支出对城市生产率的影响——基于京津冀蒙空间面板的实证研究》,《华东经济管理》2017 年第 11 期。

徐斌、罗文:《价值链视角下科技人才分布对区域创新系统效率的影响》,《科技进步与对策》2020 年第 3 期。

余泳泽、刘大勇:《创新价值链视角下的我国区域创新效率提升路径研究》,《科研管理》2014 年第 5 期。

司秋利、杨念:《基于中介效应的金融发展、资本形成与技术创新研究》,《经济论坛》2018 年第 8 期。

魏冉:《基于 LSDV 估计法的中国主要品种能源消费影响碳排放强度效应分析》,《郑州大学学报》(工学版)2019 年第 2 期。

李烨、张广海:《我国区域经济真实增长的实证分析》,《统计与决策》2018 年第 22 期。

Liu G., Gao P., Chen F., et al., "Technological Innovation Systems and IT Industry Sustainability in China: A Case Study of Mobile System Innovation," *Telematics and Informatics*, 2018, 35 (5).

Goto A., "Japan's National Innovation System: Current Status and Problems," *Oxford Review of Economic Policy*, 2000 (2).

Hajek P., Henriques R., Castelli M., et al., "Forecasting Performance of Regional Innovation Systems Using Semantic-based Genetic Programming with Local Search Optimizer," *Computers & Operations Research*, 2019.

Fabrice Gayraud, David Lemoine, Guillaume Massonnet, "An Optimal Policy for the Capacitated Lot Sizing Problem with Financing of the Working Capital Requirement," *IFAC Papers OnLine*, 2019, 52 (13).

Vishal Sharma, Ashok Mittal, "Fiscal Deficit, Capital Formation, and Economic Growth in India: A Nonlinear ARDL Model," *Official Journal of Indian Institute of Management Calcutta*, 2019, 46 (1).

Chrystalla Kapetaniou, Marios Samdanis, Soo Hee Lee, "Innovation Policies of Cyprus during the Global Economic Crisis: Aligning Financial Institutions with National Innovation System," *Technological Forecasting &Social Change*, 2018 (133).

Balconi M., Laboranti A., "University-industry Interactions in Applied Research, the Case of Microelectronics," *Research Policy*, 2006, 35 (10).

北京建设全国科技创新中心实现路径

方 方　何仁伟*

摘　要： 全国科技创新中心是北京城市战略新定位，也是首都核心功能之一。目前北京科技创新中心建设的顶层设计基本完成，自主创新取得显著成效，“三城一区”创新格局基本形成。科技人才队伍建设，科技创新体制机制完善，高校与企业、科研院所协同创新等是建设全国科技创新中心中面临的主要问题。进一步加强科技人才队伍建设、完善科技创新体制机制、提升首都地区产学研协同创新能力是建设全国科技创新中心的主要路径。

关键词： 科技创新　创新驱动　实现路径　北京

科技创新与科技发展已成为推动我国经济社会持续发展的主导力量。当前，北京创新体制改革已进入攻坚拔寨阶段，深层次、结构性矛盾日益显现，首都要真正走上创新驱动的发展道路，需要对整个系统结构进行全方位改革，主要任务是对创新结构进行调整，包括创新投入结

* 方方，北京市社会科学院经济研究所助理研究员，博士；何仁伟，北京市社会科学院市情调研中心副研究员，博士，北京世界城市研究基地专职研究员。

构调整、创新资源配置结构调整、创新能力结构调整、创新区域结构调整以及创新政策结构调整，必须通过制度创新来化解结构性问题。全国科技创新中心是北京城市战略新定位，也是首都核心功能之一。科技创新是北京实施创新驱动战略、推动非首都功能疏解、实现首都高质量发展的重要举措。在分析北京科技创新中心建设情况的基础上，剖析北京科技创新中心建设中的主要问题，提出建设科技创新中心的主要路径。

一　科技创新中心建设基本情况

（一）顶层设计基本完成

实施创新驱动发展战略是党的十八大提出的明确要求，科技创新是促进社会经济持续增长和提升综合国力的战略支撑，在国家发展全局中应处于核心位置。北京是中国的首都，在全球科技创新的背景下，北京市出台了相关文件，对全国科技创新中心建设进行了顶层设计。2016年7月24日，《国务院关于京津冀系统推进全面创新改革试验方案》提出，充分发挥北京作为全国科技创新中心的辐射带动作用，建立健全区域创新体系，推动形成京津冀协同创新共同体。2016年9月18日，国务院颁布了《北京加强全国科技创新中心建设总体方案》，文件根据京津冀协同发展战略的总体要求，以中关村国家自主创新示范区为主要载体，提出了北京建设全国科技创新中心的总体建设方案。《北京系统推进全面创新改革试验加快建设全国科技创新中心方案》和《北京市国民经济和社会发展第十三个五年规划纲要》，按照量化、细化、具体化、项目化原则，针对制约创新驱动发展的体制机制障碍，制定了到2020年的重点任务方案。在建设科技创新中心的相关方针性文件的指导下，组建了北京推进科技创新中心建设办公室，形成了包括“一处七办”在内的组织“架构图”，不断探索与在京中央科研机构、高校、企业和部队的合作机制。在政策方面先行先试，出台了财政科研项目和经费管理等一系列改革措施。

（二）自主创新取得显著成效

北京高校云集、高科技人才济济，科研资源丰富、潜力巨大。北京在建设全国科技创新中心、打造具有全球影响力的科技创新中心进程中，能发挥得天独厚的科技资源优势，通过加强基础科学研究、高精尖技术和前瞻应用研究提升原始和综合创新能力，抢占未来科技发展制高点，引领全国和全球科技创新浪潮。目前，北京在纳米材料、生命科学、电子通信、信息科学等领域出现的一系列的新技术、新产品、新原理、新方法和新模式，在全球范围产生了重要的影响和引起了广泛的关注，为其成为世界级研发成果的高地和"火车头"地位奠定了良好基础。2017 年，一大批科技研发在深空、深海、深蓝等国家战略领域取得突破性进展，重大科技创新成果脱颖而出，体现出在服务国家战略的过程中，北京科技创新已经充分融入国家发展大局，并发挥着示范引领和"领头羊"作用，科技领军人才、科技创新企业对高精尖产业的支撑能力逐渐增强。

（三）"三城一区"创新格局基本形成

《北京城市总体规划（2016 年—2035 年）》明确了"三城一区"的空间布局、空间发展规划和空间功能定位，基本形成全国科技创新中心建设的空间新格局。①中关村科学城：建设原始创新策源地、自主创新主阵地，形成了一批具有全球影响力的创新性科研成果、国际标准、技术创新中心、高科技企业孵化中心和创新型领军企业集群。②怀柔科学城：集中建设一批国家重大科技基础设施，打造一批先进交叉研发平台，凝聚世界一流领军人才和高水平研发团队，建成与国家战略需要相匹配的世界级原始创新承载区。③未来科学城：集聚一批高水平企业研发中心，集成中央企业在京科技资源，建成全球领先的技术创新高地、协同创新先行区、创新创业示范城。④北京经济技术开发区：建设创新型产业集群和创新引领示范区，打造高精尖产业主阵地，承接和转化“三大科学城”重大科技成果，着力打造以亦庄、顺义为重点的首都创新驱动发展前沿阵地。[①] 目前，“三城一区”发挥着引领全球新技术、新经济、新业态的作用，科技创新成果转化成效显著。“三城一区”创新高地的崛起，已成为首都社会经济转型发展和城市高质量发展的重要支撑。[②]

二　科技创新中心建设的主要问题

（一）人才队伍建设存在问题

1. “官本位”负面影响

“官本位”体制与思想对科技人才队伍的建设具有较大的负面影响，易形成以行政级别来评价科技人才的体制。在中国的高校和研究机构中，大学校长、院长、研究所所长具有明确的行政级别，中国科学院和中国工程院院士等代表最高学术水平的荣誉称号，也被予以“副部级”待遇。“官本位”带来的乘数效应，使很多具有才华的科研人员走上从政的道路。北京高校和科研机构云集，“官本位”思想和科技界“封官”制约了科技大师的产生，对北京全国科技中心的建设具有较大的冲击。

2. 高端技术人才短缺

核心技术和高层次人才缺失，影响了中国高新技术和高端制造业的

---

① 《北京城市总体规划（2016 年—2035 年）》“第三章　科学配置资源要素，实现城市可持续发展”。

② http：//www. chinahightech. com/html/paper/2018/0307/454766. html.

发展。我国芯片、高端数控机床、高端医疗器械及汽车的发动机、电喷系统等核心技术与发达国家存在较大的差距；模具钢、工具钢等精密仪器的零部件所使用的钢材主要依赖国外进口。要打造智能升级型高端制造业，高端科技人才是关键。因此，高端人才缺乏，阻碍着北京全国科技创新中心的建设。

3. 人才流动问题

人才流动是人才资源合理配置、人才作用充分发挥的前提。科研人员在总体上缺乏流动性，市场化的人才流动配置和引导机制还不健全，导致优秀人才不能发挥最大效用。科技人才得不到合理配置，不能在市场经济体制的自由竞争中优胜劣汰，不仅阻碍科研创新效率的提升，更难以培育出“高精尖”人才。作为全国人才高地，北京在科技人才的引进和流动方面均存在问题，丰富的人才资源不能得到最优配置，人才资源的集合效应未能实现最大化，影响了北京科技创新中心的建设。

（二）科技创新体制机制有待完善

1. 科研创新平台和创新主体衔接性差

科技创新平台建设涉及多个管理部门，不同部门的分工定位不鲜明，开展工作时各行其是，导致平台重复建设和科技资源分散。北京科技创新主体包括高校、科研院所和企业，不同创新主体之间开放程度不高，相同领域或相同类别科技资源缺乏集成整合，不同平台资源开放共享的创新运行模式尚未形成，制约了创新平台作用的充分发挥。

2. 市场机制未发挥主导作用

利用行政化手段配置科技创新资源的现象非常突出，部分科技课题的设置并未充分发挥市场机制的作用，项目立项、结项把关和审核不严格，导致项目研究成果与实际应用和社会需求“两张皮”，科技管理及其运行体制与首都发展战略需求“脱节”。许多科技成果原创性差、“含金量低”，部分成果滥竽充数，离市场、社会及企业要求存在较大差距，造成了科技资源的投入产出率低，对首都创新驱动战略实施和城市转型升级的支撑力度不强。

3. 科技金融体系不完善

由于科技金融体系不健全，科技型中小企业“融资难”“融资贵”的问题普遍存在。对典型企业的调查发现，企业创新费用主要来源于内部自筹，而银行贷款、政府资金来源占比较小。科技金融体系不健全，导致企业核心技术或前瞻性技术的研发投入不足，技术创新难以形成拥有自主知识产权的核心产品。

4. 缺乏有效的激励机制

科研经费报销程序复杂，本该用于研发的时间浪费在了“走在报销的路上”和“正在报销的途中”；科研经费中绩效预算占比小，很多财政性项目不允许将绩效支出纳入课题经费预算。科研人员是科技创新的最终主体，而经费管理体制僵化，智力成果得不到应有的回报，加之考核机制不健全，导致科研人员的创新积极性不高。另外，现有的激励机制强调对研发人员的一次性奖励，激励方式单一，难以从根本上调动研发人员的工作积极性。

（三）高校与企业、科研院所协同创新还需加强

1. 协同创新存在体制机制障碍

在现行的体制下，高校、企业和科研院所分别隶属于不同的上级管理部门，三者科技发展与管理机制各异，科研资源整合程度低、使用效率不高，加上区域科技人员隶属于不同的科研机构，受不同价值利益的驱使，科技研发集合效应差，开展协同创新的组织协调工作较为困难。高校、科研院所的重点实验室和工程技术成果对外开放和资源共享程度低，高效协同创新存在体制机制障碍。

2. 科研创新的协调机制缺乏

企业、高校及科研院所之间未能形成互动、有效的协同创新机制，阻碍着北京科技创新中心的建设。高校不仅重视科研成果质量，还注重学科建设、教学工作和人才培养；科研院所更加关注关键行业领域科研难题，重视潜在的经济效益和使用价值；企业追求的是经济效益，强调高科研成果转化，提高产品附加值。不同的工作目标使得三者在协同创新过程中存在很多矛盾，而相关管理机制的缺乏，导致一些科研成果转化率较低，协同创新未能形成合力，难以形成横跨高校、科研院所、企业的创新主体。

3. 缺少科学的利益分配和风险承担机制

缺乏协同创新的利益分配和风险承担机制是制约首都协同创新发展的重要因素。高校与企业、科研院所的科研机构分属于不同的管理主体，它们之间潜藏着不确定的利益冲突。由于在成果排名、知识产权、成果转让及申报获奖等方面存在分歧和利益分配的矛盾，项目合作浅尝辄止，仅限于科技含量低、“短平快”的初级层面。此外，协同创新本身存在失败的风险，由于缺少合理的风险分担机制，三方主体对于项目失败的责任存在心理担忧，在研究过程中畏首畏尾。因此，研究项目多停留在引进消化吸收利用再创新阶段，重大科技的原始创新成果非常稀缺，科研成果的创新水平与欧美发达国家相比仍有不小差距。

三　科技创新中心建设的实现路径

（一）加强科技人才队伍建设

1. 会聚全球英才

打造全球最具活力的新型科研平台，激发和提升首都的研发能力，吸引、会聚国际顶尖专家和全球相关领域的科技精英进入平台开展联合研究。抓住首都高校建设世界一流大学和一流学科的机遇，坚持创新引领、科教融合、研发致用的理念，促进学科、人才、科研、产业多元互助互动。引进符合北京高精尖产业发展方向的科技创新人才、文化创意人才、金融管理人才、专利发明者和北京紧缺急需的创新人才。简化人才引进的手续和程序，针对国内外顶尖人才开通“绿色通道”，为其科研创新活动提供便捷服务。

2. 培养创新人才

充分发挥首都科技、教育和创新资源优势，进一步加大专业技术骨干和学科带头人的培养力度，探索新的培养机制和模式；制定创新型城市建设的目标任务，突出重点行业、领域，培养建设创新型城市的急需人才；认真抓好、落实具有自主创新能力的高层次人才培养和选拔工作；依托重大科研项目，培育优秀科研创新人才。

3. 服务创新人才

不断完善高层次人才签证、落户、家属安置、社会保障等方面的政策，免除高水平人才的后顾之忧。与时俱进地深化职称制度改革，探索新兴领域职称晋升评审的试点工作，扩大中关村及其他创新平台高端领军人才高级职称评审“直通车”适用范围。建立专门的知识产权保护中心，为专利申请、授权、成果认定、保护、维权、运营转化等提供优质和人性化服务。[①]

4. 支持人才流动

以人才流动优化科技人才队伍结构。开展相关新技术培训，促使传统产业中的富余科技人才向北京的现代制造业流动。对脱离发展、缺乏产出效益的科技人才，必须有序地推动他们向企业转移。促进科研人才在事业单位和高科技企业之间自由流动，建立人才流动的双向通道，市内科研机构的骨干科研人才可利用本人及所在团队取得的科

① http://scitech.people.com.cn/GB/n1/2017/0524/c1057-29295599.html.

技成果，采取兼职兼业、在职创办企业、在岗成果转化创业、到企业挂职交流、与企业项目研发合作、离岗创业等方式创新创业，提升北京科技创业的活力。

（二）健全科技创新体制机制

1. 明确政府职能

政府作为市场监管者和科技创新实施者，必须明确自身职能，为科技创新提供坚实的后勤服务和体制保障，完善以市场为导向的科技创新体制机制。打造京津冀协同创新共同体，推动科技园区提档升级，将首都科技创新链延伸至雄安新区，推动区域科技协同共进。从首都发展需求出发，聚焦产业智能升级、环境治理、文化创意、科技惠民等“抓创新”，大幅增加有效科技供给。整合各类科创资源，健全“双创”机制，激发全社会创业创新活力。优化再造科研管理流程，建立跨部门联动管理制度，探索“互联网+”新模式，全面提升创新效率和创新水平。

2. 建立健全技术创新的分配激励机制

以激励智力和创新成果为导向，制定和完善促进科技成果转化、实现科技成果增值相关政策措施，推动科技研究成果与产业发展对接。构建政策成果转化的支撑体系、市场体系和服务体系，实现科技成果转化全过程覆盖和精准链接。增加科研人员的劳动收入，科学量化科研人员的智力报酬，简化经费的报销程序，探索激励科研人员献身科研事业的体制机制，如协议工资、股权分配、增值收益分红等。对基础研究、应用研究、科技成果转化、科技管理等不同类型人才实施分类评价，建立多层次、多元化的评价和激励机制。

3. 创新金融发展机制

依托政府财政支持，联合国内外金融机构、民间资本、科技投资公司建立首都科技产业发展基金。进一步发挥财政资金的杠杆放大效应，引导和鼓励创业投资机构投资科技企业。以政府引导基金为主体，设立创业投资及信贷风险补偿基金；放宽科技企业申请政策性科技贷款条件，为成长期企业融资活动提供便利；鼓励利用科技成果转化基金以及技术人员以自有资金、技术等多种形式入股成熟期创新型企业。出台科技金融相关配套政策，营造更加有利于“政银企科合作”的金融环境，支持“小微创新企业信贷工厂”发展。

4. 建立和完善知识产权保护制度

推进知识产权改革，建立和完善知识产权保护制度，赋予科研人员对其科技成果所有权、长期使用权和增值收益权。加强知识产权的落地转化、保护和维权管理，建立关键技术领域和重大社会经济问题专利态势分析与成果供给预警机制。完善和细化知识产权保护措施，不断健全知识产权维权援助机制，制定可行的将科技成果转化为产品的政策措施。发挥中关村科学城的先行先试作用，进一步完善高新技术转移与知识产权服务平台，支持知识成果与产业对接，大力支持创新成果在首都落地应用、转化增值。

（三）提升产学研协同创新能力

1. 促进高校、科研院所协同创新

全国科技创新中心的建设离不开首都高校、科研院所等机构的大力支持。充分聚集现有创新力量和资源，成立若干协同创新中心，从人事制度、人才培养、绩效考评、职称评定、科研模式、资源配置方式、国际合作等方面开展和实施高校、科研院所协同创新改革，改变高校和科研院所内外部机制体制相分离的现状，改变不同类型科研平台分离封闭、运行低效的现状，促进高校和科研院所协同创新，不断释放和挖掘人才、资源、体制等创新要素的活力。

2. 鼓励科研基础设施向企业及社会开放

培育和支持优势学科和重点学科发展，支持高校和研究机构在基础理论、前瞻前沿、国家战略等领域“挖深井”，规划布局、投入建设一批具备国际先进水平的科研器材和基础设施，支持有重点学科、顶尖研发团队、高水平研究单位或机构的重点实验室建设，鼓励高校、科研机构将科研基础设施向企业及社会开放。

3. 完善和深化高校与企业、科研院所协同创新的体制机制

首先，建立健全科研管理规章制度，规范科研运行机制，探索建立互通有无、深度融合的资源共享机制、成果共享机制、利益分配与风险共担机制。其次，探索建立产学研合作长效科研人员内部流动的人事管理机制，不断完善首都高校科研人员兼职参与企业、科研院所研发工作的绩效考评与奖励制度。最后，构建科学合理的组织管理模式，建立高校、企业、科研院所协同创新的协调机构，着力解决科技创新中的条块分割、资源分散问题。

参考文献

丁大建、曹冬梅：《北京市科技人才队伍建设面临的挑战》，《北京市计划劳动管理干部学院学报》2004 年第 4 期。

孙锐：《如何让“高精尖”人才自由涌现》，《中国青年报》2016 年 5 月 12 日。

赵哲：《高校与企业、科研院所协同创新的现状与对策——以辽宁高校为例》，《现代教育管理》2013 年第 6 期。

武文霞、肖雪山：《高校协同创新的比较研究和路径选择》，《中国高校科技》2014 年第 5 期。

疏解非首都功能背景下北京经济发展新动能研究

侯昱薇　李　茂*

摘　要： 疏解非首都功能是习近平总书记高度重视、亲手擘画、精心指挥的北京城市发展路径。疏解非首都功能不仅有助于彻底解决北京“大城市病”，突出和强化首都“四个中心”功能定位，还有助于加快北京资源外溢，促进区域资源合理配置，推动实现京津冀协同发展。疏解非首都功能给北京经济在短期和局部层面带来一定的负影响。因此，研究在疏解非首都功能背景下如何打造北京经济发展新动能，具有较强的理论探索意义和实践指导意义。本文首先辨析了相关概念，开展了文献评述，然后从产业层面、需求层面和供给层面分别考察了近年来北京经济动能演变情况，分析了疏解非首都功能对于北京经济发展动能的影响，指出了疏解非首都功能进程在短期内给北京经济发展动能会带来负向的直接影响和局部影响，但从长期来看疏解将带来正向的间接影响和整体影响。随后，提出了新时期北京打造经济发展新动能的总体思路与基本原则。最后，根据思路与原则，提出了相应的对策性建议。

关键词： 非首都功能　经济动能　经济发展　产业政策

---

* 侯昱薇，北京市社会科学院市情调研中心博士后；李茂，北京市社会科学院市情调研中心副研究员，博士，北京世界城市研究基地专职研究员。

一 引言

疏解非首都功能是习近平总书记高度重视、亲手擘画、精心指挥的北京城市发展路径。习近平总书记在两次调研北京工作后，提出了首都北京发展的战略目标，指出北京要疏解非首都功能。从长远角度来看，疏解非首都功能具有两大战略意义：一是彻底有效地解决北京“大城市病”，优化北京地区人口、资源与环境配置，进一步突出和强化首都核心功能；二是促进北京资源外溢，促进区域资源合理配置，带动环北京地区发展，加强京津冀要素流动，缩小河北与京津之间的发展差距，最终实现京津冀一体化发展。

习总书记明确指出，疏解非首都功能并不意味着北京不发展经济，而是要放弃“大而全”的经济发展模式，要靠创新发展，要舍得“白菜帮子”，精选“菜心”，大力发展高端产业，全面提升经济发展质量。北京经济发展模式应该从过去的集聚一切要素资源的粗放式增长，转变为创新要素、创意资源集中的集约式高质量发展。在疏解非首都功能的同时实现经济增长，已经成为首都落实创新驱动发展战略和追求高质量发展的鲜明特征，也是首都实现可持续发展的必经之路。

疏解非首都功能意味着部分产业、公共资源及行政资源转移出去，必然要付出财政收入来源减少、经济发展动力匮乏、经济运行成本提高等代价。北京作为我国的首都，需要扩展新的发展空间，培育新的经济增长点，为实现地区持续稳定发展提供新动力，为建设国际一流和谐宜居之都奠定经济基础。因此，在疏解非首都功能、推动京津冀协同发展的背景下，分析北京经济动能的演变历程，研究北京经济动能的现状，提出打造经济发展新动能的思路与原则，提出推动首都经济又好又快发展的对策建议，为市委、市政府相关决策提供科学依据，具有一定的理论意义和应用价值。

二　北京经济发展动能演变情况分析

“动能”（energy）是一个物理学名词，是指物质运动时所得到的能量。它通常被定义成使某物体从静止状态至运动状态所做的功。经济学引用并发展了“动能”这一概念，并将其用在经济学研究中。一般而言，“经济动能”（下文中如没有明确指出的话，“动能”指的就是“经济动能”）是一个宏观经济学概念，指的是在某一段时间内某个国家或地区经济增长①的驱动因素和经济发展的推动因素，这些因素可以是需求层面的，也可以是供给层面的，还可以是产业层面的。在实际研究中，经济动能可以通过具体的经济统计指标被量化分析（见表1）。

表1　经济动能的表现层面与具体指标

表现层面	具体指标	备注
供给层面	生产要素、技术进步和制度优化	生产要素是指土地、资本、劳动力，但在分析中经常将土地折换成资本。技术进步和制度优化一般用“全要素生产率”（Total Factor Productivity，TFP）进行衡量
需求层面	消费、投资和出口	俗称“三驾马车”。在统计实践中，用最终消费支出、资本形成总额、货物和服务净出口总额进行衡量
产业层面	第一产业、第二产业、第三产业	可以根据具体统计分类再进行部类细化，如建筑业、房地产业等

我们将从产业层面、需求层面和供给层面分别考察近年来北京经济动能演变情况。由于统计口径和统计标准的变动，有些数据能够覆盖20世纪80年代至今，有些数据只能覆盖21世纪初至今，但这并不影响分析的效度。

① 经济增长是指在一定时间内一个经济体系内部生产力的上升、扩大与增长。从严格意义上来看，经济发展的含义更加广泛，包含了经济增长以及社会经济质量提升、人力资本累积、技术水准提升以及制度环境改善。但为了便于研究，本文中经济增长和经济发展并不做严格区分。

（一）产业层面

产业贡献率是指在一段时期内，国民经济体系中不同产业增量占国内生产总值增量的比重，可以用于分析不同产业在体系经济增长中的作用和贡献。在实际计算中，应当考虑通货膨胀以及价格变动因素，国家和地方的统计年鉴中有相应的统计项，故可以直接予以分析。通过分析我们发现，从21世纪初开始，北京第三产业成为经济发展的“主引擎”；从2010年开始，北京第三产业成为经济发展的绝对动力；2018年北京第三产业贡献率达到87.9%，远超第一产业和第二产业贡献率之和。

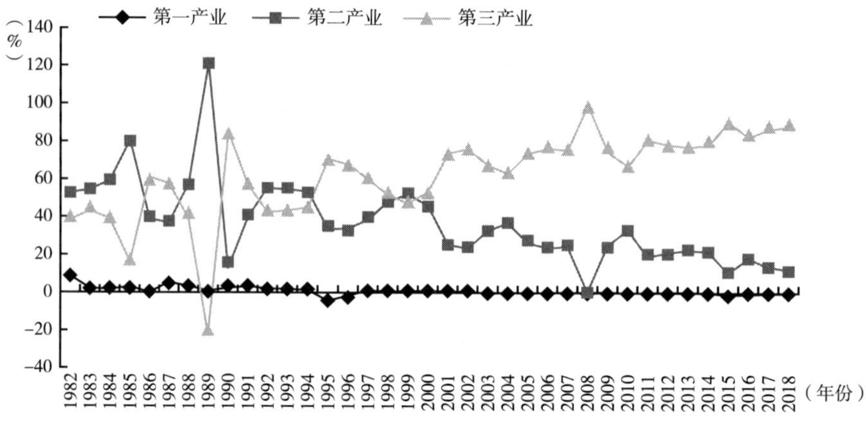

图1　1982～2018年北京三次产业贡献率变化情况

资料来源：《北京统计年鉴2019》。

从第三产业内部来看，近年来金融业，信息传输、软件和信息技术服务业，科学研究和技术服务业等行业年度产值均超过2500亿元，一直是第三产业中贡献率较高的三大行业。北京第三产业呈现高端化发展态势，生产性服务业占据第三产业中的主要地位，成为首都经济中不可或缺的“助推器”（见表2）。

表 2　2013 ~ 2018 年北京第三产业部类行业生产总值

单位：亿元

第三产业部类	2013 年	2014 年	2015 年	2016 年	2017 年	2018 年
批发和零售业	2340.7	2411.1	2352.3	2372.9	2486.8	2530.4
交通运输、仓储和邮政业	871.9	948.4	984.4	1061.0	1208.4	1346.2
住宿和餐饮业	374.8	363.8	397.6	399.4	413.8	440.8
信息传输、软件和信息技术服务业	1901.5	2136.1	2441.9	2805.8	3229.0	3859.0
金融业	2943.2	3357.8	3926.4	4270.8	4655.4	5084.6
房地产业	1339.5	1329.2	1438.4	1672.7	1766.2	1748.3
租赁和商务服务业	1569.8	1705.0	1770.9	1838.3	1935.5	2016.6
科学研究和技术服务业	1783.2	2021.9	2226.2	2512.0	2859.2	3223.9
水利、环境和公共设施管理业	121.0	137.8	182.2	204.4	226.0	235.1
居民服务、修理和其他服务业	139.9	155.0	142.8	159.7	171.3	183.3
教育	831.6	929.4	1045.4	1173.2	1334.8	1432.1
卫生和社会工作	416.9	469.0	578.5	636.6	696.0	760.5
文化、体育和娱乐业	450.6	470.7	528.1	565.3	598.1	645.9
公共管理、社会保障和社会组织	582.7	576.9	735.3	812.7	896.9	952.7

资料来源：《北京统计年鉴 2018》。

仔细观察第三产业具体部类产值排序变化情况，可以发现生活性服务业的“引擎”作用逐年减弱，其中批发和零售业在 2014 年仅次于金融业，排第二位，而到 2018 年排名降至第四位，这说明随着非首都功能的疏解，一些大型集贸市场、商品物流中心被转移到河北、天津等地后，批发和零售业的经济动力效应明显减弱。与批发和零售业变化趋势类似的还有交通运输、仓储和邮政业，文化、体育和娱乐业等（见表 3）。

表 3　2014 ~ 2018 年北京第三产业部类行业生产总值排序变化情况

序号	2014 年	2015 年	2016 年	2017 年	2018 年
1	金融业	金融业	金融业	金融业	金融业
2	批发和零售业	信息传输、软件和信息技术服务业	信息传输、软件和信息技术服务业	信息传输、软件和信息技术服务业	信息传输、软件和信息技术服务业
3	信息传输、软件和信息技术服务业	批发和零售业	科学研究和技术服务业	科学研究和技术服务业	科学研究和技术服务业

续表

序号	2014 年	2015 年	2016 年	2017 年	2018 年
4	科学研究和技术服务业	科学研究和技术服务业	批发和零售业	批发和零售业	批发和零售业
5	租赁和商务服务业	租赁和商务服务业	租赁和商务服务业	租赁和商务服务业	租赁和商务服务业
6	房地产业	房地产业	房地产业	房地产业	房地产业
7	交通运输、仓储和邮政业	教育	教育	教育	教育
8	教育	交通运输、仓储和邮政业	交通运输、仓储和邮政业	交通运输、仓储和邮政业	交通运输、仓储和邮政业
9	公共管理、社会保障和社会组织	公共管理、社会保障和社会组织	公共管理、社会保障和社会组织	公共管理、社会保障和社会组织	公共管理、社会保障和社会组织
10	文化、体育和娱乐业	卫生和社会工作	卫生和社会工作	卫生和社会工作	卫生和社会工作
11	卫生和社会工作	文化、体育和娱乐业	文化、体育和娱乐业	文化、体育和娱乐业	文化、体育和娱乐业
12	住宿和餐饮业	住宿和餐饮业	住宿和餐饮业	住宿和餐饮业	住宿和餐饮业
13	居民服务、修理和其他服务业	水利、环境和公共设施管理业	水利、环境和公共设施管理业	水利、环境和公共设施管理业	水利、环境和公共设施管理业
14	水利、环境和公共设施管理业	居民服务、修理和其他服务业	居民服务、修理和其他服务业	居民服务、修理和其他服务业	居民服务、修理和其他服务业

注：阴影表示排序下降的产业部类。

资料来源：《北京统计年鉴 2019》。

（二）需求层面

投资、消费、出口是拉动地区经济增长的“三驾马车”。一般以最终需求贡献率为指标，衡量投资、消费和出口的经济拉动能力，贡献率计算采用三大需求增量与支出法地区生产总值增量之比。当然，在计算中要考虑到物价上涨和通货膨胀等因素。通过计算历年数据（1982～2018 年），可以得出北京地区的最终消费支出、资本形成总额、货物和服务净出口总额贡献率情况，如图 2 所示。

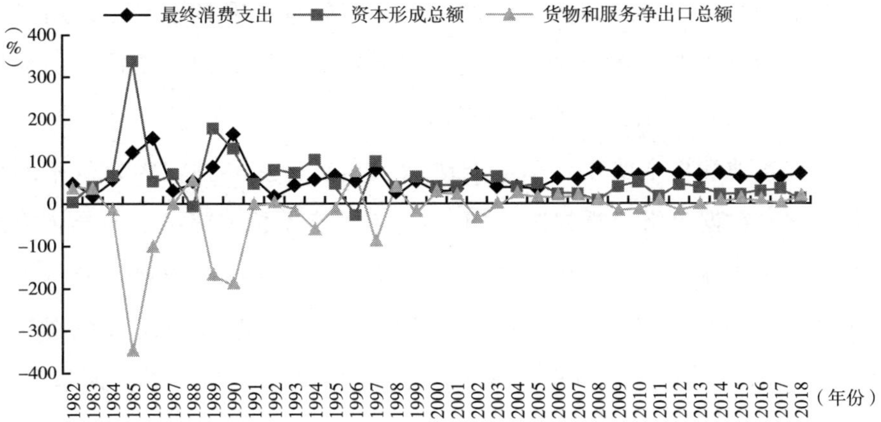

图 2　1982～2018 年北京三大需求贡献率变化情况

资料来源：《北京统计年鉴 2019》。

从图 2 可以看出，在 2005 年以前，投资一直是北京经济发展的主要动力，其贡献率一直高于消费和出口。2005 年以后，消费成为北京经济发展的主要驱动力，近十年来基本上保持在 50% 以上，说明北京地区内需非常旺盛，经济动能呈现“内生化”发展态势。而出口这几年也保持了比较稳定的态势，说明北京经济的外向性逐步提高。从消费、投资与出口的总体情况来看，20 世纪 80 年代和 90 年代“三驾马车”的表现有着很大的起伏和波动。2005 年以后，“三驾马车”的拉动表现变化比较平缓，需求端的动能表现比较稳定。消费、投资和出口各自发挥着应有的经济拉动作用。

（三）供给层面

如前文所述，在供给层面衡量经济动能主要有生产要素、技术进步和制度优化这三大指标。在实际研究中，通常将土地、资本和劳动力视为生产要素，技术进步和制度优化在生产要素之外，被视为经济进步率，也被称为全要素生产率。也就是说，全要素生产率是其他所有影响产出的要素（这种要素将劳动力、资本和土地等有形要素排除在外），它反映了一个经济体技术升级、制度优化、管理提升的水平。采用全要素生产率的好处是，我们能够通过一定的数据，计算出一个简单的数据来说明经济增长的供给层面的因素。

考虑各种计算全要素生产率方法后，本文选择一种较为有效率的计算方法——数据包络分析方法（DEA）。它具有不依赖参数、对异常值冗余度高、处理方法比较简单等优点。所以，本文选择数据包络分析方法估计 1979～2018 年北京全要素生产率变化情况。将数据代入专用软件 DEAP 2.1 计算，可以得到全要素生产率变化情况，具体如图 3 所示。

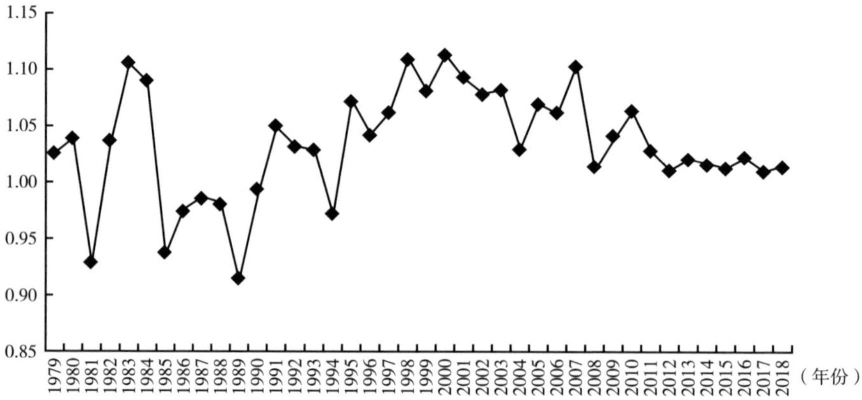

图 3　1979～2018 年北京全要素生产率（TFP）变化情况

从图 3 可以看出，北京的 TFP 增长率呈现较强的波动性，2000～2010 年维持了高位水平，但近几年出现下降的趋势。样本期内，TFP 增长率的平均值为 1.033，表明北京的技术进步和制度优化基本上保持着正向增长态势。随着北京生产总量不断扩大，技术进步和制度优化的速度有所下降，TFP 的贡献率也呈现下降的态势。从供给角度来看，北京通过技术进步和相关体制改革及政策引导的资源投入确实对经济增长起到了促进作用，但这种促进作用在近期（近十年）逐渐减弱。近五年的数据表明，北京经济发展动能营造上比较依赖要素投入，技术进步和制度优化的贡献率还有待进一步提高，需要培育新的供给侧动能增长点。

结合这一部分的分析，给出北京经济发展动能的实际情况，具体情况见表4。

表4　当前北京经济发展动能实际情况

表现层面	具体指标	主要动能
供给层面	要素投入和全要素生产率(TFP)	当前一个阶段,还比较依赖于要素投入,特别是固定资产投入。全要素生产率的增长率正在下降,全要素生产率的贡献率也有所降低
需求层面	“三驾马车”:消费、投资和出口	最终消费支出是需求层面的基本动能,资本形成总额发挥着重要作用,货物和服务净流出贡献率稳定
产业层面	第一产业、第二产业、第三产业	第三产业是支柱产业,地位显著。第三产业中,金融业,信息传输、软件和信息技术服务业,科学研究和技术服务业是重要组成部分,生产性服务业已经成为经济运行的主要产业动能

三　疏解非首都功能对于北京经济发展动能的影响

（一）直接影响与间接影响

疏解非首都功能的直接影响就是生产要素投入量增幅下降。上文分析表明，北京供给侧的经济动能比较依赖于生产要素的投入，资本和劳动力的增长能够带来经济总量的上升。实施疏解非首都功能之后，部分产业转移出去，生产要素也会跟着这些产业转移走。统计数据显示，2013年北京投资的经济贡献率为40.1%，到2014年则降为23%，虽然2016~2017年有所回升，但2018年贡献率急速下滑，降为11.6%。劳动力依附于产业，劳动力人口将会跟着产业转移出去。根据北京市统计局的数据，2017年北京市外来人口、户籍人口实现了双下降：2017年北京市常住人口2170.7万人，比上年末减少2.2万人；其中，常住外来人口794.3万人，与上年末相比减少13.2万人，占总人口的比重由2016年的37.2%下降为2017年的36.6%。全市户籍人口1359.2万人，比上年末减少3.7万人。《北京市2019年国民经济和社会发展统计公报》显示，2018年末全市常住人口2154.2万人，比上年末减少16.5万人。其中，常住外来人口764.6万人，与2017年末相比减少近29.7万人，占总人口比重下降到35.5%。

投资和劳动力人口的下降带来生产要素投入量的下降，直接导致经济增速的降低（见图4）。可以看出，虽然北京GDP一直保持稳定增长态势，但是增速有所减慢。特别是2015年以来，GDP增速降到7%以下，并且增速呈逐年下降的态势。

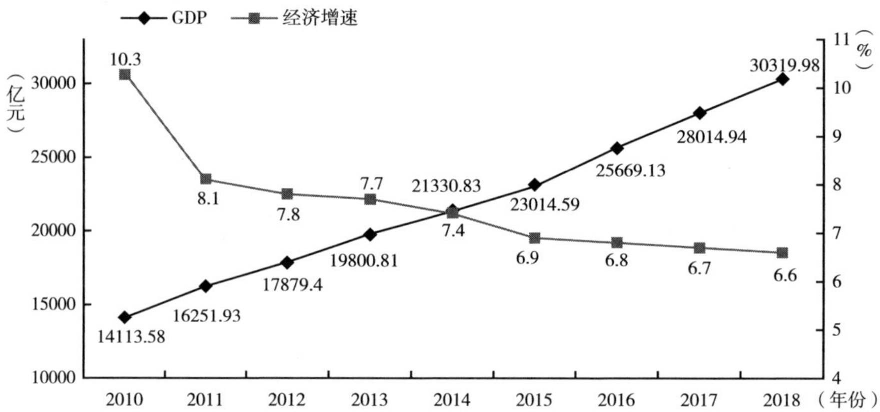

图4　2010～2018年北京GDP与经济增速变化情况

资料来源：《北京统计年鉴2019》。

疏解非首都功能的间接影响体现在技术进步和制度优化的地位提高，倒逼经济发展方式的转变。疏解非首都功能以来，北京经济再也不能走粗放型发展道路，不能再依靠生产要素的大量投入，不能盲目追求经济体系的“大而全”。北京经济发展战略要牢牢配合“四个中心”的定位，实施高质量发展，尝试率先在国内走出一条“减量发展”的道路。在这样一个提质增效的过程中，技术进步、制度优化和创新创意的重要作用会被深刻认识到，它们将会成为新的生产要素，边际报酬呈现递增的态势。因此，北京经济发展的供给面将会得到大幅度的改善。

（二）短期影响与长期影响

短期影响表现为，近期部分产业产值下降，其在国民经济体系中的地位与比重下降，经济动能中的产业引擎“推动力”减弱。2014 年，批发和零售业在第三产业中产值排第二位，而到了 2018 年降至第四位（见表 5）。与批发和零售业趋势类似的还有交通运输、仓储和邮政业，文化、体育和娱乐业等。这些行业产值所占比重下降，行业产值在国民经济中的比例也有所下降，产业对经济发展的推动力减弱。不仅如此，由于这些产业既是利税大户又是劳动密集型行业，能够带来可观的税收收入并吸纳较多的劳动力，疏解后市级、区级财政税收收入方面会面临一定的困难，税源减少、预算内财政收入降低，劳动就业方面也会有一定的波动。统计数据显示，2018 年北京财政收入完成 5817.1 亿元，增长仅为 0.5%，财政收入形势较为严峻，收支平衡压力将更为突出。

表 5　2014 年与 2018 年第三产业部类行业生产总值排序变化情况

排名	2014年	2018年
1	金融业	金融业
2	批发和零售业	信息传输、软件和信息技术服务业
3	信息传输、软件和信息技术服务业	科学研究和技术服务业
4	科学研究和技术服务业	批发和零售业
5	租赁和商务服务业	租赁和商务服务业
6	房地产业	房地产业
7	交通运输、仓储和邮政业	教育
8	教育	交通运输、仓储和邮政业
9	公共管理、社会保障和社会组织	公共管理、社会保障和社会组织
10	文化、体育和娱乐业	卫生和社会工作
11	卫生和社会工作	文化、体育和娱乐业
12	住宿和餐饮业	住宿和餐饮业
13	居民服务、修理和其他服务业	水利、环境和公共设施管理业
14	水利、环境和公共设施管理业	居民服务、修理和其他服务业

资料来源：《北京统计年鉴 2019》。

长期影响表现在，随着疏解进程的加快，这些没有实现转型的批发和零售业、租赁和商务服务业，以及高能耗产业、非科技创新型行业在国民经济体系中的作用会被“高精尖”行业与生产性服务业所取代，财政收入和就业形势将会好转。产业转移将会盘活存量资源，优化空间配置，改变资金、资本和人力资源流向，注重生态环境的治理和保护，产生显著的“腾笼换鸟”效应——产业部类逐步向“高精尖”倾斜、整体经济体系结构调整优化。应加快经济发展方式转型升级，走高质量发展的道路。

（三）局部影响和整体影响

局部影响体现在部分区的经济增长动力匮乏，经济增长速度下降。一些区财政收入比较依赖于一般性制造业、区域性物流基地和区域性批发市场，部分教育、医疗等公共服务功能以及部分行政性、事业性服务机构也对其经济有着一定的推动作用。这些功能的疏解和转移，必然带来经济发展速度降低、财政收入以及就业减少等问题。地方上一些项目也被暂停，投资强度大幅度减弱；一些高耗能、高污染的出口加工企业被列入疏解名单，货物和服务进出口会受到一定的影响。

整体影响表现在市内区域功能分工将会更加合理，各个区的作用将会得到进一步发挥，与功能分区相对应的产业体系将会助推区域经济的快速发展。通州、顺义、大兴等将作为外溢产业的主要承载地，承载符合北京城市发展需要的产业，房山、昌平、怀柔等将在做好生态涵养保育工作的基础上，兼顾承载部分转移产业。通州的城市副中心、丰台丽泽金融商务区，以及包括中关村科学城、怀柔科学城、未来科学城和北京经济技术开发区在内的“三城一区”等重点功能区，将会成为新经济增长极，科技助推作用越发显著，各区经济发展质量将会大幅度提高（见图5）。

综上所述，疏解非首都功能给要素投入、产业结构和区域经济带来一定的压力，会给北京经济动能带来负向的直接影响、短期影响和局部

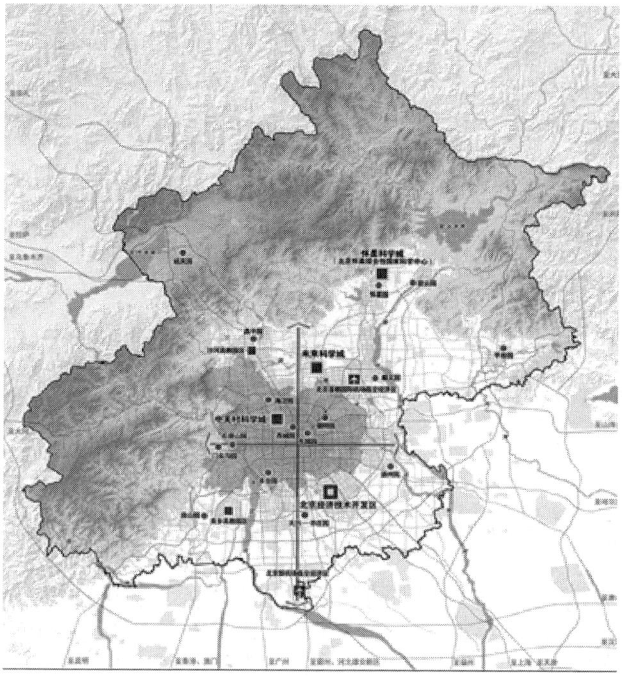

图 5　新版总规中科技创新中心的分布示意

资料来源：《北京城市总体规划（2016 年—2035 年）》。

影响，但长期来看将盘活资源存量、优化资源配置、腾出发展空间，会给北京经济动能带来正向的间接影响、长期影响和整体影响。但这并不意味着非首都功能疏解之后，北京经济可以实现自行升级、自发转好，还是需要采取各种手段、不同措施，克服诸多深层次困难与矛盾，积极实施经济战略调整，不断优化更新、持续转型升级，培育经济发展新动能，寻找经济增长新动力，从而实现北京经济高质量发展。

四　新时期培育北京经济发展新动能的对策建议

疏解非首都功能这一重要战略选择在现实工作中表象为诸多难题、表征为各种挑战，实际上是历史机遇、本质上是结构优化。应深入贯彻十九大和十九届二中、三中、四中全会，习近平总书记关于北京工作的系列讲话和北京十二次党代会精神，紧密结合北京市“四个中心”定位、提升“四个服务”水准，实现疏解非首都功能、京津冀协同发展与建设以首都为核心的世界级城市群相耦合，从供给、需求、产业等多方面入手，明确今后一段时期培育首都经济发展动能的总体思路与基本原则。在新动能培育的总体思路上，要切实增强北京经济创新活力，大力推动北京新产业、新业态、新模式快速发展，高效推动新兴领域与行业投资，进一步释放政策红利。要坚持开拓新动力、塑造新活力、推动新升级、制定新保障。

（一）进一步释放高精尖产业生产力

建立“高精尖”产业动态目录。社会生产力变化日益迅猛，产业进步速度逐步加快，“高精尖”产业也是动态变化的，需要与时俱进。因此，政府应联合业界，共同商讨制定产业动态目录，根据非首都功能疏解和京津冀协同发展进程及时更新北京“高精尖”产业目录，建立准入和退出制度。可以考虑吸纳风险投资、社会资金建立“高精尖”产业发展基金。该基金专门支持符合首都城市战略定位和北京产业发展要求的“高精尖”产业发展，重点优化本市“高精尖”产业资源配置，着力发展前沿、关键、核心技术领域以及高端制造环节，吸收引进境内外先进技术，加快人才、技术、资本等创新要素集聚，实现“1 + 1 > 2”的效果。

（二）优化升级“三驾马车”

加快“新零售”业态落地速度，优化消费环境。在王府井、西单、女人街、阜通东大街等人流密集区域建设“智慧零售示范街”，实现线上线下有机结合；推进百货商场、大型综合类超市零售数据云端化，开展一定半径的物流配送服务。鼓励社会融资，激发民间投资。在新阶段，政府投资要发挥基本作用，保证基本面。鼓励社会资本进入优势产业领域。优化出口货物与服务的结构。利用中美贸易协议达成的契机，积极响应“一带一路”倡议，发挥北京优势科技企业的品牌效应（如联想、小米等），以技术转移基地、科技园区和孵化器为基本平台，向海外销售拥有自主品牌和自主知识产权的“双自主”产品；采取政府贴息的方式鼓励技术咨询、知识产权等服务出口。

（三）开辟更大的创新创意空间

要深度改革相关管理制度，盘活现有创新创意资源存量，实现创意主体和创意空间的有机融合，改善创意创新活动的空间环境。建议政府有关部门建立市级层面的创新创意的联席会议制度，通过联动管理机制实现跨行业、跨部门、跨区域之间的政策协调，不仅要引导创新创意要素资源不断集聚，更要引导跨行业要素不断聚集，带动经济转型升级。

（四）推进产业融合发展

实施“借船出海、借帆远航”策略，依托中国科学院重大科学基础设施（公共实验平台、专用研究设施、公益基础设施等），建立文化企业与大装置基础设施共享运行管理模式，提高文创产品的技术含量，增强文化产品的表现力、感染力和传播力，强化文化对科技手段的内容支撑、创意和设计提升。建立以知识产权为核心的企业盈利模式，使创新产品发挥品牌增值效应，激发科技企业家的创新精神；引导企业充分利用北京重点高校众多、人力资源储备丰厚的优势，加快产学研深度融合，加速原创性成果产出。

（五）提高前沿技术开发应用水平

利用多种技术的共同应用，重塑信任关系，提升产业效率，建立高效传递机制，实现实体产业价值在数字空间的运转，实现信息流、价值流和资金流的整合，进而推动北京实体产业数字化转型并构建高技术推动的产业生态。同时要警惕“技术泡沫”，防止“技术炒作”。技术是工具而不是目的，引入前沿技术、应用最新科技的目的在于改造实体经济、提升实体经济，使其成为实体经济的“助推引擎”和“升级动力”。政府要发挥监督保障作用，加强制度建设、促进监管落地，防止部分市场主体（企业、组织和机构）单纯炒作概念，以某项前沿科技作为“幌子”开展非法活动，特别是价格操纵、项目“圈钱”、非法集资等活动。

（六）完善配套政策制度

继续减少政府核准事项数目，提高行政效率。根据《北京市政府核准的投资项目目录（2018 年本）》的数据，现在还有 9 类 43 项核准事项需要政府审批。伴随着北京放宽准入的进程不断加快，还需要进一步减少政府核准事项的种类和数目。凡是市场可以解决的就由市场来处理，凡是企业能自主决定的就由企业来处理，凡是法律法规没有明令禁止的就由经济主体自行处理。要向世界城市和国内最好水平看齐，力争在关键环节和难点问题、“互联网 + 政务服务”、综合窗口建设、事中事后监管等方面取得突破。要积极适应国内外经济形势变化，降低门槛、放宽准入。配合国际贸易形势好转的势头，全面实行准入前国民待遇加负面清单管理制度，进一步推动新一轮对外开放，特别是贯彻实施北京服务业扩大开放政策。

参考文献

《立足优势　深化改革　勇于开拓　在建设首善之区上不断取得新成绩》，《人民日报》2014 年 2 月 27 日。

《立足提高治理能力抓好城市规划建设　着眼精彩非凡卓越　筹办好北京冬奥会》，

《人民日报》2017 年 2 月 25 日。

《减税降费：释放利益结构层面的经济动能和竞争力》，《财政监督》2017 年第 14 期。

方志耕：《产业经济发展动能及其测度模型研究》，载《“资源环境与区域发展中的计算问题”研讨会论文集》，2006。

封永刚：《中国农业经济增长动能的分解与转换历程——一个有偏技术进步分析框架》，西南大学博士学位论文，2018。

赵世凯、王明亚、姚茹叶：《整合区域优势，培养经济动能——对天水建设成中国养老产业西北中心的思考》，《天水行政学院学报》2019 年第 3 期。

袁龙江、陈宪：《人均 GDP 与经济动能和经济驱动合力》，《中国市场》2019 年第 1 期。

耿曙：《自我革新：中国经济动能重塑与地方创新激活的政治基础》，《探索与争鸣》2018 年第 7 期。

高善文：《经济动能实质性改善还需等待》，《股市动态分析》2015 年第 37 期。

赵莹：《当前我国经济动能接续转换背景下的政府职能转变问题研究》，《现代企业文化》2018 年第 17 期。

刘迎秋、吕风勇、毛健：《“大众创业、万众创新”催生经济发展新动能》，《国家行政学院学报》2016 年第 6 期。

李文军：《应从供给侧发力释放经济增长新动能》，《经济纵横》2016 年第 6 期。

赵弘、刘宪杰：《疏解北京非首都功能的战略思考》，《前线》2015 年第 6 期。

杨慧：《北京城市化与经济增长研究》，《经济与管理》2005 年第 4 期。

张颖：《北京高技术产业科技投入与经济增长的灰色关联度分析》，《中国市场》2010 年第 36 期。

李珊珊：《“十三五”北京经济增长动力转变及增长潜力分析》，载《第十届海峡两岸统计与概率研讨会摘要集》，2016。

冯科、孟蔚洋、丁昱洁等：《金融发展与经济增长的实证研究：北京视角》，《南方金融》2013 年第 2 期。

张可云、蔡之兵：《京津冀协同发展历程、制约因素及未来方向》，《河北学刊》2014 年第 6 期。

张可云、董静媚：《首尔疏解策略及其对北京疏解非首都功能的启示》，《中国流通经济》2015 年第 11 期。

张玉杰：《雄安新区的职能承载：基于疏解北京非首都功能》，《贵州省党校学报》2017 年第 4 期。

昌忠泽、毛培：《新常态下北京经济增长潜力研究》，《北京联合大学学报》（人文社会科学版）2017 年第 2 期。

南锐、杨浩：《多元社会治理与经济增长是否实现了良性互动？——来自北京 1995 ~ 2015 年的经验证据》，《经济与管理研究》2018 年第 3 期。

孙久文：《雄安新区在京津冀协同发展中的定位》，《甘肃社会科学》2019 年第 2 期。

Baumol W. J. , "Unbalanced Growth Revisited: Asymptotic Stagnancy and New Evidence," *The American Economic Review*, 1985, 75 (4).

Baumol W. J. , "Macroeconomics of Unbalanced Growth: The Anatomy of Urban Crisis," *The American Economic Review*, 1967, 57 (3).

Fuchs V. R. , Leveson I. F. , "The Service Economy," National Bureau of Economic Research, Distributed by Columbia University Press, 1968.

Nordhaus W. D. , "Baumol's Diseases: A Macroeconomic Perspective," *The BE Journal of Macroeconomics*, 2011, 8 (1).

Timmer M. P. , O'Mahony M. , Van Ark B. , The EU KLEMS Growth and Productivity Accounts, An Overview University of Groningen and University of Birmingham, 2007.

Maroto-Sánchez A. , "Productivity in European Private and Public Services: a Growth Accounting Exercise," *Journal of Service Science*, 2010, 2 (1).

文化治理篇

首都数字文化产业参与文化治理的难点研究

田　蕾*

摘　要： 2020年初暴发的新冠肺炎疫情折射出数字文化产业参与文化治理的必要性。文化治理是一个系统工程，针对数字文化产业承担社会责任的主体偏少、舆情敏感性和平台治理等难题，要充分发挥行业协会的约束与监督作用，增强数字文化企业主体参与文化治理的主动性；促进数字新媒体与主流媒体的深层合作与协同治理，优化网络舆论生态；建立健全平台管理相关法律，促使平台企业与内容商形成良性互动的关系，共同净化产业创新生态。

关键词： 首都　数字文化产业　文化治理

党的十九届四中全会《中共中央关于坚持和完善中国特色社会主义制度 推进国家治理体系和治理能力现代化若干重大问题的决定》提出，“坚持和完善繁荣发展社会主义先进文化的制度”，明确指出“发展社会主义先进文化、广泛凝聚人民精神力量，是国家治理体系和治理能力现

* 田蕾，北京市社会科学院市情调研中心助理研究员，博士，北京世界城市研究基地专职研究员。

代化的深厚支撑”。2020 年初，新冠肺炎疫情暴发后，相关事件短时间内集中爆发，关联舆情触发连锁反应，整体上呈现高峰不断、波澜起伏的舆情态势。根据疫情防控要求“宅”在家里的人们有更多的时间接触网络游戏、动漫、短视频、视频直播等数字文化产品。疫情防控时期，如何利用好数字文化产品或服务丰富群众文化供给、疏导疫情心理、提升舆论引导效能成为遏制疫情蔓延势头、坚决打赢疫情防控阻击战的关键。数字文化产业的迅猛发展，要求我们重新审视数字文化产品和服务的根本特征和逻辑，把握文化治理的目标与内在要求，然后在文化治理的基本框架下提出数字文化产业参与首都文化治理的路径建议。

一　数字文化产业的基本内涵与发展逻辑

（一）内涵界定

厘清数字文化产业的内涵本质及相关概念，挖掘这一战略性新兴产业的基本特征，有助于明确产业范围，是研究产业创新、生态优化的逻辑起点。国际上对“文化产业”“创意产业”“内容产业”“版权产业”的界定各异，对于数字文化产业的内涵还难以达成统一的共识。通常，“数字文化产业”的内涵更广，涵盖的产业类别更全面，基本是以版权为核心的“数字内容产业”和以创意为核心的“数字创意产业”的最大公约数。

根据《“十三五”国家战略性新兴产业发展规划》，数字文化创意涵盖了数字文化创意技术装备、数字文化创意软件、数字文化创意内容制作、新型媒体服务、数字文化创意内容应用服务五个重点方向。2017年我国文化部发布了《关于推动数字文化产业创新发展的指导意见》。这一政策性文件对“数字文化产业”进行了界定：以文化创意内容为核心，依托数字技术进行创作、生产、传播和服务，呈现技术更迭快、生产数字化、传播网络化、消费个性化等特点，涵盖网络游戏、动漫、网络文化、数字文化装备、数字艺术展示等多个重点领域。

（二）三重发展逻辑

本质上，数字文化产品或服务具有技术、文化、制度三重发展逻辑，以技术为媒、以文化价值为内核、以制度为纲。这也体现了其文化价值、经济价值和社会效益相统一的内在要求。

科技要素和互联网基因的注入，使得传统文化产业在原有创作、生产、传播、消费等环节突破了空间距离和有形物质载体的限制，衍生出技术经济、规模经济、范围经济、网络经济等特点。并且这种特性随着人工智能、云计算、物联网、5G、VR 等数字技术的发展与应用而不断强化迭代。具体而言，网络文化产品具有显著的规模经济，面向全球市场；同时还具有显著的范围经济，比如 Google Play、Apple Store、腾讯视频、优酷等平台型企业可以汇集全球各种语言、各种类型的文化产品。同时，网络技术的发展使得劳动力和劳动服务可以分离，使文化生产供给与消费方式发生重大变革，极大地提高了产业生产率。

文化内核逻辑下，负责文化生产与传播的内容与渠道环节牢牢占据产业价值链的顶端位置。文化消费具有一定“社交功能”，当人们发现所消费的产品或服务被更多人消费时，所获得的效用更大。[①] 再加上网络经济和流量经济的双重作用，数字文化产品或服务具有很强的明星效应和聚合效应。优秀的内容产品，将很快形成 IP 版权，通过网络文学、电影、电视剧、游戏、动漫等跨界融合衍生出更大的经济收益，是产业发展的源头活水。微博、微信、抖音等日活跃用户群体过亿的分发平台，其文化传播范围、传播效率、传播效果均史无前例。可以说，“赢

---

① Janeba, E., “International Trade and Consumption Network Externalities,” *European Economic Review*, 2006, 51 (4).

者通吃”这一特点赋予了平台型企业和内容生产者更强的市场势力和超额利润，意味着“渠道为王”和“内容为王”是数字文化产业生态系统内的两大生存法则。

从社会效益角度看，由于具有意识形态影响力和传播力强等特点，数字文化产品和服务具有与生俱来的制度属性，应承担起相应的社会责任，而不能仅以“经济人”的身份遵守市场规律。一方面，数字文化产品以“文化”为核心载体，是意识形态的反映，客观上会对其用户产生潜移默化的思想渗透，对社会的公众道德和文化修养具有宣传和引导作用。① 另一方面，新技术大大提高了文化传播速度，扩大了受众范围。要综合考虑数字文化产品在价值观塑造、文化传承与认同、舆情引导等意识形态方面的影响力和传播力，倘若离开制度的红线监管，其文化内核容易滋生病毒，发生腐烂变质，甚至成为披着文化外衣的社会“毒瘤”。数字文化产业的发展，事关一国文化安全，相关制度设计和法律规范是产业实现良性发展的重要保障。

二　数字文化产业治理的三重目标

“治理”一词，不同于“统治”“管理”等概念，强调主体的多元化，包括公共部门、私人机构和个人共同参与；“治理”的过程是调和利益冲突并采取多方联合行动；“治理”的依据不仅包括法律规章等正式制度和规则，也包括非正式制度安排。中文语境中的“文化治理”，由台湾学者王志弘率先进行了较为系统和学理化的界定：“通过文化来遂行政治、经济和社会场域之调节与争议，以各类组织、程序、知识、技术、论述和行动为运作机制而形成的体制/场域。”

① 张世君：《网络文化产业中的企业社会责任问题》，《首都师范大学学报》（社会科学版）2013 年第 1 期。

这一界定意味着跳出文化本身，将文化作为治理的手段，与政治（塑造文化领导权）、经济（产生文化经济利润）和社会（辨析社会阶层）场域接轨，从而产生不同的实践形态。文化治理与政治接域，其核心目标是塑造文化领导权，培育公共精神以促进社会凝聚与融合，这也是文化治理的核心功能；文化治理与经济接域，主要是指文化对经济的促进作用；文化治理与社会接域，主要牵涉社会阶层的分化与整合、文化认同感、归属感的培育等。[①] 文化领导、文化经济、社会融合这三种功能相辅相成，形成一个稳定的文化治理“铁三角”，彼此之间形成结构性的契合效应。忽视任何一个方面，都会造成文化治理失衡（见图1）。

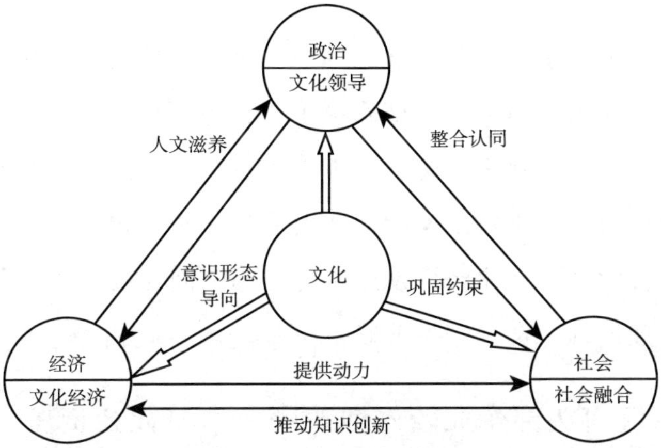

图1　文化治理的三重目标

首先，文化治理的社会功能。通过强化社会联结提高和巩固“以文化人”的效果，强化精神引领，也可为推动文化的保护、传承与创新培育人文土壤。其次，文化治理的领导功能。可以通过教化、

① 刘莉：《治理文化抑或文化治理？——文化治理研究的回顾与展望》，《浙江社会科学》2016年第9期。

规范引导群众文化生活，提高群众综合文化素质和修养，提高群众文化品位，培育居民的公共意识，增强归属感，并且会推动文化消费转型升级，对文化市场产生需求指引。最后，文化治理的经济功能。可以统筹文化经济与社会价值，创造优秀的文化产品或服务内容，也可以潜移默化影响公共意识，增强文化民主和文化认同。

本文中的“数字文化产业治理”，是指以数字文化产品或文化传播作为文化治理的手段，从而促进社会融合、强化文化引领和增强文化经济的带动作用。

三　首都数字文化企业参与文化治理的难点

北京是全国数字文化产业发展的核心重地。这里不仅是我国网络游戏产品、网络视频与新闻的总部聚集中心，还聚集了七成以上的全国网络文化企业，在全国数字文化产业生态中占据中心地位，具有较大文化传播力和影响力。基于数字文化产业发展的三重逻辑，与文化治理的文化领导、社会融合、文化经济发展治理目标之间存在一些天然冲突，在参与文化治理过程中会出现一些难点。

（一）仅有头部企业较好地兼顾效率与社会责任

2019 年 6 月，人民网舆论与公共政策研究中心发布《2018 ~ 2019 游戏企业社会责任报告》，对国内主流游戏企业从守法合规、数据安全、内容安全、社会评价、文教价值和社会公益六大维度展开全面评估，发现游戏企业体量与社会责任之间具有高度匹配性，腾讯、网易、完美世界等头部企业通常更主动、更出色地履行社会责任（见表 1）。其中，完美世界、智明星通、畅游、金山软件均设总部在北京。

表 1　2018～2019 年国内网络游戏企业社会责任评估指标前 10 名

序号	指标	TOP5	TOP6～10
1	守法合规	完美世界、腾讯、网易、智明星通、畅游	盛趣游戏、三七互娱、创梦天地、金山软件、巨人网络
2	数据安全	腾讯、网易、完美世界、金山软件、盛趣游戏	畅游、创梦天地、巨人网络、三七互娱、智明星通
3	内容安全	网易、腾讯、完美世界、智明星通、创梦天地	三七互娱、盛趣游戏、金山软件、多益网络、畅游
4	社会评价	完美世界、网易、腾讯、盛趣游戏、金山软件	三七互娱、巨人网络、游族网络、网龙、畅游
5	文教价值	腾讯、完美世界、网易、金山软件、网龙	盛趣游戏、畅游、三七互娱、英雄互娱、创梦天地
6	社会公益	腾讯、网易、完美世界、盛趣游戏、三七互娱	创梦天地、巨人网络、游族网络、网龙、智明星通
7	综合评估	完美世界、腾讯、网易、盛趣游戏、金山软件	三七互娱、创梦天地、畅游、智明星通、网龙

对在夹缝中生存的中小游戏企业而言，谋求经济效益而生存下去的紧迫性远远大于守法合规、保护数据安全、提升内容质量、承载文教价值等社会责任。但是，倘若不惜通过低俗、色情、赌博、暴力等内容来获取消费流量，只能获得一时的暴利，而无法实现企业可持续发展。从这个角度看，社会责任也是提升数字文化经济效率的必要途径。

疫情期间，网络游戏、动漫、短视频、网络新闻等企业主动担当，积极融入，承担起科普教化群众、休闲娱乐、鼓舞引导群众的作用。

一是回应群众关切，主动提供接口，为大众科学抗疫提供指引。比如，字节跳动与中国科普研究所合作，精选抖音、头条、西瓜平台的优质“抗疫”科普短视频作品，内容涵盖科学防护、科学辟谣、权威发布、心理疏导、“抗疫”必胜五大类，推选进入科协各级系统，触达基层，展开全国传播，覆盖“抗疫”科普的“最后一公里”。[①]

二是与线下文化机构融合，创新公共文化服务方式。丰富且高质量

① 黄鑫：《字节跳动：多矩阵产品抗击疫情》，《经济日报》2020 年 4 月 16 日。

的文化供给是疫情期间宅在家里的人们疏导群体性焦虑情绪、增强社会定力和韧性的一剂良药。比如，一些博物馆、美术馆、文艺机构创新服务模式，与数字文化平台合作推出云展览、云旅游、云音乐会等，丰富百姓文化生活。字节跳动 6.3 亿元买下《囧妈》独播版权，在抖音、西瓜视频、今日头条等多个平台免费放映，开启“DouLive 线上剧场计划”，包括精品内容、脱口秀、相声、戏曲四个板块，成为疫情期间公众网络娱乐的重要看点。

三是积极融入抗疫元素，为公众鼓舞士气。网易游戏出品的《我的世界》游戏，还原了战“疫”主战场火神山和雷神山医院，并向抗疫一线的工作人员致敬。此外，游戏中还打造了“南山防疫科普小讲堂”，给青少年和全国人民进行了防疫知识的普及。在游戏中植入正能量，获得了玩家的积极反馈，也是社会责任的一种体现。此外，北京动漫产业协会、北京漫画研究院等机构还组织设计抗击疫情相关主题的动漫产品，向国际舆论传播中国抗疫正能量。

（二）网络新闻的传播时效与内容专业性不匹配，易形成社会舆论旋涡

根据德国诺依曼 1974 年提出的“沉默的螺旋”理论，社会舆论的形成是一个螺旋式的社会传播过程，经历问题出现、社会讨论到达成社会合意。疫情相关舆情信息，在网络新闻领域呈现内容专业性与传播时效严重不匹配的问题。

疫情发展瞬息万变，要求“快”字当头，公众的信息空窗期不断被压缩，新闻时效性优先难以保证内容质量。数字新媒体凭借多元化信息来源，以迅速的新闻信息采集和分发能力，往往紧紧把握住舆情形成第一环节——问题出现，随后快速进入社会讨论阶段，形成舆情的不平衡力量对抗，但缺乏审慎的谣言预判、全面的专业解读与深入的调查。由于人们对此次疫情的认识是一个逐渐深化的过程，感染人群规模、感

染风险、诊治方案、传播与防控机制等情况存在较大不确定性和反复性，易使广大群众陷入焦虑和恐慌，缺乏安全感，偏听偏信。

在网络自净机制难以与群体极化情绪抗衡的特殊时期，质疑容易被放大，形成“舆情龙卷风”。疫情之下没有人是旁观者，强烈“共情效应”与数字文化产业天生的“广场效应”迅速结合，滋生了舆论骚动的温床，舆论高热点此起彼伏。

以专业性、权威性、严谨性著称的各中央媒体、地方省市重点媒体偏重战“疫”报道的深度，以辟谣和传播正能量为主要担当，但在内容题材广度、发声速度和发声力度方面略逊一筹。公开、公正、专业地解读疫情，厘清疫情及相关问题的来龙去脉，及时向大众公布权威、科学防疫信息，才能较大程度上消除公众质疑，扼杀谣言。反观全媒体时代的微信、微博、短视频和网络新闻等数字社交媒体平台，具有交互、即时、海量、共享、便捷等特征，已成为表达社会声音和发现新闻线索的主要渠道，是引导舆情态势的重要力量。但有部分网络媒体或个别用户缺乏媒介素养和法律规范的约束，肆意编造谣言，还有投机分子浑水摸鱼、借机炒作，力图抢热点、博眼球。在这场专业与速度的对决中，虽然速度赢得了短暂关注，但只有专业才能赢得群众的信任。

北京网络视频、短视频、自媒体、知识付费等新业态创业公司众多，头部视频平台优势凸显，不仅拥有爱奇艺、优酷总部，还汇聚了咪咕文化、乐视视频、暴风影音、风行视频等综合视频平台和抖音、快手、火山小视频、西瓜视频等短视频企业总部。随着网络视频产业自净机制的启动，北京网络视频企业首先要处理好新闻时效与内容专业性的关系，消除“信息鸿沟”，避免舆情旋涡多发。

（三）平台型数字文化企业市场势力过大，削弱内容创新能力

“渠道为王”和“内容为王”是现阶段我国数字文化产业的基本格

局。渠道平台的发展依靠优质内容产生的 IP 驱动。但是当前产业格局下，数字文化市场高度依赖平台的渠道分发能力，导致数字文化内容创作环节的利润空间被不断挤压，对文化内容创新难以产生激励作用。

尽管北京在网络游戏、动漫、网络文学、短视频、网络新闻等领域拥有大量头部企业，内容创新与产品研发活跃，甚至出现很多出海企业，但中小文化企业受制于过高的发行门槛、流量获取成本和渠道抽成过高，转而选择快进快出、“打一枪就跑”的策略，内容创作风格抄袭、架构雷同、制作粗糙的同质化低端竞争等问题突出，缺乏优质原创内容、精品内容，难以形成优质 IP，从而未能实现跨界融合，形成共赢的产业生态。针对内容精品化、版权化产业转型需求，平台治理是关键环节。

当前平台企业寡头竞争格局基本形成，独家入驻限制、平台抽成过高、渠道导流收费贵等因素，在一定程度上对中小型研发商、内容商和创作人等创新行为产生抑制效应。相对于国外游戏应用平台 Apple Store 和 Google Play 15% 的分成比例，国内移动游戏平台分成比例通常是五五分或者七三分，且流量以收入为导向，缺乏成熟的产品推荐机制，对产品体验、功能创新、设计美观等因素的关注度还不够。在这种形势下，数字文化生产创新生态已经失衡，渠道为王制约内容创新，不利于促进优秀数字文化产品或服务的生产，不利于实现文化治理目标。

平台以流量为核心，约束内容生产的动力不足。全媒体时代，每个人都是媒体的参与者和传播者。疫情期间，国内各大媒体平台充斥着流量导向的标题文章和视频，各类赚眼球经济疯狂蔓延泛滥。如果没有坚定的社会主义核心价值观，网络媒体平台会热衷于反复试探，打法律“擦边球”，成为网络诈骗、网络欺凌和网络垃圾的源头，更奢谈什么社会责任。而网络用户容易被混淆视听、虚假的消息误导，成为别有用心之人收割流量的“韭菜”。这也折射出我国文化治理中的痛点。

四 关于我国数字文化企业参与文化治理的若干建议

数字文化产业参与文化治理是一个系统工程，针对承担社会责任的主体偏少、舆情敏感性和平台治理等难题，要突破宣传党建、文化事业、文化产业等条块分割的部门管理约束，以更加综合化、统筹化视角，增强数字文化企业主体参与文化治理的主动性；促进数字新媒体与主流媒体的合作共赢，优化网络舆论生态；建立健全平台管理相关法律，促使平台企业与内容生产商形成良性互动的关系，共同净化产业创新生态。

（一）发挥行业协会的自律作用，多方共担社会责任

行业协会是数字文化企业履行社会责任、参与文化治理的一支有生力量。坚持社会主义核心价值观的引领，充分发挥行业协会的自律和监督作用，将社会责任担当作为入会刚性要求，增进上下游企业、消费用户、研究学者、中介机构等各方代表的沟通交流，积极推动行业协会运行规制高效化、透明化、开放化，切实发挥服务实效。数字文化企业中，轻资产型的中小企业数量众多，资金实力有限，营收规模较小，践行社会责任、参与文化治理，不能仅仅靠专项市场督查整治被动接受，而是在行业协会和产业联盟的统筹下，增强主动、担当和首善意识，共同实现守法合规、数据安全、内容安全、社会评价、文教价值和社会公益方面的常态化、制度化的践行。

党的十九大报告指出，“加强互联网内容建设，建立网络综合治理体系，营造清朗的网络空间”。数字文化企业在新形势下要自觉承担起举旗帜、聚民心、育新人、兴文化、展形象的使命任务。鼓励头部企业设立专门的首席责任官（CRO）职位，负责规划和监督企业履行社会

责任，并将其与数字文化产品的策划、制作、推广、运营等全流程结合起来，形成全方位渗透和正反馈。

（二）促进主流媒体与数字新媒体之间的协同治理，优化网络舆论生态

积极搭建主流媒体与社交媒体的合作平台，探讨融合发展的工作机制，努力实现优势互补、合作共赢，增强主流媒体信息的及时性、互动性、便捷性和丰富性，以满足群众对更优质、更“新鲜”信息的期待。网络舆论先声夺人，但信源模糊，缺乏足够的真实性、合法性、专业性和权威性，其公信力难以与专业的主流媒体抗衡。主流媒体目前偏重线下传统媒体，尚处于向新媒体融合的阶段，线上影响力有限。两者建立合作模块，有助于提升网络新闻质量，稳定网络舆情。

加大对数字社交媒体平台的审核与监督力度，用法律约束网络信息内容生产者、网络信息内容服务平台、网络信息内容服务使用者、网络行业组织的网络行为。2020 年 3 月 1 日起施行的《网络信息内容生态治理规定》不仅制定了相关细则，并从监督管理、法律责任层面对网络内容生态进行规范管理。在两者互动共赢作用的推动下，主流媒体与社交媒体平台在舆情传播过程中不断融合，相互学习借鉴，相互渗透影响，提升网络舆论影响力，让文化治理效率更高，让主流声音更响亮。

（三）强化平台治理效能，净化产业创新生态

完善的制度和法规不仅仅是行业的规范与约束，更是对产业可持续发展的有力保障。首都数字文化产业正处于向优质原创内容为主导的差异化竞争转变、从全国数字文化生产中心向全国数字文化创新中心转变的阶段。数字文化平台具有天生的垄断基因，是典型的双边市场，具有很强的市场势力，在市场竞争失灵损害社会福利时，有必要引入社会规制，确保社会公平。

如今，数字文化产业处于持续文化创新、技术不断进步、跨界融合的动态竞争之中，亟须从法律层面构建适应平台经济发展的竞争规则，完善平台佣金、入驻规则、推广策略的适用环境，规范排他性竞争、滥用垄断优势定价等行为，打通从内容创新到渠道分发的链条，让创新生产与创新应用形成闭环，使产业上下游实现良性互动。

优化数字文化产业监管体制，提升监管效率。例如，移动游戏领域从数字内容出版到运营权限、网络准入和监督执法分属于四个部门监管。网络游戏出版备案由国家新闻广电总局负责，游戏运营备案归文化部管辖，ICP 备案对接工信部，互联网信息内容管理工作和监督管理执法由网信办负责。而移动游戏研发周期短、研发需求小、游戏市场更新迭代速度快的特点，难以适应当前多部门联合监管、前置审批的要求。精简优化组织机构，改革数字文化产业管理体制，提高监管与审批效率，是提升产业效率和竞争力的重要途径。

参考文献

刘莉：《治理文化抑或文化治理？——文化治理研究的回顾与展望》，《浙江社会科学》2016 年第 9 期。

张世君：《网络文化产业中的企业社会责任问题》，《首都师范大学学报》（社会科学版）2013 年第 1 期。

许立勇、高宏存：《“包容性”新治理：互联网文化内容管理及规制》，《深圳大学学报》（人文社会科学版）2019 年第 2 期。

马士远：《“互联网 +”时代文化产业发展新向度》，《管理世界》2018 年第 2 期。

杨传张、祁述裕：《我国互联网文化产业监管制度的现状、问题及建议》，《福建论坛》（人文社会科学版）2019 年第 2 期。

陈荣昌：《网络文化市场的法治化监管》，《行政与法》2020 年第 3 期。

林淞：《基于利益相关者分类及影响下的网络文化企业 CSR 实现路径选择》，《管理学报》2016 年第 12 期。

Janeba, E., “International Trade and Consumption Network Externalities,” *European Economic Review*, 2006, 51 (4).

公共卫生事件中的北京旅游公共服务提升对策

吴丰林　赵雅萍[*]

摘　要： 旅游公共服务不仅是游客权利得以保障的基石，也是城市旅游功能得以实现的根本。新冠肺炎疫情对包括旅游业在内的各行各业都产生了重大影响，而旅游公共服务也在这场疫情中遭受了严峻的考验。本文分析了新冠肺炎疫情对北京市旅游业的影响，并对此次疫情中北京市旅游公共服务进行了评估；同时追溯了我国旅游公共服务应对"非典"疫情的历史，并拓宽视野，借鉴其他国家或地区旅游公共服务应对公共卫生事件的经验，提出相关政策建议。

关键词： 旅游公共服务　公共卫生事件　北京

当代旅游业的大众性和市场化，对经济增长、社会发展和生态环境都产生了广泛的影响。与此同时，旅游业自身的发展速度、规模、结构，也无时无刻不受到经济、社会、政治、生态环境的影响。就我国旅游业而言，改革开放初期，旅游业刚刚步入市场化和产业化的发展轨

---

[*] 吴丰林，中国旅游研究院规划与休闲研究所副研究员，博士；赵雅萍，北京市社会科学院市情调研中心助理研究员，博士，北京世界城市研究基地专职研究员。

道。在以创汇导向、入境观光和团队操作为主的接待体系下，旅游行政主管部门重点抓好旅行社的行业监管就可以了，或者说，旅游就是旅游局的事情。旅游大巴拉着整团的游客按事先设计好的行程逛景点，到定点商店购物、定点餐厅用餐，等等，绝大多数游客是在相对封闭的环境内完成旅游活动的，即旅游理论中所谓的“旅游罩”。在这个相对封闭的体系中，旅游者与目的地居民的生产生活空间是隔离的，各级政府还没有充分意识到公共服务对旅游发展的重要性。而在旅游越来越成为人们日常生活方式的今天，在需求特征多元化和消费行为多层次的大众化旅游时期，公共服务体系的建立与完善就变得越来越重要。

旅游公共服务不仅是游客权利得以保障的基石，也是城市旅游功能得以实现的根本。随着全球化进程的推进，我们所面临的外部挑战与威胁日益增多，如何应对挑战与威胁，抵御风险与危机，保障国民的旅游权利，提升城市的旅游功能，就成为我国旅游业发展中所面临的一个重要课题。2020 年初暴发的新冠肺炎疫情对包括旅游业在内的各行各业都产生了重大影响，而旅游公共服务也在这场疫情中遭受了严峻的考验。然而，这不是第一次，也不会是最后一次人类所面临的公共危机。因此，梳理我国旅游公共服务应对公共危机的历史，并拓宽视野，借鉴其他国家或地区经验，可以让我们更好地看清正面临的处境，更有信心谋划未来。

一　应对公共卫生事件，旅游公共服务不可缺位

保障游客权益是旅游公共服务的核心要义。旅游公共服务是指为保障旅游者权益，政府和公共部门投资、运营和监管的公益性和非营利性项目。旅游公共服务体系包括供给主体、供给内容、供给对象，以及辅助与支持子系统所共同构成的完整体系。

《中华人民共和国旅游法》规定了国家发展旅游事业，完善旅游公共服务，促进国民旅游权利的实现，并依法保护旅游者的合法权益。从

法条上看，并没有具体的条款对公共服务做出具体的内涵规定。原国家旅游局制定的有关文件，如《关于进一步做好旅游公共服务工作的意见》《“十三五”全国旅游公共服务规划》也没有对旅游公共服务的内涵做出明确界定。根据上述法律法规和产业政策，旅游公共服务的外延涉及旅游基础设施、旅游交通便利化服务体系、旅游公共信息服务、厕所革命、国民旅游休闲、旅游惠民便民服务、旅游安全保障网、旅游公共行政服务等方面。

表 1　旅游公共服务的分类及表现形式

标准	类型	要素构成及表现形式
服务内容	旅游信息服务	旅游网络信息服务、旅游咨询服务中心、旅游标识解说服务、移动短信服务平台、旅游呼叫中心与旅游热线等
	旅游要素保障	旅游六要素服务环境的营造(如制定行业服务标准、购物环境优化、打造餐饮服务品牌、旅游厕所、特色购物或美食街区建设与规范、自驾车营地建设),旅游投诉处理、旅游商品展销中心、旅游志愿者服务等
	旅游安全服务	旅游公共安全基础设施建设(如旅游交通安全、游乐设施安全、旅游饮食安全、旅游消防安全、汛期旅游安全)、旅游公共突发事件应急救援服务以及旅游公共安全应急预案与机制等
存在形式	实物性旅游服务	旅游公共服务设施(如旅游咨询服务中心、旅游信息亭、旅游集散中心、自助信息查询终端)、市政配套系统(如环保公共厕所、金融服务设施)、特殊群体设施(如残疾人无障碍通道)等
	政策性旅游服务	旅游行业规范、旅游管理条例、休假制度、旅游教育培训、旅游节事活动组织与宣传等
	信息性旅游服务	旅游出行信息、旅游交通信息、公共安全信息公告、天气预报等公共信息服务等

（一）旅游业应对公共卫生事件，需要旅游公共服务的保障

旅游公共服务在应对危机特别是公共卫生事件时，如中国“非典”、巴西“寨卡”，发挥了一定的积极作用，值得借鉴。“非典”期间，旅游公共服务工作的重点是持续做好旅游接待环节上的疫情防控，随着疫情的发展，政府部门逐步将防控措施由应急状态调整到常规状态，并纳

入制度化管理轨道，确保不出现重大旅游安全事故。巴西“寨卡”疫情暴发期间，政府和公共部门着力提升信息披露的准确性和时效性，以提升游客到访的意愿和安全预期。同时，加强奥运期间的安保工作，如里约著名旅游景点耶稣山、面包山、科帕卡巴纳海滩等地，以及从机场到场馆的主要道路都会加强警戒，增加执勤警察数量并对道路实现全线监控。

从事后复盘来看，无论是国内还是国外，以上举措都实现了预期效果，证明了旅游公共服务在旅游疫情防控中的重要作用，也让人们看到了公共服务部门的效率。

（二）旅游业振兴，需要旅游公共服务的支持

此次新冠肺炎疫情暴发，正值春节期间，也是传统的旅游黄金周，探亲旅游的民众大量流动。在全力防控疫情的同时，如何做好旅游流向信息和数据的公开，并且保障游客权益十分紧要。针对上述情况，文化和旅游系统及时预警，通过关闭重点景区景点，保障游客退改权益，引导行业迅速进入疫情防控状态。旅游业务和旅游项目的暂停，直接导致市场主体进入经营困难和心理恐慌期。旅游企业既要承担停业退款、救援救助等抗疫开支，又要承受停摆期间的重资产金融费用与轻资产劳动力成本。如何帮助旅游市场主体落实防控疫情工作，同时做好生产经营活动的恢复、渡过难关，就成为考验旅游公共服务体系的关键指标。

二　公共卫生事件对北京旅游公共服务的影响

（一）公共卫生事件对北京市旅游业的影响

旅游业是推动经济社会发展的综合性产业，在促进消费、拉动就业等方面具有重要作用。2019 年，北京市接待旅游总人数 3.2 亿人次，比

上年增长 3.6%；实现旅游总收入 6224.6 亿元，增长 5.1%。新冠肺炎疫情暴发后，北京市旅游业受到巨大的冲击。全市封闭式管理的 181 家旅游景区全部关闭，3016 家旅行社暂停经营。受疫情影响，2020 年春节假日期间，北京市接待旅游总人数为 146.6 万人次，同比下降 81.9%；旅游总收入 10.8 亿元，同比下降 86.8%。郊区民俗游累计接待游客 4.2 万人次，同比减少 96.3%；营业收入 503.7 万元，同比减少 95.5%。

受疫情影响，预计一季度全市旅游接待人数较上年同期减少 4400 万人次，同比下降 70% 左右；全市旅游收入较上年同期减少 840 亿元左右，同比下降 64.7% 左右。①

（二）公共卫生事件中北京市的旅游公共服务

1. 及时开展行业指导，为旅游公共服务保驾护航

根据国务院“三定”规定，文化和旅游部负责推进旅游公共服务建设。具体到公共服务司的职责，包括拟定旅游公共服务政策并组织实施，承担全国旅游公共服务的指导、协调和推动工作，拟定旅游公共服务标准并监督实施。面对新冠肺炎疫情，北京市文旅局及时出台应对文件和帮助措施，为相关行业提供指导。1 月底，北京市旅游行业协会饭店分会结合行业自身特点，并整理多方信息资料编制了《新型冠状病毒疫情防控汇编》，明确了饭店行业日常运营的防控措施、个人日常防控措施、居家防控措施等分类措施；2 月上旬，北京市文旅局及时发布《北京市文化和旅游局关于暂退部分旅游服务质量保证金支持旅行社应对经营困难的通知》，并在短时间内完成了首批 15 家旅行社 1166.5 万元的旅游服务质量保证金暂退工作；3 月 10 日，北京市文旅局发布了《关于应对新冠肺炎疫情影响促进旅游业健康发展的若干措施》，出台

① 北京市文化和旅游局：《北京市文化和旅游局发布 13 条措施帮助旅游企业应对经营困难》，http：//whlyj. beijing. gov. cn/zwgk/xwzx/gzdt/202003/t20200310 _ 1744629. html，2020 年 5 月 5 日。

了加强对导游的综合服务、用好旅游发展补助资金、提升旅游融资担保服务水平等 13 条措施，帮助旅游企业应对经营困难。

2. 基于线上，构建旅游公共服务效能核心

智慧旅游服务层面，受疫情影响，12301 国家智慧旅游公共服务平台的电话呼入量骤增，微信、微博端在线咨询量、网络投诉量激增。其中，电话呼入及在线咨询量为平时的 10 倍，网络投诉量为平时的 40 倍。为纾解大众心理压力，北京市文旅局充分运用互联网、大数据等技术手段，在政务服务平台、网站政务服务门户上推出“在线公共文化服务”“出行提示”等专题公共服务。北京京剧院、北京交响乐团、北方昆曲剧院、中国杂技团、中国评剧院等北京市属文艺院团纷纷在网上推出经典文艺演出视频；首都图书馆统筹了全市公共图书馆资源，推出了多种形式的线上公共文化服务，以新媒体渠道推广数字资源、线上活动。通过这些文旅公共服务，使得群众足不出户就能享受到精神食粮。

3. 智慧旅游项目成效显著

在线下服务停滞的情况下，旅游基础设施和公共服务也面临诸多挑战。受疫情影响，北京率先在全国取消了包括 17 个庙会在内的 4300 多场春节假日文化活动；关闭全市 372 个市区文化馆、图书馆、街道乡镇综合文化中心，以及 6457 个社区村文化室和 183 家博物馆；暂停营业性演出审批，春节期间，全市取消原计划推出的 5392 场营业性演出，取消 10 场大型体育赛事；暂停全市娱乐场所、互联网经营场所和影院营业；关闭封闭式管理的旅游景区 181 家。除此之外，旅行社、酒店、免税、客运、邮轮、房车业务以及旅游项目开发和工程建设都处于停止、取消或暂缓状态。旅游景点、场所及接待设施的关停，交通管制的实施，使得与之配套的旅游集散中心、游客服务中心、游客中心等旅游基础设施停止线下服务。全市公交服务停摆，旅游交通也不例外。随着复工复产的有序开展，交通网点及网络，如城市公交服务，正陆续恢

复。作为城际交通的重要一环和辅助出行工具，旅游集散中心和旅游车辆也将逐步恢复运营。相应的旅游出行大数据系统建设的空白，成为“短板”。中期，旅游景区景点势必陆续开放，疫情防控工作仍须狠抓不放，切实做好抗疫期间的景区承载量测算与管控，其中游客行踪大数据的采集、分析与应用尤为关键。同时，配套的旅游厕所也将陆续开放，建立科学有效的疫情时期厕所管理与入厕引导办法，极为紧迫。

三　公共危机事件中旅游公共服务的国内外经验比较

（一）旅游公共服务的国内经验

我国大众旅游是近 20 年才发展起来的，经历了数起重大公共卫生事件，例如 2003 年的 SARS 疫情（“非典”疫情）、2005 年的猪链球菌病疫情、2009 年的甲型 H1N1 流感疫情、2014 年和 2017 年的 H7N9 禽流感疫情等。其中，2003 年 SARS 疫情对我国旅游业冲击最大，借鉴意义最大。

1. “非典”疫情进程及其对旅游业的影响

“非典”事件的进程为两年，可划分为四个阶段。2002 年 12 月至 2003 年 1 月的两个月为疫情潜伏期，2003 年 2 月至 2003 年 5 月的三个月为疫情暴发期，2003 年 5 月 23 日至 2003 年 6 月 24 日的一个月为疫情消退期，2003 年 7 月至 2004 年 12 月的十八个月为疫情解除期。2004 年入境人数 9166 万人次，比上年下降 6.4%。其中，外国游客 1140 万人次，下降 15.2%；中国香港、澳门和台湾游客 8026 万人次，下降 5.0%。在入境旅游者中，过夜游客 3297 万人次，下降 10.4%。国际旅游外汇收入 174 亿美元，下降 14.6%。国内旅游人次达 8.7 亿人次，下降 0.9%；旅游总收入 3442 亿元，下降 11.2%。

2. 旅游公共服务的应对措施

（1）疫情防控时期

首先，建立旅游危机管理的协调互动机制。国务院协调，旅游主管部门与卫生、宣传、外交、商务、质检、民航、食品药品监管、新闻等部委组成危机管理合作组织和协调机构。

其次，建立信息披露、信息交流和信息收集制度。对外及时通报“非典”情况和防治工作，即通过驻外办事处、说明会等方式，向各国旅游主管部门、行业协会、大旅行社和新闻媒体，以及境外旅游企业驻京代表、外国航空公司驻京代表和新闻媒体通报有关情况；对上及时报送发展动态，成立办公室，汇集国内外主要反应和动态，向国务院“非典”防治部际联席会议报送信息；对内详细摸底、积极应对，组织全国135个重点旅游城市共5000多家旅行社及星级饭店，每半个月报告一次经营情况信息。

再次，分类指导旅游企业的危机应对。对旅行社、星级饭店、旅游景区、旅游车船公司等旅游经营单位，分别提出了从预防措施到发现疫情后的处置、控制及报告等各个环节上的强制性、明细性要求；为旅游饭店、景区、旅行社、旅游车船公司提供危机应对办法和在危机期间如何渡过难关支招。

最后，及时出台扶持政策。如《关于防治“非典”期间对部分行业减免行政事业性收费的通知》《财政部关于对受“非典”疫情影响比较严重的行业减免部分政府性基金的通知》《财政部　国家税务总局关于调整部分行业在“非典”疫情期间税收政策的紧急通知》《财政部关于中央民航和旅游企业特定短期贷款贴息有关问题的通知》《国家旅游局　财政部关于暂时退还旅行社部分质量保证金的通知》。

（2）疫后恢复时期

首先，疫情防控和恢复生产“两手抓”。2003年5月29日发布《关于6月份及今后一个时期全国旅游工作总体部署意见的通知》，传达国务院重要指示，明确了该年 6 月及今后一个时期全国旅游工作的总体要求、具体部署及需要认真把握、统一认识的问题，指导各地旅游部门贯彻落实“两手抓”的方针，分阶段、分步骤、逐步恢复各地旅游业。

其次，加强多边合作和国际合作。加强与世界卫生组织和世界旅游组织合作，并借此传递积极信号，消除了国际旅游者对中国旅游形象的认知偏差。

再次，重塑旅游目的地形象。疫后加大宣传营销力度，重塑国际形象。“非典”危机后，制作了《中国——魅力永存》《北京——中国欢迎您》等宣传片，在国外媒体播放；与 VISA 合作，在世界知名杂志推出中国旅游广告；在法国、日本等知名地标和杂志刊登广告；相继邀请了美国、法国、德国等旅行商来华考察，举办了针对旅行商的中国国际旅游交易会等。

最后，有序振兴重点旅游市场。认清疫后旅游恢复先近后远、先国内后国外的规律，有步骤地引导国内旅游市场振兴。制定系列措施，先恢复国内及周边旅游市场。

（二）旅游公共服务的国际比较

1. 墨西哥：2009年 H1N1流感大流行

（1）事件进程和旅游影响

H1N1 流感是距今最近的全球性呼吸道传染病大流行，2009 年 4 月 25 日首次触发了 PHEIC。当时多个国家或地区建议国民避免前往墨西哥。疫情给墨西哥旅游业造成严重损失，使其成为该国倒退最为严重的行业之一。2009 年上半年墨西哥破产倒闭的企业数量高达 12.86 万家，绝大多数是制造业和旅游业的中小企业。当年 1 ~ 11 月，墨西哥旅游外汇收入为 101.09 亿美元，比上年同期 120.68 亿美元下降 16.2%，总体损失接近 20 亿美元。境外游客平均消费 129.8 美元，同比下降 10.7%。

（2）旅游公共服务的应对措施

向旅游等行业提供总额约11.36亿美元的扶持资金。推出最多40%的往返机票和住宿折扣。采取“非常规促销手段”，如游客在离开坎昆14天内被确诊感染甲型H1N1流感，将在未来3年每年享受一次坎昆免费度假待遇。时任墨总统在书面政府工作报告中提出了复苏旅游业的计划和量化目标，并带头力推“活力墨西哥”旅游促销计划。

2. 巴西：2015~2016年“寨卡”疫情

（1）事件进程和旅游影响

2016年2月1日，世界卫生组织宣布，“寨卡”病毒及其引发的疫情构成PHEIC。美、俄等国为此发布旅行警告，美国奥委会向运动员传达“不建议参加里约奥运”的内部通知。5月，20余国150名专家联名呼吁：病毒传播将给游客“构成不必要的风险”，建议取消里约的奥运主办资格。在此形势下，巴西严抓防疫，呼吁全国动员抗击“寨卡”病毒蔓延，总统率领主要部长上街灭蚊。制定奥运会期间防止“寨卡”病毒传播的计划。及时在最高层面澄清信息，消除游客对“寨卡”病毒的恐慌。总统府民事办公室召开新闻发布会，表示WHO宣布“寨卡”病毒为PHEIC将冲击巴旅游业，但巴西不会取消里约奥运会。巴西与国际权威机构深度沟通合作，提振游客信心，促使奥运会官方网站援引时任巴西代总统米歇尔·特梅尔的表态：“我们和WHO可以向你们承诺，奥运会期间几乎不存在感染‘寨卡’病毒的风险。游客可以相信奥运期间对健康有利的条件。”

（2）旅游公共服务的应对措施

充分利用奥运会举办机会。提升旅游便利化水平，开发新产品和强化促销。如优先处理持有奥运会任一项目正式门票或有效购票证明的签证申请，简化需要提交的资料。发布赛前纪念产品、强化旅游推广、开展预热文化活动；观赛服务以及住宿、餐饮等服务提供大幅度价格减让；赛后打造多种文化主题活动、开发周边城市旅游满足旅游需求。多措并举下，奥运会期间巴西接待了国内外游客近140万人次，酒店入住率高达94%，里约各区销售额同比增长均超过30%。2016年全年巴西国际旅游人数达到660万人次，比2015年增长4.8%，超过2014年巴西举办世界杯时640万人次的历史最高水平，带来了62亿美元的收入。

3. 韩国：MERS事件

2015年5月20日，韩国确认出现首例中东呼吸综合征（MERS）患者后，6月、7月、8月入境游客分别减少41.0%、53.5%、26.5%。1~8月前往韩国访问的外国游客为837.46万人次，同比减少11.2%。韩文化观光研究院称，2015年来韩海外游客较2014年减少4.64%~9.57%，为1284万~1357万人次，旅游收入同比减少人民币49.8亿~100.7亿元。

韩文化体育观光部6月15日发布《应对MERS与旅游业界支援方案》，包括为17个与旅游相关的行业提供720亿韩元的特别融资；延长中国团体游客的签证有效期、免除签证费；在中国等主要市场举办多场免费韩流公演；免费开放景福宫等著名宫殿景区，提前举办韩国最大购物庆典“2015韩国购物季”；若在韩旅游期间被确诊为MERS患者，韩方将向其提供3000美元的旅行经费和治疗费等补偿；制定“中间费用”收费上限，对零负团费旅行社进行处罚。

4. 日本：福岛核泄漏事件

尽管不是突发公共卫生事件，但对旅游业冲击相似。2011年3月11日，日本东部海域发生9级大地震并引发特大海啸，造成严重的核泄漏。随后各国纷纷发出赴日旅游警告，当月日本的国外游客与前年相比锐减了70%，入境旅游人数比上年同期下降60%以上。事件发生后，日本继续坚定实施观光立国战略，及时发布刺激旅游行业发展计划；将灾害信息透明化，消除公众、旅行社忧虑；积极开展外交活动，谋求国际理解支持；推出新签证政策，吸引中国游客；派遣“留学生后援团”，从客源角度强化促销和接待服务。这些举措的推出，极大地提振了日本旅游业。仅仅3个月后，日本旅游市场就迅速回暖。

四 提升北京旅游公共服务的对策建议

国内外旅游业的发展始终受到公共卫生事件的影响。重大公共卫生事件是不可抗力，但在当代社会条件下，疫情对旅游业产生的短期影响虽然巨大，但往往能够快速恢复。在疫情防控期间及时出台扶持政策帮助旅游企业渡过难关。在与卫健、应急、社区等联防联控的基础上，与发改、财政、金融等多部门出台积极的宏观政策，同时加强调研报告，与世界旅游组织等国际机构研讨沟通。应化被动为主动，实施积极的产业恢复政策。高度重视、反应迅速并提出“一揽子”救援方案是有效减少损失的关键点。要在强化疫情控制的同时扶持旅游业恢复振兴。保持游客和企业信心是排第一位的，利用一切有利因素，开发旅游新产品和进行旅游推广，配以灵活有效的宣传政策。借鉴国际经验，提升北京旅游公共服务，为此提出以下政策建议。

（一）加强对旅游企业的专业指导

要对复工复业的旅游企业进行专业指导，特别是针对游客服务中心、旅游厕所、游客集散中心等重点场所的疫情防控。鼓励旅游集散中心结合实际情况，完善乘客实名制登记系统；实现乘车信息追溯，最大限度地遏制疫情通过旅游公共交通运输工具传播，更好地保障游客健康和安全。

（二）分阶段推进旅游业恢复与振兴

做好旅游市场恢复和产业振兴的准备工作，以重塑北京市旅游业整体形象为重点，分阶段推进旅游业恢复与振兴。随着入境旅游的恢复，疫情防控重点将由“出境管制”转向“入境管制”，杜绝疫情经由旅游活动再输入。分类分阶段推进三大旅游市场的恢复，对外着力宣传疫后安全的“美丽中国、东方古都”旅游形象，重振海外来华旅游信心；对内鼓励各地推出健康、安全和高品质的旅游项目、产品和服务；出境旅游的重点是安全、文明和国际合作。

（三）持续完善旅游安全和应急管理体系

推动及时修订《旅游法》等法律法规，增加旅游安全和应急管理内容，完善旅游公共服务领域相关法律法规，完善突发重特大疫情防控规范和应急救援管理机制。推进旅游基础设施的线上平台建设，重点加强大数据生成与采集功能建设。推动旅游信息咨询服务体系与公共卫生服务、医疗服务、域际交通、电商平台的高效协同、无缝衔接，实现智慧旅游平台升级。

参考文献

李爽、黄福才、钱丽芸：《旅游公共服务多元化供给：政府职能定位与模式选择研究》，《旅游学刊》2012 年第 2 期。

夏杰长、徐金海：《以供给侧改革思维推进旅游公共服务体系建设》，《河北学刊》2017 年第 3 期。

徐菊凤、潘悦然：《旅游公共服务的理论认知与实践判断——兼与李爽商榷》，《旅游学刊》2014 年第 1 期。

张骁鸣、戴光全、保继刚：《从事件旅游角度对 SARS 进行“后危机管理”研究》，《旅游学刊》2003 年第 4 期。

张祖：《SARS 与中国经济》，《价格与市场》2003 年第 8 期。

赵雅萍：《京津冀协同发展背景下北京市旅游公共服务发展困境与提升》，《中国旅游报》2019 年 5 月 7 日。

京津冀城市群视角下的首都文化生态治理研究

任 超*

摘 要： 首都文化生态是京津冀文化协同发展的关键点，具有延续性、区域性、都市性和首善性等特征。这些特征决定了在文化生态治理时必须遵循自身的文化发展规律。首都文化生态的物质文化和非物质文化构成了其基本要素，而北京叠聚的城市文化空间与区域政策、硬件条件构成了其治理基础。目前首都文化生态中工业文化的治理以及区域协同治理仍然存在巨大问题。在治理路径上，北京要结合城市、社区和居民的实际需要打造具有休闲功能、艺术审美功能、教育示范功能的文化空间。在京津冀区域方面，要就跨区域传统文化、工业文化达成共识，制定协同的文化保护项目。在加大首都文化保护力度、加大社区与基层文化宣传力度的同时，完善区域文化的协调机构，进而建立健全文化协同制度和文化综合性平台。

关键词： 京津冀城市群　首都文化生态　治理

* 任超，北京市社会科学院市情调研中心助理研究员，博士，北京世界城市研究基地专职研究员。

城市群建设作为国家战略，对于整个区域的发展，以及区域内城市形成国际竞争力都起到重大作用。城市群建设不只是聚焦区域内部城市的硬件设施提升与产业协同提升，更是区域范围内文化、认识水平等软实力方面的整体提升。在工业化后期，一个国家或地区的文化实力更是其软实力的象征，同时也是城市群具有长期发展潜力的前提条件。对于京津冀来说，目前，首都文化作为中国首善之区的文化，其自身已具有文化引领特征，并在一定程度上对津冀地区产生文化外溢效应，但津冀区域与北京之间的文化水平与认知层次仍存在很大差距。时代快速发展，首都文化面临着传统与现代交织、国外与国内文化互渗的形势，这导致传统优秀文化的日渐衰微和优良价值观的日渐衰弱。在如此境况下，要构建一种首都文化生态，使之既能促进首都文化的发展、满足首都的城市定位要求，又能带动京津冀城市群文化的协同发展。这就需要我们探寻首都文化生态的内在规律，并以此为基础提出首都文化生态治理策略。

一　首都文化生态的特征

首都文化生态是首都主体社会文化受到外在客观环境与自身价值观念、文化仪式互动等多种自身条件影响，而逐渐形成的适合自身社会发展的文化体系。它的功能是政府通过对首都文化资源的保护、开发，打造的一种符合首都发展定位的、系统的文化生态环境，进而促进首都文化功能和文化结构的优化，使首都文化不断满足首都政治、经济、社会等发展的需要，并进一步为津冀区域、全国各方面文化建设提供文化资源。[①] 首都文化生态的职能决定了首都文化生态具备以下特征。

① 邓先瑞：《试论文化生态及其研究意义》，《华中师范大学学报》（人文社会科学版）2003年第1期。

（一）首都文化生态具有延续性特征

北京作为辽、金、元、明、清的五朝古都，文化生态具有很大程度的历史延续性特征。它由近千年的首都精神气质、经济基础、政治环境的历史积淀塑造而成，并形成了首都文化生态的文化土壤。这种延续性表现在三个方面：在精神气质方面，首都人民的那种包容、随和的精神气质并非一日形成，而是在世代积累中形成的一种适应权力中心、适应首都多元文化特点的心态与价值观。在经济基础方面，长期以来，北京地处华北平原，手工业与农业发达，随着进入现代社会，北京无论在工业时代还是后工业时代，其生产力都一直全国领先，这为首都的文化社会生活提供了物质基础保障。在政治环境方面，由于中央权力枢纽一直在此，其指挥便捷、政令顺达的传统，塑造了首都文化生态的秩序性与制度化倾向，并一直影响至今。这三个方面最终促使首都文化演变为一种文化生态，并形成首都文化生态的基本传统。

（二）首都文化生态具有区域性特征

地域文化是“因特定的地理环境，在历史发展中形成的，得以与其他地方区别开来的语言、宗教、风俗、生活与生产方式”。不同的地域文化形成不同的行为方式与思维模式。首都文化从地域性来看源于燕赵文化，而燕赵就是今天的河北、天津，这也是首都文化生态不能离开京津冀文化圈而单独发展的根本原因。从地域文化发展而言，因受到辽、金、元、明、清的影响，形成历史文化叠层，同时又受蒙、满、回少数民族的影响，形成多元化的民族文化，各种文化在生活中互相渗透、相互融合，形成北京独特的地域文化特征，其中最具典型性的就是北京的“胡同文化”与“红墙文化”，这两种文化分别代表“市井”与“庙堂”，是首都文化生态的地域性根本体现。

（三）首都文化生态具有都市性特征

大都市所体现的现代化特征是首都文化生态的又一特点。首都文化生态的都市性以及在此之下展示出来的现代性，是由其城市发展所决定的。这种都市性特征主要表现在三个方面。

第一，首都文化生态的现代化。北京作为一个历史悠久、文化积淀雄厚、文化产业丰富的城市，现代化起步较早，具有强烈的现代文化特征。首都文化产业发达，生产的各种文化产品可以满足各种类型的人群需要，并且文化产品种类更新快、样式多。与此同时，首都文化的科技感与创新力强。首都文化以传统文化为基础，借助现代化科技让科技与传统文化相融合。例如，故宫博物院在 2019 年跨年时所策划的元旦夜活动，依托于传统，利用现代科技展示出了不一样的历史景观。

第二，首都文化生态的多元化。首都文化并非只是传统的文化样式，更是一种多元性的文化样态。其中一些宗教性文化、民族性文化、非主流文化也都与主流首都文化长期并存，造就了首都文化的复杂性。在文化的不断发展过程中，这些文化的优秀部分不断渗透与融入首都文化，使首都文化生态呈现多元化特点。

第三，首都文化生态的国际化。北京作为一个国际大都市，其文化既要有民族底蕴，也要有国际特色。首都文化的国际化，一方面体现在文化交流的国际化上，如世博会、世界菊花节等各种大型文化活动；另一方面，体现在大型组织会议的国际化上，每年数百场国际型会议，如国际教育学大会、国际免疫学大会、国际工程大会等，这些都是首都文化国际化的标志。

（四）首都文化生态具有首善性特征

北京对全国文化发展的示范性、对政治的引领性、对外来文化的包容性，是首善之区的根本，这也是首都文化生态的重要特征。第一，首都文化的全国示范性。北京文化发展是站在全国高度而言，代表了中华民族特色的文化发展脉络与逻辑，是维持民族自信、展示民族特色的窗口。因此，首都文化为全国文化发展提供借鉴。第二，首都文化的引领性。如何发展文化，发展怎样的文化，首都文化首先给出较为明确的历史与政治定位，这种定位不仅有利于民族团结、国家进步，更能指引整个国家文化的发展方向。第三，首都文化的包容性。首都文化不只是一个民族的文化，也不仅仅是地域性的文化，而是56个民族、不同地域人民共同汇聚、提炼出的文化，因此首都文化具有包容性特点。首都文化生态由于历史与国际化原因，具有延续性、区域性、现代性和首善性等特点。①

二　首都文化生态的治理基础

首都文化生态的治理基础主要体现在两个方面：一是首都城市空间承载首都文化记忆。首都文化空间既具有传统历史各个时期的文化空间样态，又具有自近代以来工业化时期的文化空间形式，这使得承载首都文化记忆的城市空间呈现连续性与多层次性，为首都文化生态治理提供了空间基础。二是首都文化的区域协同。某些首都历史文化遗产因历史发展原因具有跨地域性，需要京津冀跨区域协同治理。京津冀协同发展为跨区域的文化协同治理提供了政策支撑与硬件条件。

（一）首都物质文化与非物质文化

物质文化与非物质文化共同构成首都的文化生态。首都的物质文化主要由首都历史文化建筑组成，这些传统与当代的建筑整合了城市的历

① 郑师渠等：《“首善”之区与北京文化建设》，《北京师范大学学报》（社会科学版）2004年第5期。

史文化空间。这些历史文化建筑表现出了首都物质文化的迭代重合。北京作为六朝古都，留存大量城市建筑，这些建筑整体上反映了我国传统社会的精神样式与城市面貌，到了近代，随着我国工业化发展需要北京大量建设工业设施，这些工业化遗产反映了北京的近代发展史，并凸显出这个时期的集体化象征与工业化特征。传统建筑与工业化建筑在城市中被整合在一起，通过空间形成了一种时空交错的文化发展样态。首都非物质文化遗产可以说包含在日常生活中的各个方面，尤其体现在节日生活里，如老北京的庙会、北京的小吃及娱乐休闲等。这都是经历千年的时代变迁形成的具有独特地域特征的文化特性与精神面貌。

同时，一些重要的物质文化遗产往往具有跨区域性，这些重要的物质文化不仅成为首都文化的载体，通常也是区域文化的重要载体。长城文化带是首都物质文化的典型代表，从空间上看，长城文化带并非只涉及北京一个地区，还涉及河北、天津、内蒙古等多个地区。平谷红石门长城就因地处河北、天津、北京而号称“一脚踏三省”。从文化分界线来看，它又是游牧文化与农耕文化的人造分界线。对于首都物质文化的考量，既是一个历史视域的考量，又是一个区域性的考量。那么首都物质文化与非物质文化共同构成的文化生态治理，就既需要立足于北京市自身，又需要在区域性基础上进行协同。

（二）首都文化生态治理的空间基础

首都文化并不是单一的文化样态，它是一个被抽象出来的具有整体性的表述概念。它依托于各种空间场所并体现出来，而这些场所就可以称为文化的记忆场。换句话讲，记忆场就是承载文化的空间，它既可能是一个单独的物理性空间，也可能是一种具有社会情境、沟通过去与现在的空间。无论是单一的物理空间，还是社会情境下的承载空间，它们都是维持文化传承的承载物。首都文化在这个空间内复原过去的情境，并且构建个人、群体与过去历史的交流，这样在北京城内保有各种文化的空间就成为记忆与群体文化的沟通媒介，让个体与群体记忆得以交织在一起。[①] 韦尔策在《社会记忆：历史、回忆、传承》中指出，"一座建筑物若被标明是一位后来成名女哲学家的故居，那么它就可能成为引起文化记忆的场所。空间，具有毫无疑问的和不言而喻的性质。恰恰是它们的这种性质，让人们在无意图地表达着历史的媒体而具有的记忆功能"。"许多东西如建筑、景色，或者人与人之间展开某种互动的情境，这种情境本身就承载着历史与回忆，构建成人们回忆的场所"。很明显，空间场所具有保存记忆的功能，依赖这种场所历史会不断重演，文化意义也会不断重提。

在北京这个城市，围绕着文化的记忆场域可以说印记在各个角落，有的甚至在城市胡同中，有的潜藏在乡村社区里，这些承载每个文化遗产的空间共同构成了城市的记忆空间，并利用仪式型记忆场、娱乐型记忆场、沟通型记忆场，较为完整系统地记载了北京的城市文化记忆。

第一，仪式型记忆场。在北京各种节日庆祝的时候，往往会有庙会或称为节场等表演形式。这种表演往往借助于固定的日期、场所举行。这种场所就可以称为仪式型记忆场。对于北京而言，现代的庙会场所特别多，但比较知名的有地坛的庙会、石景山的庙会、龙潭公园的龙潭庙会等。这些庙会往往和传统相联系，许多非物质文化遗产往往也借助这种形式表达出来。以笔者调研的榆垡高跷会为例，它往往以村中年节时候的庙会为依托，每当节庆时候，会将村中原来的乡道作为其表演场所，村中很多人借助节庆与道路空间，踩起高跷，走上街头。通过这种共识性场域构建出来的情境，用仪式手法的表达让乡道成为记住文化历史的地方。这种记忆以仪式为手段，以空间情境为依托，通过这种特定的空间场域和特定的仪式，构建出仪式的记忆场所，在北京这样的社区与历史活动还有很多，正是这些仪式型记忆场的存在，让北京成为一个大的

① 彭兴业：《首都城市功能研究》，北京大学出版社，2000。

记忆熔炉，最终把历史与现代连接在一起。

第二，娱乐型记忆场。首都北京有很多吃喝玩乐的场所，这些场所有的成为旅游景点，扎根于市井之中，让游人体会老北京市井风味。但是很多记忆场是通过娱乐来实现的。以北京太子务村为例，其非物质文化遗产的武吵子文化，就是一种娱乐性的传统表演形式。这种娱乐形式借助每年的春节来实现，通常每到春节村民聚集在练习广场，所以这个广场在许多中老年人的脑海里形成了那时的记忆，村中的每个人总把当时的休闲娱乐与这个广场、武吵子联系在一起。围绕着这个广场，历史的情境、村中每个人的美好过去就被记起来。现在，这个旧广场依然存在，村里面把这个广场改造成新的广场。这样，在这个地方，既保留了过去的空间样态，也保留了许多过去的一些老旧建筑，每到晚上或者节日，村中表演的武吵子文化活动就在这个地方举行。很明显，这个具有娱乐性质的广场就成为一个沟通过去与现在的记忆场所，成为一个娱乐型记忆场。在北京，保存有很多这种娱乐型记忆空间，它们保留了过去在这一区域生活着的人们的许多快乐与文化。

第三，沟通型记忆场。许多首都非物质文化遗产既通过仪式空间、娱乐空间来保存、传承，也在沟通中被记忆、被传承。在北京很多村落社区、城市社区都围绕着文化历史建立有乡村博物馆或者文化礼堂，这些空间就成为一种沟通型记忆场所。这种沟通型记忆场所具备两种功能：第一种是代际间的沟通。它让现代人通过情境的展示与带入，让人们与传统对话，使人们认识过去，实现传统地方文化与现代沟通。同时，因为这些文化礼堂与乡村博物馆具有地方知识的特性，它也是帮助村中老年人进行回忆、帮助年轻人回顾历史，进行代际传承的记忆场所。第二种是地方知识沟通的记忆场。对于承载地方性知识的文化礼堂或者乡村博物馆而言，它们记录了当地的历史与文化传统，本地人利用这些承载了过去的空间与历史对话。尤其对于年轻人而言，这个记忆空间，可以帮助他们了解村庄、了解本地的风土知识与文化。这样它们就成为一个具有地方知识沟通功能的记忆场。

这些具有各种功能的记忆场所，共同构成了一个大的记忆场矩阵，它们分布在北京各地，赋予了北京这个地理空间的记忆功能，突出了过去与现代交流利用的仪式型、娱乐型与沟通型的空间，正是这些传统物理空间的存在以及在这空间上展示出来的行为，才使得首都的文化活化起来。

（三）首都文化生态治理的政策与硬件基础

一直以来，首都物质文化遗产的保护局限于北京市自身的保护与规划，缺少跨区域性的协同保护，这就使得如长城、大运河等很多文化遗产的保护呈现地域性、分散性、阶段性特点。随着京津冀协同发展战略的实施，相关区域协同政策出台和首都环线高速公路开通，为首都文化区域协同提供了政策支撑与硬件条件。

第一，政策条件。2015 年 4 月，中共中央政治局审议通过《京津冀协同发展规划纲要》，提出建设以首都为核心的世界级城市群，强调了北京的文化中心地位以及京津冀协同发展的理念。2019 年 7 月，三地领导小组在京签订的《京津冀文化和旅游协同发展战略合作框架协议》，提出提升融合文化旅游产业的发展，整合现有文化资源，做到联合引资，联合建设文化项目，打造示范区文化，保护跨区域性文化。同时，构建区域性的文化旅游服务网络与管理体系。

2020 年 4 月，河北又提出《2020 年京津冀文化和旅游协同发展重点工作方案》，特意把与首都文化协同保护发展提了出来。针对长城文化带与运河文化带，提出协同开发保护。这些政策为首都文化的区域协同保护奠定了首都文化生态治理的政策基础。

第二，硬件条件。首都环线高速公路的开通，城际铁路网的完善，以及大运河武清、通州段的即将开通，为京津冀区域的进一步交流、沟通创造了硬件条件。三地间的人才、资源可以不受空间、距离阻碍而自由流动，互联网沟通进一步深化，京津冀的交流更加便捷。这些都为文化区域协同保护达成共识、树立共同理念创造了外部条件。依托于此，具有跨区域性的首都文化得以在一种全域的视角下在公共文化服务、文化产业和文化系统保护等方面进一步发展。

三　首都文化生态治理路径

首都文化生态治理必须遵循两条路径：一是北京市原有文化生态的文化空间治理，二是在京津冀区域下的首都文化生态的区域协同治理。只有处理好这层关系，才能使首都文化生态治理得到良性发展。

（一）首都文化生态的文化空间治理

任何一种文化脱离现实生活时都容易被社会遗忘，直至在社会意识中消亡。为此，首都文化治理必须以适合现代城市人们的社会生活为前提，对传统的文化空间与现代文化空间进行融合，打造具有首都文化特色的“生活化的文化空间”。尤其是对于工业文化空间而言，它不像传统物质文化那样得到充分重视，很多工业文化空间面临消失的困境。到目前为止，北京及其周边地区大约有56处工业文化遗迹，这些文化遗迹大多被荒废，不仅造成城市空间的大量浪费，而且其文化空间和文化价值也随着文化遗迹的荒废而消失。因此，针对北京工业文化空间可以遵循空间治理原则，进行功能性改造，从而予以重新利用。[①]

第一，打造具有工业特色的城市公园。工业文化空间可以根据城市实际需要进行改造。比如，“首钢集团”的城市公园，可以把首钢的历史故事通过声光电的形式记录在公园里，使其不仅成为城市居民休

---

① 沈望舒：《中国“首都学”与首都文化功能建设》，《北京学研究文集2008》（上），2008。

闲散步的地方，而且承载首钢与共和国共同发展的艰苦历程。同时，类似的较大工业文化空间，可以深入挖掘文化要素，根据要素形式改造成文化公园，把一些具有跨时代意义的历史事件融于其中，可借助科技的形式展示出来，这不仅丰富了城市空间、给人们创造娱乐空间，也把首都工业历史文化以一种休闲的方式嵌入城市居民日常生活。

第二，打造工业艺术文化区。“798”“898”等艺术街区都是以废旧厂区为基础建立起来的。通过文化艺术形式，增添城市空间的艺术与审美性，为城市艺术者和居民提供文化休闲空间。文化区丰富了城市文化生活，满足城市居民的艺术需要。这些工业文化空间，往往又与工业生活空间联系在一起，比如北京的东方电子厂，附近有很多的老旧小区，它们同样也是工业文化的产物，这就需要把老旧小区与艺术综合区进行联合改造，形成一种“工业审美”，让艺术与生活相结合，打造一种既具有城市审美又具有生活功能的文化空间。

第三，打造教育示范区。目前而言，北京将工业文化空间打造成教育示范基地的较少，空间的文化公共教育功能并没有发挥出来。因此，对于一些具有教育意义的文化空间，可以采用与社区、学校合作的模式进行改造治理。通过合作，让社区中的孩童、学校里的学生都参与进来，让学生们了解厂区的历史、了解共和国的历史、塑造正确的价值观。这种教育示范，不仅让工业遗址发挥了其在新时期的功能，更对学生的爱国主义、集体主义等的培养起到了重要作用。

（二）首都文化生态的文化跨区域治理

首都文化生态需要跨区域治理，这就要求区域间保持整体的文化认同感，通过共通的认同感实现对传统文化和工业文化的共同治理。对于传统文化而言，无论是长城文化带，还是大运河文化带，它们都是首都文化的一部分，更是中华民族的文化象征。许多首都物质文化遗产具有跨区域特征，这就决定了很多首都物质文化遗产既属于北京市，也属于整个京津冀区域。并且基于地理、气候、风俗等关系，京津冀的内在文化根络是互联互通的。对于工业文化而言，工业文化遗产是首都文化的重要组成部分。目前，随着北京的国际化与现代化的加强，许多工业已经退出了北京的历史舞台。很多工业遗产因发展的需要而得以改造，具有工业文化遗产印记的工业历史与城市空间也随之改变。许多跨区域的工业文化遗产在北京已经消失，而在河北等其他地区保存了下来。如京汉铁路、京奉铁路这些跨区域的工业时代的重要遗产，应该成为跨区域保护的重点。就京奉铁路而言，它是连接东北和北京的第一条铁路，见证了八国联军入侵、军阀混战、皇姑屯事件、日本侵华、东北解放等近代重要的历史事件。可以说，这些重要的历史事件，跨越区域连接了时空。正是因为存在很多跨区域的传统文化遗产和工业文化遗产，才让首都文化生态必须在区域内协同发展，以全域的视角进行协同保护，使首都文化呈现一种全面的、系统的文化样貌。[①] 首都文化生态治理必须遵循其文化性的前提来实施，在此基础上，把文化空间转变为休闲、艺术、文化教育等生活空间，实现空间的社会功能和城市功能。在区域协同治理过程中，除了保持区域文化认同外，还要把重大历史事件作为首都文化生态的重点内容进行协同治理。

四　首都文化生态治理的政策建议

（一）加大首都文化保护力度

首都文化生态治理是一个系统性工程，需要相关部门把文化历史的发展作为一个完整的文化生态来看待，把握各历史阶段的文化遗产

---

① 金元浦、王林生：《北京：文化治理与协同创新——2013～2014 年人文北京研究综述》，《北京联合大学学报》（人文社会科学版）2014 年第 4 期。

与遗存。对于物质文化和非物质文化、传统文化和工业文化都应加以重视。相关部门要完整、系统地挖掘每个文化时期、文化遗产的内涵与价值，将价值与所处时代相联系，通过物质文化遗产与非物质文化遗产的承载物——文化空间在城市中展现出来。特别是在城市规划时，要注意传统文化区域与工业文化区域的有机结合，在设计时能将其融入城市生活与社区生活，突出首都文化特点。

（二）深化基层社区文化宣传

对基层社区群众来说，由于文化宣传力度不够，他们没能真正理解首都的历史文化，对文化缺少相应认知。因此，对于文化宣传部门而言，一定要把宣传工作做到社区、做到基层。这就需要宣传部门在宣传时结合群众的特点，一方面采用群众喜闻乐见的形式，让群众更好地了解和接受历史知识；另一方面要结合本地社区文化历史，普及文化知识，树立文化意识。将文化与群众生活相融，让文化与现实生活不割裂。

（三）完善京津冀文化协同机构

首都文化生态的治理并非是针对北京一个城市的治理，也是针对京津冀区域的综合治理。依托于政策的支撑，创新工作机制，形成轻型的、灵活的具有网格化特点的文化治理协同部门。协同部门的建立可以充分调动区域内的人、财、物，整合资源，解决跨区域文化的问题。尤其是在协同区域内规章制度的制定方面，部门因了解实际可以对规章制度制订起到引导作用。同时，文化产业作为首都文化生态的重要一环，文化协同部门可以建立综合性文化产业平台，充分调动各地的资源，以文化优势互补为导向生产综合性文化产品。首都文化生态治理要加大文化保护力度，结合城市居民的生活方式，采用进社区、下基层，以群众喜闻乐见的方式进行宣传。从京津冀区域的角度，依托文化协同机构，推进资源整合、问题解决，建立健全文化协同规章制度。

参考文献

邓先瑞：《试论文化生态及其研究意义》，《华中师范大学学报》（人文社会科学版）2003 年第 1 期。

郑师渠等：《“首善”之区与北京文化建设》，《北京师范大学学报》（社会科学版）2004 年第 5 期。

彭兴业：《首都城市功能研究》，北京大学出版社，2000。

沈望舒：《中国“首都学”与首都文化功能建设》，《北京学研究文集 2008》（上），2008。

金元浦、王林生：《北京：文化治理与协同创新——2013～2014 年人文北京研究综述》，《北京联合大学学报》（人文社会科学版）2014 年第 4 期。

北京在京津冀协同发展中的文化引领作用理论研究

贾　澎*

摘　要： 在京津冀协同发展语境中研究北京的文化引领作用，需建立在对北京的三个理论定位之上：作为首都的北京、作为京津冀协同发展龙头的北京、作为世界城市的北京。在以上三个维度构建的理论坐标之上，北京在京津冀协同发展中的文化引领作用具有五个方面的核心内涵：高度的文化自信、世界级的文化景观、丰富的文化生产和创新、强大的文化传播力、优质的文化获得感。要充分发挥北京在京津冀协同发展中的文化引领作用，提高京津冀城市群文化建设的质量和水平，要以文化自信带动文化凝聚力，以文化景观形成城市群符号，以文化创新和文化传播带动城市群发展，加强京津冀公共文化共建共享。

关键词： 京津冀协同发展　北京　文化引领　世界级城市群

京津冀协同发展、长三角一体化和建设粤港澳大湾区是当前我国构建世界级城市群的三大重要举措。世界级城市群是城市化发展高级阶段

* 贾澎，北京市社会科学院市情调研中心助理研究员，博士，北京世界城市研究基地专职研究员。

的必然产物，是在城市化发展过程中形成的国家或地区经济、社会、文化发展的重要引擎，以具备全球影响力和世界先进水平的国际大都市、人口数量达到一定规模、城市集群具有紧密的有机联系和功能互补为基本要素。建成世界级城市群，是推动区域高质量发展的有效路径。2014年，国务院印发《国家新型城镇化规划（2014～2020年）》，“以建设世界级城市群为目标”，首次提出建设京津冀城市群；2015年，《京津冀协同发展规划纲要》明确提出，建设“以首都为核心的世界级城市群”。相较于长三角城市群与粤港澳大湾区城市群，京津冀城市群呈现出中心势能突出、周边短板明显、总体发展程度不高的局面。2017年，国务院在对《北京城市总体规划（2016年～2035年）》的批复中再次明确，要发挥北京的辐射带动作用，打造以首都为核心的世界级城市群。充分发挥北京在京津冀一体化建设中的龙头作用，是京津冀世界级城市群建设的优势资源和有效途径。从文化建设的角度，北京不仅是全国文化中心，在京津冀世界级城市群建设中亦是文化龙头。充分发挥北京的文化引领作用、充分释放北京的文化辐射力和文化带动力，对促进京津冀协同发展至关重要。

一　北京在京津冀协同发展语境中的文化引领作用理论维度

在京津冀协同发展语境中探讨北京的文化引领作用，建立在对北京的三个理论定位之上。

首先，作为首都的北京。这是探讨北京一切问题都绕不开的基本维度，这意味着一定要站在政治高度和时代高度探讨问题，意味着北京在文化发展道路上具有绝对的文化自信，在国际交往中承担大国责任、展示大国形象，文化建设具有首善地位，在公共文化服务和文化产业发展上起到引领和示范作用。

其次，作为京津冀协同发展龙头的北京。京津冀、长三角和粤港澳大湾区三大世界级城市群是当前我国城市化进程中的重要发展引擎。众所周知，以上海为龙头，带动了长三角世界级城市群的发展；以深圳特区为龙头，带动了曾经的珠三角城市群的发展，为后来形成粤港澳大湾区世界级城市群打下了坚实的基础。毫无疑问，北京从客观基础上必然是京津冀协同发展的龙头和核心。这就意味着北京的文化创新对津冀文化发展具有带动作用，文化供给具有向津冀的溢出和辐射效应。

最后，作为世界城市的北京。现代意义上的世界城市是全球经济系统的中枢或世界城市网络体系中的组织节点，指在社会、经济、文化或政治层面直接影响全球事务的城市。2019 年 11 月 12 日，中国社会科学院财经战略研究院与联合国人居署合作的《全球城市竞争力报告 2019 ~ 2020：跨入城市的世界 300 年变局》中指出五大全球城市依次为纽约、伦敦、东京、北京、巴黎。从文化角度看，全球城市意味着具有世界级的文化景观，有着世界文脉的标志，在国际文化格局中具有强大的文化生产和传播力量。

二　北京在京津冀协同发展语境中的文化引领作用理论内涵

在以上三个理论维度构建的坐标之上，北京在京津冀协同发展语境中的文化引领作用具有以下五个方面的核心内涵。

（一）高度的文化自信

北京作为全国文化中心，其文化发展和建设具有传承中华传统文化和现代文明的历史使命，引领全国文化建设的首善意识和服务、辐射全国的责任担当，是中华文化资源最集中最丰富的地方，是当代中华文化的价值中心、创新中心，具有高度的文化自信。

1. 文化发展道路自信

新中国成立以来，首都北京城市发展模式定位发生了一系列转变。除了一直是全国的政治中心外，从新中国成立前的“消费型”城市到20世纪50年代的“生产型”城市，从改革开放以来的以经济建设为中心逐渐到“去重工业化”，再到后来的“去经济中心”，逐渐转向“文化中心”，经历了半个多世纪的探索。直至《北京城市总体规划（2016年—2035年）》（以下称“新版《北京城市总规》”）明确北京城市战略定位是全国政治中心、文化中心、国际交往中心、科技创新中心，“全国文化中心”的战略定位仅次于“全国政治中心”。同时新版《北京城市总规》提出，“把北京建设成为社会主义物质文明与精神文明协调发展，传统文化与现代文明交相辉映，历史文脉与时尚创意相得益彰，具有高度包容性和亲和力，充满人文关怀、人文风采和文化魅力的中国特色社会主义先进文化之都”。可以说，“全国文化中心”不仅是北京的战略定位，也是对当前首都文化发展道路的定位，具有历史的必然性，是在实践中摸索和总结出的正确选择，具有一种道路自信。

2. 优势文化资源自信

在“全国文化中心”战略定位指导下，北京市委书记蔡奇指出，建设全国文化中心要集中做好首都文化发展大篇章，重点是要抓好“一核一城三带两区”，其中“一城三带两区”正是北京的优势文化资源。所谓“一城”指的是北京老城区，根据新版《北京城市总规》的要求，要做好老城的保护传承和利用。北京老城承载着北京的历史文化精髓。所谓“三带”指的是大运河文化带、长城文化带和西山永定河文化带。“一城三带”交相辉映，构成了北京作为历史文化名城的优势文化资源体系，也将以此为核心构建、统合涵盖京津冀的历史文化资源。相对于历史文化资源，所谓“两区”则是当代文化资源，指的是公共文化服务体系示范区和文化创意产业发展引领区。北京在这两个领域无疑走在全国前列，是引领全国文化事业和文化产业发展的龙头，在京津冀城市群文化建设的过程中必将以其优势资源带动整体发展水平，上海交通大学城市科学研究院近年发布的一系列中国城市群发展指数报告均显示出京津冀城市群的文化指数领先于长三角、珠三角两大城市群。北京的优势文化资源是带动京津冀城市群文化指数居首位的首要因素。

3. 文化价值体系自信

建设“全国文化中心”要集中做好首都文化发展大篇章，重点是要抓好“一核一城三带两区”，其中的“一核”指的是以社会主义核心价值观为引领，构建社会主义先进文化。价值体系是文化的灵魂，是文化建设繁荣昌盛的思想保证，决定了文化发展的方向。首都北京的文化价值体系是以社会主义核心价值观为引领的思想价值成果体系。新时代北京文化价值体系坚持以习近平新时代中国特色社会主义思想为指引，立足于社会主义核心价值观，坚定不移地走中国特色社会主义文化发展道路，坚守中华文化，彰显当代中国文化自信，富有多元包容力，内容丰富，具有价值体系自信。

（二）世界级的文化景观

城市生态通过城市景观外显，城市景观分为自然景观与文化景观。文化景观是城市文化发展水平的空间映像。

1. 城市文化景观

阿诺德·伯林特曾这样表述：“地理学家开始用‘文化景观’（Cultural Landscape）一词，意指因为人类活动影响而塑造出来的景观，人们的耕作方式、建筑样式和居所，都会在土地上留下印记。”[①] 城市是为了满足人的需要而存在的，因此城市中的景观绝不是与人无关的，文化景观是城市景观的重心。史蒂文·C. 布拉萨（Steven C. Bourassa）

① 〔美〕阿诺德·伯林特：《环境美学》，张敏、周雨译，湖南科学技术出版社，2006。

在其著作《景观美学》一书中提出，一种文化与自然相互交融的景观感知方式，即景观中蕴含的文化和历史是使人对该景观产生愉悦的根源。这种将景观与人、景观与文化联系起来，认为二者是相互作用、相互影响的观点影响十分广泛。艾伦·卡尔松也持这一观点，他认为景观的形成是一个动态而漫长的历史演变过程，并且在此过程中景观被赋予独特的文化和审美特征："对于绝大多数景观而言，关于它们'持续进行的'历史的知识对于其审美欣赏至关重要。"[①] 这些观点将人和自然统一、融合起来，并将融入了人类实践活动的文化景观看作城市景观的重心，推崇人性化的景观，认为一个城市的文化积淀影响了一个城市的景观，同时这个城市的文化又积淀在景观之中，通过景观的表象传达城市的价值。总之，人的参与，或者说融入了文化因素的文化景观是城市文化发展水平的体现。景观不单是一种自然物，更是人们满足自身需要和社会需要的产物。尤其对于城市而言，其景观价值的最大体现与其说是一种自然的属性，不如说是一种文化和社会的属性，文化景观比自然景观更能代表一个城市的特性。

2. 文化景观与城市文明的关系

在城市语境中，文化景观是城市文明的符号化，从具体载体来说，城市的文化景观体现在城市的街道、建筑、基本设施等人工建造物中。作为城市文明实体的文化景观为人类文明的发展提供了必要的条件。就像芒福德所说的那样，城市作为一个巨大的容器，"许多社会功能在此之前是处于自发的分散、无组织状态中，城市的兴起才逐渐将其聚拢到一个有限的地域环境之内；因此，人类社区的各种组成部分才开始形成一种蓬蓬勃勃的紧张兴奋和相互感应的状态"[②]。换言之，容纳了文明的城市通过文化景观将城市的文化、人类的文明具象化、实体化。因

---

① 〔加拿大〕艾伦·卡尔松：《自然与景观》，陈李波译，湖南科学技术出版社，2006。

② 〔美〕刘易斯·芒福德：《城市发展史——起源、演变和前景》，倪文彦等译，中国建筑工业出版社，1989。

此，城市的文化景观具有城市最重要的景观形态，是城市文明的最佳载体，具有重要价值。

3. 北京文化景观成为世界文脉的标志

北京的城市文化景观是北京城市文明的符号化。北京是历史文化名城、千年古都，又是当代世界级城市，其文化景观可分为两条文脉——古典的与现代的。古典文脉以“一城三带”为核心，展示了千年古都的文化遗产，亦是世界级的文化遗产。现代文脉与古典文脉交织，同时以现当代造城轨迹——环线分布，呈现纵横环路交织的状态，如 CBD 建筑群、奥林匹克建筑群、国家大剧院等一系列著名的歌剧院、博物馆、图书馆等。这些城市文化景观展现了自古至今北京在世界文化中的位置，既是城市习俗的符号化，又是时代主题的符号化，成为世界文脉的标志。

（三）丰富的文化生产和创新

文化生产和文化创新是两个相互依存的概念，在生产中创新，在创新中生产，是衡量文化发展动能和活力的重要因素，是在文化创新驱动下依托文化平台实现的文化产品生产或文化价值创新。文化生产和文化创新的实现离不开产业融合、文化政策推动、文化资本注入和优化的文化营商环境（如文化顶层设计、文化试点平台等）。文化生产和文化创新的程度，是地区文化发展能力和文化企业创新程度的综合呈现，也是衡量地区综合发展水平的重要指标。

北京是我国文化生产和创新最活跃的地区，拥有我国最多的文化创新平台、最好的文化创新企业、最优秀的文化创新人才、最雄厚的文化资本投入和最优化的文化营商环境。北京实施文化精品工程，健全文化艺术生产配套政策，建立文化艺术基金，依托充足的文化服务平台打造的文化精品层出不穷。在 2019 年第十五届“五个一工程”表彰座谈会上，北京有 10 部作品入选，再次居首位。在文化产品创新方面，北京自2005年以来，大力发展文化产业，自2006年起，出台了近100项与文化经济发展相关的政策，为文化产业发展保驾护航、推动改革、结构优化和要素升级。“十二五”以来，北京的文化产业作为支柱产业，其增加值占全市GDP的比重始终呈增长态势，北京市“十三五”规划中明确提出，到2020年，文化产业增加值占全市GDP的比重力争达到15%。北京文化产业的发展成为北京高质量发展的新引擎，也必然是京津冀世界级城市群高质量发展的重要引擎。

（四）强大的文化传播力

文化传播力是通过文化产品的输出和文化媒体的传播，实现引领文化发展方向、实现地区间乃至世界文化交流与沟通的能力。就北京而言，强大的文化传播力体现为引领全国的文化发展方向、发挥文化辐射带动作用、塑造首都形象，充分体现北京作为我国文化中心的引领作用，同时作为我国首都，北京强大的文化传播还体现为通过文化品牌（如以城市意象为代表的城市文化特质）塑造、文化产品输出（如书籍、文化演出、影视剧、游戏动漫等）和重大文化活动（如奥运会等国际赛事、“一带一路”国际合作高峰论坛、世界园艺博览会等）面向世界实现我国与世界文化的正向沟通、构建大国形象、实现中国文化的世界影响力。文化传播力的大小直接决定了文化话语权的大小。在京津冀世界级城市群语境下，北京的强大文化传播力体现为通过文化品牌、文化产品和文化活动辐射、提升和整合津冀地区的文化建设和发展。

（五）优质的文化获得感

1. 城市公共文化最体现人民的文化获得感

城市公共文化是市民在公共活动中培育而成的文化形态。这里所说的公共文化，不仅指城市的公共文化服务体系，还包括城市一切公共资源，如医疗、教育等。一方面，城市公共文化服务体系包括公共文化设施和服务；另一方面，城市公共文化服务体系包括其他城市公共资源，如医疗资源、教育资源等。公共文化服务体系建设是国家文化事业发展的核心内容，是文化强国的基础工程。公共文化服务水平决定了人民群众文化获得感，是服务于百姓而非精英阶层的文化，也是文化领域最应被政府重视和关切的部分。

2. 北京公共文化服务体系贴近百姓需求

北京的公共文化服务体系建设历来走在全国前列，贴近百姓需求，使人们具有强烈的文化获得感。

第一，公共文化服务和公共文化产品的有效供给力度不断加大。增强文化的公益性和共享性，是公共文化服务体系建设的内在要求。北京市不断丰富公共文化服务和公共文化产品的供给，满足群众多元化的基本文化需求。公共博物馆、图书馆、文化馆、档案馆在设施数量和规模、馆藏内容、服务水平上都有显著增长。全市 26 个奥运文化广场，20 个市、区县文化馆，1 个市级图书馆和 23 个区县级公共图书馆（含少儿馆）等，均免费向公众开放。区县级以上公共图书馆（不含国图）年接待读者近 610 万人次，外借图书 660 余万册。从 2008 年开始，北京市根据国家相关规定，将各级文化文物部门管理的博物馆、纪念馆等全部免费开放；通过财政补贴等方式，支持民办文化场馆免费向公众开放。

第二，文化惠民工程与公共文化活动持续深入发展。北京市开展多项公共文化服务工程，为基层和群众提供丰富的文化生活与公益性文化活动。相继实施了一系列文化惠民工程，把高水准的公益性文艺演出送到基层，推出了农村“文艺演出星火工程”“周末场演出计划”“百姓大戏节”“走进长安戏曲之门”“打开艺术之门”等公益性文化活动。

第三，重要公共文化设施的投入与建设不断加强。北京市加大各级政府对公共文化服务体系和文化设施的财政投入力度，同时鼓励和吸引社会力量参与投资，建设公共文化实施，提高公共文化服务能力。

第四，公共文化服务体系与现代传播方式的结合日益紧密和多样。北京是新兴传媒与电子媒介高度发达的城市，电子化、数字化的传播载体和传播手段既是公共文化服务体系建设需要面对的新形势，也是其创新发展的重要契机。在政府的大力投入和积极政策引导下，北京市公共文化服务的电子化、数字化建设与发展取得了显著的进展，大大提高了对公众的文化服务能力。

三　充分发挥北京文化引领作用的建设提升方略

在京津冀协同发展语境中充分发挥北京的文化引领作用，提升京津冀协同发展中文化建设的质量和水平，可把握以下几个方向。

（一）以文化自信带动文化凝聚力

北京作为全国文化中心和京津冀协同发展的文化龙头，具有文化发展道路自信、优势文化资源自信和文化价值体系自信。在高度文化自信基础上形成一种向上、包容、合作、共赢的价值取向，形成稳固的文化凝聚力，强化人们自强不息的奋斗精神和积极向上的价值理念，在这种精神力量的感召下充分发挥主观能动性推动京津冀世界级城市群的建设。

（二）以文化景观形成城市群符号

城市是一件伟大的艺术品，而每一件伟大的艺术品都具有其独特的风格，这种独特的风格就是个性。城市的文化景观凝结了这所城市的习俗、历史、文化传统等，是最能突出彰显城市个性的景观类型。北京作为全国文化中心和京津冀协同发展的文化龙头，其世界级的文化景观作为人类历史、文明的积淀，与津冀两地的文化相融合，彰显京津冀城市群个性，将城市群的文化符号化，从而使京津冀城市群的魅力和个性展现在世界面前。

（三）以文化创新和文化传播带动城市群发展

北京的文化创新和文化传播已形成优势样板，可供津冀两地复制，以此带动北京文化创新和文化传播的产业输出、资源输出和技术输出，提升津冀两地文化创新和文化传播的水平，同时形成北京领军企业带动津冀文化企业的发展模式，解决北京创新创业成本高的问题。可考虑建设一批联合创新试点区，形成北京文化企业创新和文化传播环境的延伸，一方面带动津冀两地文化企业发展，另一方面通过平台建设、资源整合，带动京津冀城市群发展，打造区域性文化龙头。

（四）加强京津冀公共文化共建共享

北京的公共文化服务体系相较于津冀有较强的优势。以北京的优势，充分带动京津冀协同发展，着眼于京津冀城市群的公共文化服务体系建设，加强三地公共文化共建共享。重点解决公共文化服务覆盖面和适用性的问题，完善津冀两地的公共文化服务标准体系，加快津冀两地的公共文化设施建设，解决“最后一公里”问题，以社会化手段提高公共文化服务水平，充分借鉴北京公共文化服务体系建设的经验、释放北京的优势公共文化资源效能，更好地满足京津冀尤其是津冀地区人民群众对美好生活的向往，推进公共文化服务数字化、智能化，实现公共文化服务现代化。

参考文献

《中国城市群发展指数报告（2019）》，社会科学文献出版社，2019。

〔美〕阿诺德·伯林特：《环境美学》，张敏、周雨译，湖南科学技术出版社，2006。

〔加拿大〕艾伦·卡尔松：《自然与景观》，陈李波译，湖南科学技术出版社，2006。

〔美〕刘易斯·芒福德：《城市发展史——起源、演变和前景》，倪文彦等译，中国建筑工业出版社，1989。

数据治理视域下北京培育数据要素市场的对策建议

常　艳*

摘　要： 数据已经成为新一轮全球竞争中的关键要素。面对世界百年未有之大变局，站在第二个百年目标奋进的关键节点，北京作为正在崛起的大国首都及超大型城市，在我国从数据资源大国向数据利用强国奋力转型中，要率先响应，主动担当作为。本文在解析数据要素市场化改革的基础上，探讨了北京加快培育要素市场的意义、现状与问题及对策，以期为相关决策提供参考。

关键词： 数据　要素市场　北京

一　加快培育数据要素市场的重要意义

20 世纪 90 年代以来，全球信息化变革产生了大量数据资源。海量数据及基于其产生的量子计算、智能计算、边缘计算等“计算力”逐步成为人类社会新的生产资料和生产力来源，数字经济因而成为当前全球竞争中的新焦点，数据在全球经济运行中的价值愈加凸显。在这一背

* 常艳，北京市经济与社会发展研究所副研究员，博士。

景下，党的十九届四中全会决议通过的《中共中央关于坚持和完善中国特色社会主义制度 推进国家治理体系和治理能力现代化若干重大问题的决定》中，首次将数据增列为生产要素，要求健全由市场评价贡献、按贡献决定报酬的机制。建立健全能够反映稀缺程度和市场供求关系、促进归集流通交易的数据要素市场成为社会主义市场经济体制改革应有之义。

2020 年 4 月 9 日，《中共中央 国务院关于构建更加完善的要素市场化配置体制机制的意见》发布，明确提出“加快培育数据要素市场”。综合来看，将数据纳入要素市场化改革范围，主要在于顺应三大重要趋势。一是人类社会正全面加速迈入数字经济时代，中国已与美国等发达国家共同走在前列，从单机应用为主的电子化阶段、互联网应用为主的网络化阶段，进入以大数据驱动为主的智能化阶段，国际上关于数据的战略博弈与资源争夺进一步加剧。二是供给侧结构性改革向纵深推进，围绕产品市场的产出端改革取得初步成效，针对要素市场的投入端改革需求迫切。数据本身可作为生产要素在各领域广泛应用，亦能数字化表达其他传统生产要素，促进要素投入的精准优化组合，具有重要的市场价值。三是数据要素在促进国家治理体系和治理能力现代化方面作用凸显，尤其是在新冠肺炎疫情防控等突发事件应对中展现出强大抗冲击力和发展韧性，在不确定性加大的国际形势下应用前景广阔。北京作为全国首都，加快培育数据要素市场意义重大。

（一）抢占全球竞争制高点的战略需求

相关测算表明，到 2025 年，全球将有近 30% 的新增数据来自中国。北京拥有全国规模最大、类型最多、层级最高的数据资源。加快市场化改革步伐，谋划打造国内一流、国际领先的数据要素市场，一方面是北京有力支撑我国从数据资源大国向数据利用强国转型、提升数据要素在全球的影响力和控制力的战略需求；另一方面也是有效应对外企央企等经济要素外流压力，以数据为纽带汇聚吸引全球人流、物流、资金流、信息流等流通配置，提升城市发展能级和国际影响力的战略考量。

（二）加快推动全市经济高质量发展的重要途径

当前，世界经济变局丛生、动荡不定、风险加大。用数赋智、发展数字经济是全球众多国家主动求变、化危为机、强大产业的共同选择。北京 2018 年数字经济规模突破万亿元，但仍落后于广东、浙江、上海等省市。事实上，当前北京供给侧结构性改革不仅是产品供需适配问题，更迫切的是深层次的生产要素优化配置和生产模式转型问题。数据要素在推动经济高质量发展方面具备四个明显优势：第一，初始固定成本高，但边际成本迅速下降；第二，供应能力具有长期无限性，能够 24 小时不间断；第三，在生产模式方面，能够推动大规模生产转向大规模定制；第四，在各领域具有广泛应用前景，并通过精准决策生产销售从而促进生产要素间的优化组合，能够有效提升全要素生产率。因而，加快培育数据要素市场，有利于北京从数字产业化、产业数字化、提高全要素生产率三个层面，更好将数据资源“势能”转化为高质量发展“动能”，推动构建具有竞争力的现代经济体系，提高经济发展韧性与回旋余地。

（三）加快提升城市治理能力和治理水平的迫切要求

在全球范围内，数据要素在交通、市政、环境、应急、治安管理等领域广泛深入应用，以加强风险预测、提升治理效率。北京作为超大型城市，城市治理任务艰巨复杂、矛盾叠加、风险交织，迫切需要通过数据要素市场化改革，推动各方数据互联互通、高效配置，更好保障首都城市安全运行和经济社会稳定发展，营造清朗有序、安全可靠的首都城市环境。

（四）更好建设科技创新中心的关键突破口

相关研究表明，新一轮科技革命的一个重要特征，是大数据与核心领域技术创新呈现交叉融合趋势，即数据已经成为创新的重要原材料。然而，当前科技创新数据资源汇聚共享进展缓慢，与发达国家相比差距明显，许多高价值的科学数据尚未在国内得到充分共享和使用就流向国外。如在生命科学领域，自20世纪80年代起，美国、欧洲和日本相继建设世界级生物数据中心，掌握并管理着全世界主要生物数据和知识资源，处于数据垄断地位。而我国科研工作高度依赖海外数据，据统计，每年高达1.1PB的国际生物数据下载量中55%来自中国。因此，北京要打造成为全球科技创新中心，有必要通过数据要素市场的建立健全，有序推动科学数据的归集共享流通，加快推动以数据为纽带的产学研协同创新，在新一轮全球科技竞争中寻求优势突破。

（五）推动京津冀协同发展的重要抓手

纵观全球城市发展崛起历程，统筹周边区域关键资源利用，继而汇聚吸引全球人流、物流、资金流、信息流等充分流转和高效配置，是成功形成全球影响力和控制力的关键。在数字经济时代，数据已成为人才、资本、技术、产业资源跨域流通的纽带。并且，不同于传统生产要素，数据具有超越时空、广泛流动的独特属性，正在对全球经济地理产生颠覆性影响。当前，京津冀大数据综合试验区已经启动建设近三年，开展了一系列区域一体化数据应用和创新创业试点，初步形成了环京大数据基础设施支撑带，大数据产业聚集格局逐步显现。在此基础上，推动数据要素跨区域流通和配置，尤其是数据归集环节政务数据等资源的共享开放，有助于进一步发挥北京核心作用，带动各项发展资源跨区域流通配置，优化区域营商环境，提升区域整体竞争力和协同发展能力。

二 北京数据要素市场发展现状及主要问题

当前，我国数据要素市场发展总体尚处于起步阶段，市场规模仍然较小，成长速度相对缓慢，正从自发阶段进入有序规制阶段。与全国其他省区市相比，北京数据要素市场发展具有基础好、起步早的明显优势：建有北京超级云计算中心等国内领先、国际先进的数字化基础平台，拥有大数据分析与应用技术国家工程实验室等一批掌握关键核心技术的研发平台；具有良好的数据产业发展基础，《中国大数据产业发展评估报告（2018 年）》显示，北京居于全国大数据产业发展第一梯队，其大数据发展总指数在全国大数据发展总指数中的占比高达 26.5%，在信息化发展水平、产业规模、产业竞争力、企业数量和创新创业等多方面处于引领地位；为推动数据供需对接、促进数据有序流通、深化大数据应用创新，自 2014 年以来，北京已陆续推进了中关村数海大数据交易平台、北京大数据交易服务平台等交易平台建设。然而，就与大国首都地位相匹配的数据要素市场建设目标而言，就统一开放、竞争有序的市场配置目标而言，当前北京仍存在明显差距。

（一）数据资源开放不够

归集整合数据资源是发展数据要素市场的首要条件。但由于多方面原因，目前统筹数据、开放数据难度较大，主要体现在以下几个层面。

一是在政府层面，数据资源共享的部门壁垒仍然一定程度存在。北京与上海、深圳同处政务数据开放前列。“目录区块链”系统联结了全市 53 个部门的数据目录，但由于数据提供方与使用方在权责界定上的不明确、互相调用范围有限等多方面因素，政务数据共享的部门壁垒仍在一定程度存在。政务数据资源网汇集开放了 69 个部门超过 15 亿条政务数据，但主要为基本业务型、常规统计型数据，市场价值相对较低。

此外，相关事业单位、行业协会等掌握的大量公共数据资源开放情况不明。

二是在市场层面，掌握大量数据的头部企业阵营划分界限逐步明晰，垄断现象凸显，已形成“阿里系”“腾讯系”等数据共享圈阵，彼此之间数据壁垒森严，数据一体化步伐艰难。

三是在产学研协同层面，数据与创新链存在严重脱节。目前，在全球范围内，企业已经生产并控制了海量数据这个研究现代世界所必需的“原材料”趋势愈加明显。如亚马逊等跨国企业雇用有专门的人才团队，组织开展以大数据为基础的人工智能经济学研究，以实现经验决策向数据驱动决策的模式转变。在国内，腾讯、京东等企业也纷纷组建数字科技研究院，基于运营中生产的大量数据开展精准开发利用。而人才和技术集聚的高校科研机构反而逐步陷入缺乏数据资料的尴尬境地。对此，相关管理部门要重点关注。

（二）数据资源价值挖掘不够

当前，由于各领域数据互联互通不够，数据资源在科技创新、经济发展、城市治理等各领域大规模、规范化、高效率开发利用受限，这在新冠肺炎疫情防控中已有一定体现。在人工智能、可穿戴设备、车联网、物联网等部分高精尖领域，数据的标准化采集对于数字产业化、产业智能化和国际竞争力提升至关重要，但小企业难担成本、大企业难有动力，亟须政府组织引导相关力量自上而下推动。

数据确权难是制约数据资源挖掘的重要影响因素。数据作为一种虚拟物品，其权利体系构成与实务商品有一定差别。从世界范围看，数据确权问题都是一个巨大挑战。一般而言，数据权包括数据主权和数据权利两大类。其中，前者主要包括数据管理权和控制权，其主要功能是在新技术环境中巩固国家主权地位；后者包括保障隐私安全的人格权（知情同意权、修改权、被遗忘权等）和分享数据增益红利的产权。实践中，在供给侧，数据权属界定同时存在主权、人格权和产权三种视角，标准难以统一，确权难度大，制约了数据供给侧的健康发展。在需求侧，现有的通信结构、技术形态以及目前“谁收集谁拥有”的规则，特别是少数大公司利用其技术规则、标准制度、产业优势形成了数据割据垄断，导致数据流通成本高、灰色交易和滥用等现象蔓延。总体而言，当前数据确权立法和管理制度严重滞后于实践，且多属战略规划层面，难以解决超大规模数据市场所必须匹配的更加精细、更为专业的管理现实需求。

（三）交易市场培育不够

交易市场对于促进数据流转、实现供需对接不可或缺。当前，北京仍缺乏在全国有广泛影响力的交易服务平台，相关中介机构发育不足。

在交易市场形成要件方面，在数据交易事前环节，数据标准化、资产化和商品化体系尚未建立，缺乏针对数据产品和交易商的评估体系，数据质量难以保障。在交易事中环节，缺乏统一的交易撮合定价体系，大量零散的数据交易定价均针对具体应用场景，缺乏相对统一的数据定价标准。在交易事后环节，缺乏统一的数据可信流通体系，区块链等新技术应用不足，进一步阻碍了数据要素的顺畅流通。

（四）数据跨境流通汇聚不够

在全球范围内，美、欧、日等发达国家和地区跨境数据流通圈逐步形成，新加坡汇集了东南亚超过50%的商业数据托管及中立运营商数据中心。北京作为正在崛起的大国首都，无论是在汇聚流通区域性、全国性数据方面，还是在支持国内数据跨境流出、吸引国际数据流入汇集方面，发挥的枢纽性作用都还不够，对京津冀协同发展战略、“一带一路”建设等的服务还不够，亟须在高速网络基础设施硬件支撑与数据开放流动管理制度设计等方面予以推动。

（五）安全保障监督管理不够

数据安全始终是数据要素市场建设的重中之重、难中之难。近年来，大国竞争明显加剧，国际网络安全、数据安全形势日益严峻，数据泄露、勒索攻击、黑客活动等各类安全事件层出不穷。这对北京在安全可控条件下开放改革数据要素市场而言挑战巨大，数据安全整体技术实力亟待提高，风险防范部署亟待加强。此外，数据具有实时产生、广泛流动、规模巨大、传递更具隐蔽性等不同于传统生产要素的特征，针对传统线下企业、条块分割的监管模式已难适应，亟待建立新型事前事中事后、线上线下一体化监管体制机制，满足数据跨地区、跨行业、跨层级监管需求。

三　相关对策建议

培育数据要素市场是一项系统工程，需以“市场有效、政府有为、企业有利、个人有益”为原则，平衡好数据开放共享、开发利用与安全保护之间的关系，促进多方面协同发力，逐步形成与大国首都地位相匹配的数据要素市场。

（一）着力推动数据开放共享

要破解当前数据资源开放难问题，推动建立公共数据资源开放、政企数据互联、跨区域数据互通的开放共享体系至关重要。

一要建立完善公共数据开放体系。在“目录区块链”系统基础上，进一步完善互信机制，扩大互相调用范围，促进政务数据跨部门、跨层级共享。尽快梳理公共数据资源开放情况，在建立健全各部门、各层级公共数据开放体系基础上，制定数据开放计划及进程，形成大数据开发利用的智力众包机制。

二要建立健全社会化数据采集体系。清理、整合、统筹政府面向社会化机构的数据采集和信息报送渠道，依法依规建立社会化数据统一采集和合作机制，鼓励引导行业协会商会推动高精尖领域数据采集标准化，提升标准制定话语权。探索建立面向大型互联网企业的数据目录备案机制，推动政务数据与社会化数据平台化对接，这是放大数据在经济发展、社会治理方面合力的必然要求，也是提升全球化供应链供给竞争力的重要抓手。比如，在供应链金融创新领域，除了银行或涉及的核心企业要搭建平台，与整合了社会化数据和政务数据的大平台对接更是关键，只有这样才能建立由税务、工商、司法等信息构成的外部数据核实体系，形成物流、资金流、信息流、商流的四流核实闭环。

三要推进跨区域数据共享联通。基于京津冀大数据综合试验区建设成果，进一步衔接区域数据资源与算力资源，加快建设北京与津冀区域重点数据中心的高速直连宽带网络，进一步推动数据资源互联互通，逐步形成以数据为纽带的区域协同发展新格局。加快引导推动北京数据交易服务平台按照“统一管理、独立运营、资源共享、协同发展”模式，建设津冀服务分中心，加强与周边区域政企数据交流合作，促进数据资源跨区域流通应用。

（二）着力营造便于数据流通的市场环境

充分发挥政府和市场两种资源优势，以数据应用需求为导向，加快数据确权定价、准入监管、公平竞争、跨境流通、风险防范等方面制度建设，营造健康市场环境。

一要建立健全数据市场准入机制。结合商事制度改革要求，采用正面引导白名单、负面清单和第三方机构认证评级相结合的方式，规范、简化数据业务市场准入备案制度，降低数据企业准入门槛。

二要建立数据确权定价基本框架。利用区块链技术，研究解决数据资产从生成到交易全流程中的价值有序传递、记录追踪问题，建立以促进产业发展为导向的数据产权框架。探索建立成本定价和收益定价、一次定价和长期定价、分环节按贡献分成定价等多种方式相结合的数据资源流通定价机制。

三要探索建立数据要素流通交易体系。依托北京大数据交易服务平台等资源，搭建包括数据交易撮合、交易监管、资产定价、争议仲裁在内的全流程数据要素流通平台，明确数据登记、评估、定价、交易跟踪和安全审计机制，健全数据交易流通的市场化机制和运营规则。整合区块链等新技术，搭建数据溯源、授权存证和完整性检测平台，建立数据资源质量评估和信用评级体系。探索数据招投标、数据期货、数据认证等创新业务，促进供需有效对接，加速数据流通应用。探索完善数据跨境流通市场机制，兼顾数据安全保护和支持数字经济发展两大目标，加大数据要素市场对内对外开放力度，打造具有国际影响力的全球数据管理中心。

四要强化事中事后监管。系统梳理数据产业发展监管环节和线上线下监管需求，完善以数据为基础、以信用为核心的监管机制和手段。研究针对不正当竞争行为的监管治理手段，探索政府、企业、个人多方参与、协同共治的新型监管机制。充分利用区块链等创新技术探索建立开放透明的跨境数据流动监管体系。

五要建立数据市场风险防控体系。强化关键领域数字基础设施安全保障，加大自主安全产品采购推广力度，加强对专利、数字版权、商业秘密、个人隐私数据的保护。构建“平战结合”的数据治理机制，建立面向企业的数据安全备案机制，促进数据要素在应急管理、疫情防控、资源调配、社会管理等方面更好发挥作用。

（三）完善相关政策配套

要推动要素市场发展，需对相关投资、产业、税收、财政等政策进行适配优化。

一要加强投资支持。加快推动5G、数据中心等新型基础设施建设，持续推动传统基础设施数字化、智能化升级，形成“泛在连接、协同高效、全域感知、智能融合、安全可信”的数字基础设施体系，改善数据资源生产存储、算力提升、交易流通等硬件环境。

二要大力推动关键技术攻关。针对数据要素存储流转开发、安全保护硬件与软件的卡脖子技术，要加大研发支持力度，努力实现自主可控。

三要引导推动数据与产业创新要素深度融合。探索建立以数据链有效联动创新链、产业链、资金链的“四链协同”制度框架。大力推进科学数据共享平台建设，推进数据驱动型创新研发。构建以数据为纽带的产学研协同创新体系。探索建立基于大数据的产业运行监测和精准投资体系，针对产业链不同环节设立知识产权基金、协同创新基金和产业并购基金，提升产业资金的投资成效。

四要探索建立适应数据要素特点的税收征管制度。探索鼓励企业向政府开放数据的税收抵扣政策，加大对小微企业和以数据为主营业务的创新型企业的税收优惠力度。

五要探索推进“数据财政”模式。有序推进公共数据资产运营和增值化开发利用，采取依靠激活开放运用数据资源创造财政收入的数据财政模式。探索数字经济贡献度与税收返还和转移支付挂钩的管理体制改革模式，破解数据开放激励不足、价值变现动力不足痼疾，逐步形成政府数据开放共享、增加地方财税收入的良性机制。

参考文献

《中共中央关于坚持和完善中国特色社会主义制度 推进国家治理体系和治理能力现代化若干重大问题的决定》，http：//www. gov. cn/zhengce，2019 年 11 月 5 日。

《中共中央 国务院关于构建更加完善的要素市场化配置体制机制的意见》，http：//www. gov. cn/zhengce，2019 年 11 月 5 日。

中国电子信息产业发展研究院：《2018 年中国大数据产业发展水平评估报告》，2018。

王建冬、童楠楠：《数字经济背景下数据与其他生产要素的协同联动机制研究》，《电子政务》2020 年第 3 期。

王建冬、于施洋、窦悦：《东数西算：我国数据跨域流通的总体框架和实施路径研究》，《电子政务》2020 年第 3 期。

中国 IDC 圈研究中心：《2018 ~ 2019 北京地区 IDC 市场分析报告》，2019。

周林彬、马恩斯：《大数据确权的法律经济学分析》，《东北师大学报》（哲学社会科学版）2018 年第 2 期。

生态治理篇

环首都地区城乡融合系统耦合协调度时空演化及其影响因素

何仁伟*

摘　要： 本文从经济、社会、生态三方面构建了城乡融合系统评价指标体系，运用均方差决策法、耦合协调度模型和趋势面分析等研究方法，定量测度了环首都地区 1995～2015 年城乡融合系统耦合协调度的时空演变特征，并借助地理探测器模型对环首都地区城乡融合系统耦合协调发展的影响因素进行识别，结果表明：① 1995～2015 年，环首都地区城乡融合系统的耦合协调度呈现波动上升趋势，以 2000 年为拐点，先减后增，但总体水平均较低。城乡融合系统耦合协调度的区域差异呈现波动增大趋势，其中北京市和环京 3 市两类地区之间的差异是造成环首都地区整体差异的主要原因，而环京 3 市内部差异大于北京市内部差异。②从空间演变来看，环首都地区城乡融合系统的高水平协调区以北京市为中心呈现空间极化态势，低水平协调区长期布局在保定市范围内，呈现一定程度的低值锁定现象，环首都地区城乡融合系统的耦合协调度整体呈现“北高南低—东高西低”的空间格局。③地区整体经济发展水平、乡村经济和产业发展状况、政府宏观调控和政策导向、城乡

* 何仁伟，北京市社会科学院市情调查研究中心副研究员，博士，北京世界城市研究基地专职研究员。

收入差距、交通通达性是影响环首都地区城乡融合系统耦合协调发展的主要因素，影响北京市和环京3市两类地区城乡融合系统协调发展的核心因素存在时空差异性。

关键词： 城乡融合系统　耦合协调度　地理探测器模型　环首都地区

实施区域协调发展战略，解决地区间发展不平衡不充分问题，已经成为新时期国家重大战略之一。而城乡发展不平衡、乡村发展不充分、城乡差距日益扩大、乡村日益衰落问题表现得尤为突出和严重，[①] 中国已经成为世界上城乡矛盾最为突出的国家之一，[②] 缩小城乡发展差距、促进城乡融合发展事关全面建成小康社会和现代化建设全局。对于城乡关系的研究由来已久，学者们梳理了中国城乡关系的演变历程，[③] 提出了中国城乡从对立、分割走向一体、融合的新型城乡关系内涵，[④] 探讨了城乡关系理论、[⑤] 新时期中国城乡融合机理与乡村振兴路径，[⑥] 总结了中国城乡发展的主要问题和转型对策[⑦]等，理论成果不断涌现；实证

① 何仁伟：《城乡融合与乡村振兴：理论探讨、机理阐释与实现路径》，《地理研究》2018年第11期；刘彦随：《中国新时代城乡融合与乡村振兴》，《地理学报》2018年第4期。

② 黄禹铭：《东北三省城乡协调发展格局及影响因素》，《地理科学》2019年第8期；Liu Y. S.，Li Y. H.，"Revitalize the World's Countryside," *Nature*，2017（7667）.

③ 张海鹏：《中国城乡关系演变70年：从分割到融合》，《中国农村经济》2019年第3期。

④ 刘春芳、张志英：《从城乡一体化到城乡融合：新型城乡关系的思考》，《地理科学》2018年第10期。

⑤ Fertner C.，"The Emergence and Consolidation of the Urban-rural Region：Migration Patterns around Copenhagen 1986 - 2011," *Tijdschrift Voor Economische En Sociale Geografie*，2013，104（3）.

⑥ 何仁伟：《城乡融合与乡村振兴：理论探讨、机理阐释与实现路径》，《地理研究》2018年第11期；刘彦随：《中国新时代城乡融合与乡村振兴》，《地理学报》2018年第4期。

⑦ 刘彦随、严镔、王艳飞：《新时期中国城乡发展的主要问题与转型对策》，《经济地理》2016年第7期。

研究方面，关于城乡协调发展、[①] 城乡一体化测度、[②] 城乡统筹水平评价、[③] 城乡耦合关联分析、[④] 城乡融合定量评价[⑤]等内容的探讨不断开展，研究尺度涉及省域、地市[⑥]等单元，相关文献为城乡关系发展规律认知的不断深化提供了良好的研究基础。综合已有研究来看，城乡关系经历长期更迭和演变，城乡融合发展理念成为新形势下中国新型城乡关系的核心内涵，作为新的研究热点，以“城乡融合”为主题的理论研究成果丰硕，关于城乡融合发展评价的定量研究相对不足，既有的定量研究通常从省、市等较大尺度展开，涉及县区等中小尺度的研究有待进一步补充；现有研究关于城乡关系的探讨中，存在城、乡单独建立指标体系，单独评价后进行城乡关系耦合或对比分析的现象。从城乡地域系统内在联系的角度来看，二元独立的评价视角可能存在忽视城乡间内在联系的缺陷，致使研究结论在揭示存在密切相互作用的城乡关系时可能存在不足。

大都市区是中国经济社会发展最为重要的地域单元之一，也是推动城乡融合发展、缩小城乡和区域发展差距需要重点关注的空间单元。[⑦] 大都市区空间范围通常涉及核心区和边缘区，由内而外不同地区经济发展水平、城镇化阶段、城乡联系等存在显著差异，开展大都市区城乡融

---

① 黄禹铭：《东北三省城乡协调发展格局及影响因素》，《地理科学》2019 年第 8 期；王颖、孙平军、李诚固等：《2003 年以来东北地区城乡协调发展的时空演化》，《经济地理》2018 年第 7 期。

② 修春亮、许大明、祝翔凌：《东北地区城乡一体化进程评估》，《地理科学》2004 年第 3 期。

③ 刘洁敏、吕斌：《川渝地区城乡统筹水平演化特征分类研究》，《地理科学进展》2015 年第 10 期。

④ 程叶青、邓吉祥、房艳刚：《吉林省中部粮食主产区城乡关联的空间分析》，《地理研究》2010 年第 4 期。

⑤ 刘明辉、卢飞：《城乡要素错配与城乡融合发展——基于中国省级面板数据的实证研究》，《农业技术经济》2019 年第 2 期；周佳宁、秦富仓、刘佳等：《多维视域下中国城乡融合水平测度、时空演变与影响机制》，《中国人口 · 资源与环境》2019 年第 9 期。

⑥ Liu Y. S. , Li Y. H. , “Revitalize the World’s Countryside,” *Nature*, 2017 (7667).

⑦ 杨开忠：《乡村振兴以都市圈为主要依托》，《理论导报》2018 年第 6 期。

合发展问题探讨，不仅有利于揭示典型地域城乡融合关系特征，同时对于缩小城乡发展差距、促进区域协调发展具有重要的实际参考价值。基于以上分析，本文选择环首都地区为案例地，以县区尺度的城乡融合发展为研究议题，从城乡互动关系的角度出发，将城乡经济发展、社会生活和生态环境3个子系统融合发展程度的相互耦合协调水平作为城乡融合系统良性发展的评价依据，构建了相关指标体系，借助耦合协调度模型定量分析了环首都地区城乡融合系统耦合协调度的时空演化特征，在此基础上运用地理探测器模型探究了环首都地区城乡融合系统耦合协调发展的主要影响因素，以期为缩小环首都地区城乡发展差距，促进首都城乡经济、社会、生态融合发展的政策制定和治理现代化提供科学依据。

一　城乡融合内涵与指标体系构建

（一）城乡融合内涵

城乡融合发展是一个涉及面广且内部要素关系复杂的系统工程。城乡融合通常包括产业、人口、土地、就业、居住、医疗、交通、市场、人民生活、污染治理、生态环境等众多实体要素，还包括制度、文化、观念、思想、风俗习惯等非实体要素。城乡融合涉及城镇和乡村两个存在明显差异的地域空间，两者之间存在千丝万缕的联系。城乡融合发展是推动上述实体和非实体要素在城乡两类空间上流动，实现协调有序运转的过程。在进行城乡融合发展的研究时，如果将城镇和乡村作为两个独立空间来考虑，分别构建两类空间的指标体系探讨其综合发展水平，而后讨论城镇和乡村两者综合发展指数的协调水平，研究内容和研究过程割裂了城乡系统，忽视了城乡各要素间的相互作用关系，使评价结果难以做到客观准确。在城乡融合发展过程中，城乡关系主要体现在经济发展、社会生活和生态环境3个方面，通过构建城乡经济发展融合、城乡社会生活融合、城乡生态环境融合量化指标体系，能够有效地将难以直观量化的城乡融合发展关系，通过各子系统的数值定量化表达加以分解，而通过综合指数法，按一定权重集成3个子系统融合发展结果来代表城乡融合整体发展水平，在一定程度上能够体现一个区域的城乡融合状态，但该方法并不能反映3个子系统间的协调发展水平。当一个区域呈现城乡经济发展系统的高度融合，而社会生活系统和生态环境系统的融合水平远远低于经济发展系统，区域城乡融合发展呈现片面追求经济效益的失衡状态，此时采用上述方法可能得出融合水平整体较高的评价结果，而3个子系统间的不协调现象可能就被隐藏，导致评价结果有失偏颇。而只有在实现城乡3个子系统融合发展的同时，保证各系统间呈现协调发展状态，才能真正实现城乡融合的高质量发展。因此，本文认为，城乡融合发展是城乡系统融合推进、内部协调的良性发展状态，实现城乡系统在经济发展、社会生活、生态环境等方面融合的同时，更要确保各子系统间融合发展程度的彼此协调。本文的城乡融合发展评价围绕城乡融合3个子系统间的耦合协调状态展开。

（二）指标体系构建

基于以上城乡融合内涵分析，城乡融合发展主要涉及经济发展、社会生活和生态环境3个子系统（见表1），结合现有城乡关系量化研究，[①] 本文将城乡融合子系统的量化指标分为三类：综合类、对比类和追赶类。其中综合类指的是反映区域城乡整体发展水平的指标，如反映区域整体经济发展程度的人均GDP；对比类是指体现城乡在某方面差

---

① 黄禹铭：《东北三省城乡协调发展格局及影响因素》，《地理科学》2019年第8期；王颖、孙平军、李诚固等：《2003年以来东北地区城乡协调发展的时空演化》，《经济地理》2018年第7期。

异情况的指标，如体现城乡居民收入差距的城乡居民收入比；追赶类是指处于发展弱势的乡村需要不断实现赶超的指标，如反映乡村非农产业和乡村经济发展状况的农村非农就业比等。三类指标相辅相成、互为补充，缺一不可。如果仅有综合类指标则评价结果变为地区综合发展水平评价，偏离研究目的；如果仅有对比类指标，缺失综合类指标，也会使研究结果出现偏差：当某个地区处于经济社会发展的起步阶段，城乡联系较弱，城乡差距较小，而另一个地区处于经济发展和城镇化快速推进阶段，城镇各类要素快速集聚，城乡差距不断扩大，此时则会得出前者城乡融合发展程度高于后者的错误结论；同时乡村是当前城乡发展的短板，如果缺失追赶类指标，则难以把握乡村发展的实际效果，导致评价结果脱离实际。基于此，结合现有统计资料对县区尺度数据的统计现

表 1　环首都地区城乡融合系统评价指标体系

<table>
<tr><th>目标层</th><th>维度层</th><th>指标层</th><th>具体指标</th><th>类型</th><th>功效</th></tr>
<tr><td rowspan="12">城乡融合系统评价指标体系</td><td rowspan="4">A 经济发展</td><td>A1 经济发展水平(0.2062)</td><td>人均 GDP</td><td>综合</td><td>+</td></tr>
<tr><td>A2 二元生产效率比(0.2416)</td><td>(一产增加值/一产从业人员数)/(二、三产业增加值/二、三产业从业人员数)</td><td>对比</td><td>+</td></tr>
<tr><td>A3 农村就业结构(0.2700)</td><td>农村非农就业比</td><td>追赶</td><td>+</td></tr>
<tr><td>A4 城乡投资比(0.2822)</td><td>城镇固定资产投资额/农村固定资产投资额</td><td>对比</td><td>-</td></tr>
<tr><td rowspan="5">B 社会生活</td><td>B1 教育水平(0.1933)</td><td>基础教育师生比</td><td>综合</td><td>+</td></tr>
<tr><td>B2 医疗条件(0.2154)</td><td>每万人医疗床位数</td><td>综合</td><td>+</td></tr>
<tr><td>B3 城乡收入比(0.2470)</td><td>城镇人均可支配收入/农民人均纯收入</td><td>对比</td><td>-</td></tr>
<tr><td>B4 交通通达性(0.2227)</td><td>路网密度</td><td>综合</td><td>+</td></tr>
<tr><td>B5 财富状况(0.1216)</td><td>城乡居民人均储蓄存款余额</td><td>综合</td><td>+</td></tr>
<tr><td rowspan="3">C 生态环境</td><td>C1 污染状况(0.3245)</td><td>亩均化肥施用量</td><td>追赶</td><td>-</td></tr>
<tr><td>C2 生态条件(0.2990)</td><td>绿化覆盖率</td><td>综合</td><td>+</td></tr>
<tr><td>C3 环境状况(0.3765)</td><td>PM2.5 浓度</td><td>综合</td><td>-</td></tr>
</table>

状，遵循综合性、系统性、科学性、代表性和数据可得性等原则，确定了环首都地区城乡融合评价指标体系。

二　研究区概况与方法

（一）研究区概况

本文选择环首都地区为案例区，环首都地区具体包括北京及环京3市，即河北省承德、张家口和保定4市66县区（见图1）（简称“环首都地区”，其中北京东城区、西城区和石景山区已为纯城镇地区，未纳入研究范围）。北京市属于大都市核心区，而环京3市属于传统意义上的“环首都贫困带”所在区域，属于受大都市虹吸影响的“问题区域”。[①] 本文的案例区选择具有如下特点：①本文研究目的是对环大都市区最发达板块和最落后板块间的城乡融合系统发展状况展开评价，从而对比不同发展阶段的两类地区城乡融合发展状况特征和影响因素差异，其中大都市核心区为北京市，大都市辐射区在传统“环京津贫困带”范围的基础上，考虑到行政辖区的完整性和保留政策执行的地域性特征，将范围扩展至承德、张家口和保定3市全域，研究区选择整体具有通识性；②北京及环京3市具有大城市与大农村、发达地区与贫困地区、平原与山区多元并存的复杂城乡关系，区域发展差距较大，其城乡发展问题在整个大都市区中既有典型性又有特殊性；③《北京城市总体规划（2016年—2035年）》将北京与承德、张家口和保定3市的结对帮扶问题，确定为深入推进京津冀协调发展战略率先突破的重点领域，因此开展北京和环京3市的城乡融合发展问题研究，不仅有利于丰

① 何仁伟、樊杰、李光勤：《环京津贫困带的时空演变与形成机理》，《经济地理》2018年第6期；陈玉、孙斌栋：《京津冀存在“集聚阴影”吗——大城市的区域经济影响》，《地理研究》2017年第10期。

富城乡融合量化研究的典型案例，同时也是首都治理现代化和以首都为核心的世界级城市群建设的现实需要。

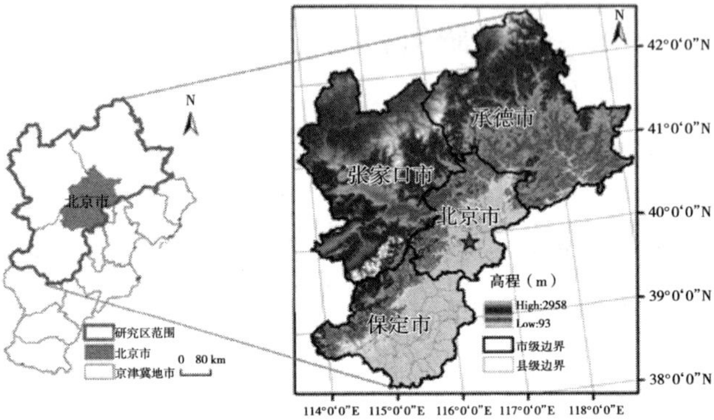

图 1　环首都地区空间范围及高程图示意

（二）数据来源

根据数据可得性原则，本文选择 1995 年为研究起点，结合中国国民经济发展五年规划的执行周期，以 5 年为时间间隔，选择 1995 年、2000 年、2005 年、2010 年和 2015 年为时间节点，以县域为基本研究单元，展开环首都地区城乡融合系统的耦合协调研究。相关数据主要来自《北京统计年鉴》、《北京区域统计年鉴》、《河北经济年鉴》、《河北农村统计年鉴》以及各地市统计年鉴等统计资料，为了消除年际间价格变动对时序数据的影响，本文以 1995 年为基期，采用 GDP 指数和商品零售价格指数等对后续相关年份的地区生产总值、一二三产业增加值、固定资产投资、城乡收入、城乡居民存款余额等社会经济数据进行了修正和调整，确保不同年份间的研究结果具有可比性。其中 PM2. 5 污染数据来源于哥伦比亚大学社会经济数据与应用中心公布的全球 PM2. 5 卫星栅格数据。

（三）研究方法

1. 均方差决策法

采用极差标准化法[①]对城乡融合各子系统中的指标进行无量纲处理，选择均方差决策法确定各项指标权重。均方差决策法是基于信息熵原理设计的一种赋权方法，具有客观性优势。[②] 该方法认为，信息熵能够测度信息量，表示不确定性或变异程度，指标的变异程度越大，提供的信息量越大，其权重也应越大，反之亦反。该方法计算过程包括：①计算各指标的离差系数即均方差；②计算各指标离差系数占其所在系统的比重，该比重即为其权重。

计算公式为：

$$Z_j = \sqrt{\frac{\sum_{i=1}^{n}(X_{ij} - \overline{X}_j)^2}{n}}$$

$$W_j = Z_j / \sum_{j=1}^{m} Z_j$$

式中，$\overline{X}_j$ 、Z_j 、W_j 分别代表城乡融合系统中某一系统内 j 指标的均值、均方差和权重，n 为各指标对应的县区数，m 为各准则层包含的指标个数。

2. 耦合协调度模型

城乡融合涉及城乡经济发展融合、社会生活融合和生态环境融合等多个方面，实现城乡区域高质量发展需要促进不同系统间的耦合协调。为科学反映城乡融合不同系统间的发展状况，本文借助物理学上的耦合原理，构建城乡融合的耦合度模型，以定量测度城乡融合 3 个子系统间

① 马历、龙花楼、戈大专等：《中国农区城乡协同发展与乡村振兴途径》，《经济地理》2018 年第 4 期；李婷婷、龙花楼：《基于转型与协调视角的乡村发展分析——以山东省为例》，《地理科学进展》2014 年第 4 期。

② 王成、唐宁：《重庆市乡村三生空间功能耦合协调的时空特征与格局演化》，《地理研究》2018 年第 6 期；邹德玲、丛海彬：《中国产城融合时空格局及其影响因素》，《经济地理》2019 年第 6 期。

的耦合程度，计算公式为：

$$C = \left\{ [f(x) \cdot f(y) \cdot f(z)] / [f(x) + f(y) + f(z)]^3 \right\}^{1/3}$$

式中，C 为耦合度，取值［0，1］，$f(x)$、$f(y)$、$f(z)$ 分别代表城乡经济发展融合水平、社会生活融合水平和生态环境融合水平。

耦合度更多强调城乡融合各子系统间交互作用程度，未有效探明各耦合状态是否属于良性协调情况，因此进一步引入耦合协调度用以分析城乡融合的经济发展、社会生活和生态环境 3 个子系统间交互耦合的协调状况。计算公式为：

$$D = \sqrt{C \cdot T}$$
$$T = af(x) + bf(y) + cf(z)$$

式中，D 为耦合协调度，C 为耦合度，T 为综合发展水平，a、b、c 为待定系数。本文认为城乡融合发展过程中，经济发展、社会生活和生态环境 3 个子系统同等重要，不可偏颇，均取值 1/3。参考相关研究，① 结合本文的实际情况，确定环首都地区城乡融合发展的耦合度和协调度判断标准（见表 2）。

表 2　环首都地区城乡融合系统的耦合协调状态划分标准

指数名称	数值范围	状态	特征
耦合度 C	$0 < C \leq 0.3$	低水平耦合	城乡融合的 3 个子系统间联系较弱，当 $C = 0$ 时表明 3 个子系统间处于无关状态，城乡融合趋于无序
	$0.3 < C \leq 0.5$	拮抗	城乡融合的 3 个子系统间相互作用增强，出现处于优势融合程度的系统影响或阻碍其他处于弱势融合程度系统发展的现象
	$0.5 < C \leq 0.8$	磨合	城乡融合的 3 个子系统相互关系逐步磨合，开始互相配合、协作，出现良性耦合趋势
	$0.8 < C \leq 1$	高水平耦合	城乡融合的 3 个子系统良性互动不断增强，发展方向有序性越来越高，当 $C = 1$ 时表明 3 个子系统间处于良性共振状态

① 王成、唐宁：《重庆市乡村三生空间功能耦合协调的时空特征与格局演化》，《地理研究》2018 年第 6 期；邹德玲、丛海彬：《中国产城融合时空格局及其影响因素》，《经济地理》2019 年第 6 期。

续表

指数名称	数值范围	状态	特征
耦合协调度 D	$0 < D \leqslant 0.2$	严重失调	城乡融合发展过程中过度强调经济发展融合，忽视城乡社会生活水平和生态环境质量的同步提升，甚至出现乡村生态进一步恶化现象
	$0.2 < D \leqslant 0.35$	轻度失调	城乡经济发展融合依然处于优势地位，社会生活融合程度逐渐提高，生态环境融合水平未得到有效提升
	$0.35 < D \leqslant 0.5$	基本协调	城乡经济发展速度有所放缓，逐渐走向兼顾综合发展效益的道路，开始不断提升农村社会生活质量，完善生态环境治理
	$0.5 < D \leqslant 0.8$	中度协调	补齐短板的发展路径成效逐渐显现，城乡经济发展融合、社会生活融合和生态环境融合发展程度渐趋同步协调
	$0.8 < D \leqslant 1$	高度协调	城乡融合的3个子系统发展互相促进，区域城乡融合进入全面协调阶段，逐步实现城乡发展有序、共同繁荣

3. 趋势面分析

趋势面是以空间数据为基础，运用数理拟合的方式模拟出空间曲面，对具有较大空间跨度的地理数据进行半定量化研究，可用于探寻研究对象在空间上的变化趋势和分布规律。[①] 本文以耦合协调度为观测值，借助趋势面分析模拟出环首都地区1995年以来城乡融合各子系统耦合协调状况时空分异特征。设（x_i，y_i）为第i个县区的空间位置，则Z_i（x_i，y_i）为第i个县区的趋势函数，其中X轴代表东西方向，Y轴代表南北方向。

4. 地理探测器模型

地理探测器是研究空间分异性的有效方法，[②] 其中的因子探测器可

① 李雪铭、郭玉洁、田深圳等：《辽宁省城市人居环境系统耦合协调度时空格局演变及驱动力研究》，《地理科学》2019年第8期。

② 李雪铭、郭玉洁、田深圳等：《辽宁省城市人居环境系统耦合协调度时空格局演变及驱动力研究》，《地理科学》2019年第8期；王劲峰、徐成东：《地理探测器：原理与展望》，《地理学报》2017年第1期。

用于探测不同影响因素对某类对象空间分布的不同影响力，[①] 解决了不同现象空间分布异质性因果联系问题。本文运用地理探测器因子探测部分探究环首都地区城乡融合水平耦合协调度 Y 与影响因子 X 之间的关系，模型为：

$$q = 1 - \frac{1}{N\sigma^2}\sum_{h=1}^{L} N_h \sigma_h{}^2$$

式中，q 为探测因子 X 的探测力值；$h=1$，…，L 为变量 X 的分层；N 与 N_h 为研究区和探测区的样本数；$\sigma_h{}^2$ 和 σ^2 分别为探测区和研究区的 Y 值方差；q 取值［0，1］，q 值越大，表示因子 X 对 Y 的影响作用越强。

三　环首都地区城乡融合系统耦合协调度时空格局演化

（一）环首都地区城乡融合系统耦合协调发展的时序变化特征

1. 耦合协调度呈现低水平波动增长态势

1995～2015 年，环首都地区城乡各子系统融合水平的耦合度和耦合协调度均呈现波动上升趋势，以 2000 年为拐点，先减后增，但总体水平均较低。城乡融合的耦合度和耦合协调度类型较为稳定，其中耦合度主要涉及低水平耦合和拮抗两种类型，耦合协调度主要包含轻度失调和基本协调两种类型。随时间演化，耦合度由以低水平耦合为主转化为以拮抗为主，耦合协调度的主导类型也由轻度失调转变为基本协调。这说明随着经济社会的发展变迁，环首都地区各区县城乡融合子系统间相互作用程度整体趋于增强，但其作用关系有待进一步优化（见图 2）。

① 叶妍君、齐清文、姜莉莉等：《基于地理探测器的黑龙江垦区农场粮食产量影响因素分析》，《地理研究》2018 年第 1 期。

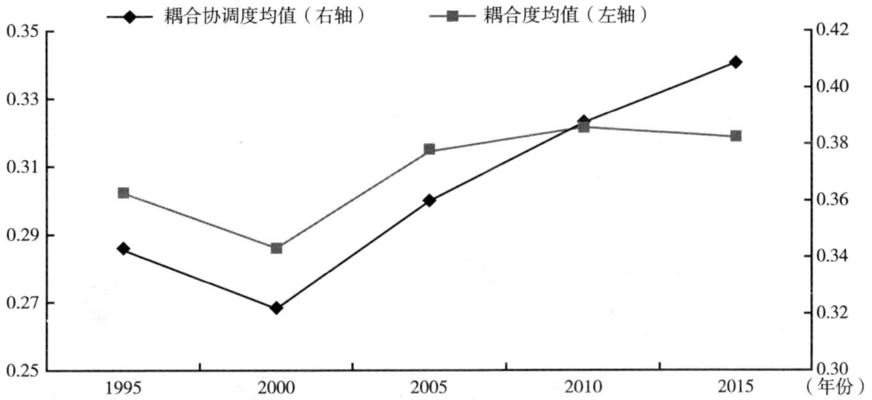

图 2　环首都地区城乡融合耦合度和耦合协调度变化

结合耦合协调度变化特征，环首都地区城乡融合的耦合协调发展历程可以划分为两个阶段：①1995～2000 年，耦合度均值由 0.3022 减小至 0.2861，城乡各子系统融合水平的相互作用趋于弱化，耦合协调类型也向轻度失调进一步倾斜，轻度失调区县个数由 38 个增长至 49 个，而基本协调区县个数则由 28 个减少至 17 个，此阶段城乡经济发展融合水平的降低是导致城乡融合失调的主要原因；②2000～2015 年，耦合度均值由 0.2861 波动增长至 0.3185，说明各区县城乡融合子系统相互作用整体趋于增强，耦合协调度均值由 0.3218 持续增长至 0.4086，轻度失调的区县个数由 49 个持续减少至 4 个，基本协调区县占比则增至 93.94%，此阶段随着“城镇单一导向”的发展政策转变为“兼顾城乡发展利益指向”，政策背景的变迁促进城乡经济、社会发展和生态环境保护共同推进，城乡各子系统融合水平同向稳步提升，城乡融合发展整体趋于协调。

2. 耦合协调度的区域差异呈现波动增大趋势

为了探究环首都地区不同区域城乡融合系统耦合协调度的差异变化情况，结合北京和环京 3 市大城市与大农村、发达地区与落后地区的实际情况，分别计算得出各年度研究区整体、北京市和环京3市的城乡融合系统耦合协调度极差和标准差（见图3）。

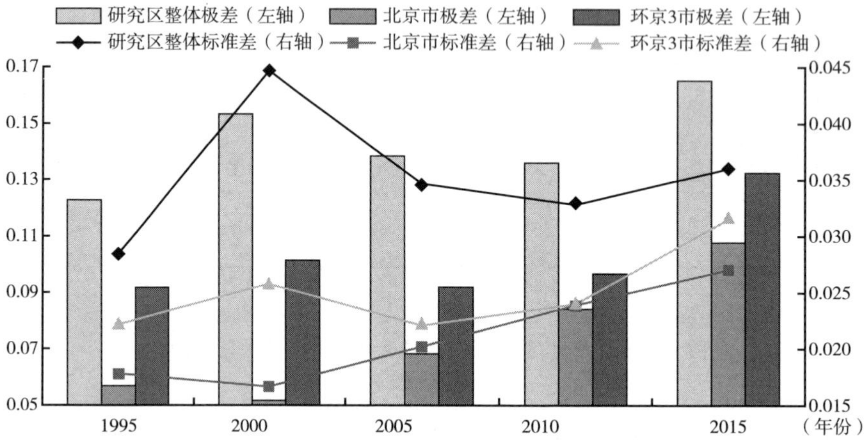

图3　环首都地区城乡融合系统耦合协调度区域差异变化

整体来看，研究区各区县城乡融合的耦合协调度区域差异经历了“增—减—增”的动态变化历程，区域差异略有增大。1995～2000年，研究区整体耦合协调度的极差由0.1227增至0.1532，标准差也由0.0284较大幅度增至0.0447，说明各区域耦合协调度数值趋于分散，城乡融合协调性的区域分异趋于强化。2000～2010年，耦合协调度的极差和标准差均呈现持续减小状态，此阶段随着国家对城乡关系改革的深入推进，改革的重点由单一关注破解城乡二元经济体制逐步扩大到社会生活等领域，环首都地区城乡各子系统的融合发展均得到有效推进，城乡融合协调性的区域差异有所弱化。由于城乡协调水平与发展起点、地域环境、经济发展阶段等存在较大关系，随着城乡融合发展的深入推进，各地区融合发展的差异性将进一步显现，发展水平越高的地区发展较快，反之则慢，对应环首都地区城乡融合协调发展实际，出现了2010年以后城乡协调发展的区域差异逐步增大的现象。

分区域来看，北京市和环京3市城乡融合的耦合协调度区域差异变化各异，其中，环京3市的变化趋势基本与研究区整体变化趋势保持一致，但幅度相对较小。1995～2015年，北京市各区县城乡融合系统耦合协调度的区域差异以2000年为节点，先小幅减小后持续增大，受发展环境影响，北京市各区县城乡融合系统的耦合协调性差异整体趋于扩大。环京3市的耦合协调度区域差异变化与研究区整体保持一致，经历了先增后减再增的动态变化历程，但变化幅度相对较小，其耦合协调度离散程度始终大于北京市。对比分析发现，北京市和环京3市两类地区之间的耦合协调度差异是造成环首都地区整体差异的主要原因，而环京3市内部差异大于北京市内部差异。

（二）环首都地区城乡融合系统耦合协调发展的空间演化特征

根据各区县耦合协调类型变化及其数值演变特征，绘制得到各时间节点的环首都地区城乡融合系统耦合协调空间演变图（见图4）。

1. 高水平协调区呈现中心极化特征

高水平协调区以北京市为中心呈现空间极化态势。从类型变化来看，1995～2015年，耦合协调状态始终保持基本协调的区县总计17个，而北京市13区县均位列其中，占比达76.47%，耦合协调水平长期保持相对高位且空间分布呈现集中态势。从耦合协调数值变化来看，处于基本协调状态内的高值协调区随时间演变，长期以北京市为中心呈现集聚分布，而后逐渐向周围铺开，5个时间节点耦合协调度前十位的区县中，北京市区县数量占比高达92%。北京作为环首都地区的核心地带，经济发展长期处于领先地位，城镇化已经迈入终期阶段，农业农村比重相对较小，城镇对乡村发展处于以溢出效应为主导的阶段，同时在近些年的发展过程中，生态文明和绿色发展理念深入人心，首都生态环境治理走在前列，首都地区城乡融合发展在经济、社会和生态环境等方

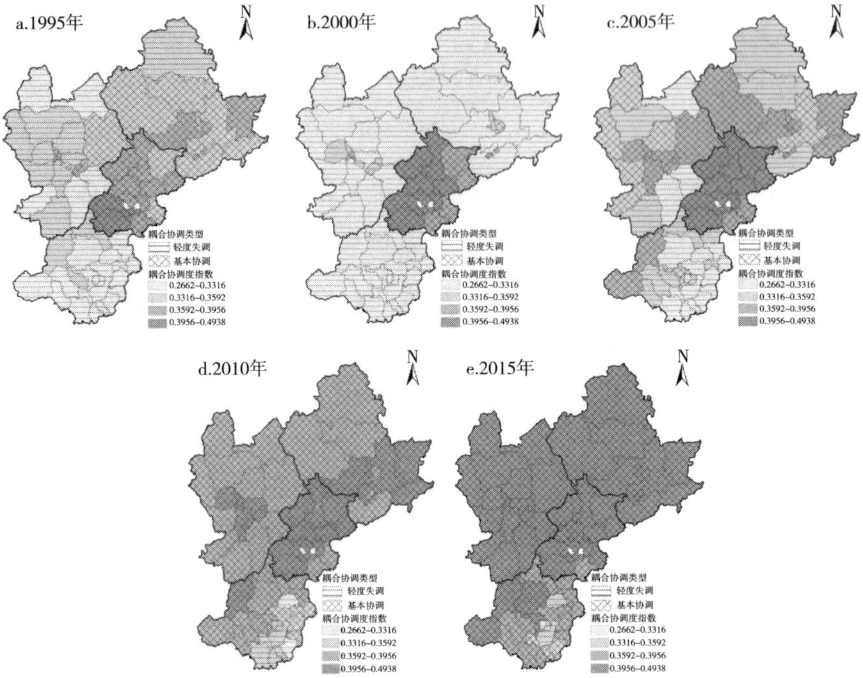

图 4　环首都地区城乡融合系统耦合协调度类型空间演变示意

面均得到整体有效推进，各子系统间协调性不断提高，区域协调发展状态良好。

2. 低水平协调区呈现一定程度的地域锁定

低水平协调区长期布局在保定市范围内，呈现一定程度的低值锁定现象。从类型变化来看，保定市各县区处于轻度失调的比重占研究时段所有轻度失调类型区县总数的 65.38%，其中 1995 ~ 2005 年，保定市全域基本都属于轻度失调状态，且研究区所有区县中始终保持轻度失调的 4 个区县也均属于保定市，分别是保定市新市区、南市区、清苑区和定兴县。从耦合协调度数值变化来看，浅色区域属于轻度失调低值区，该类区域长期存在于保定市域范围内，即使到了研究时段后期，该区域也存在于部分县区范围内并由轻度失调转变为基本协调，但是其耦合协调数值在研究区整体范围内仍然处于相对低水平层次，保定市范围内的低水平协调状态并未得到显著改善。分析发现，同环北京的张家口和承德市相比，保定市整体地处华北平原，地理环境条件相对优越且距离北京城市核心区相对较远，整体发展受北京的虹吸效应相对较弱，“九五”以来，保定市经济社会处于快速发展时期，城镇化进程稳步推进，城乡关系处于城镇对乡村发展要素极化为主阶段，城乡经济社会差距存在一定程度扩大，同时在产业转移的浪潮中，保定市承接了大批北京市转移出的传统行业，加之其自身产业升级缓慢，长期依赖以资源要素投入为主的产业发展，诱发了一系列生态环境问题，如“雾霾迷城”等现象，导致其城乡融合发展失衡，各子系统融合程度在环首都地区长期处于较低层位，协调性较差。

3. 耦合协调度呈现“北高南低—东高西低”的空间格局

结合趋势面分析结果（见图 5），环首都地区城乡融合的耦合协调度整体呈现“北高南低—东高西低”的空间格局。图中 *X* 轴为正东方向，*Y* 轴为正北方向。从曲线变化特征来看，南北方向呈现明显的“中间高两边低、北方高于南方”的空间分布特征，主要是因为从南北方向看，处于耦合协调度高值区的北京市居于研究区中间偏北方向，而耦

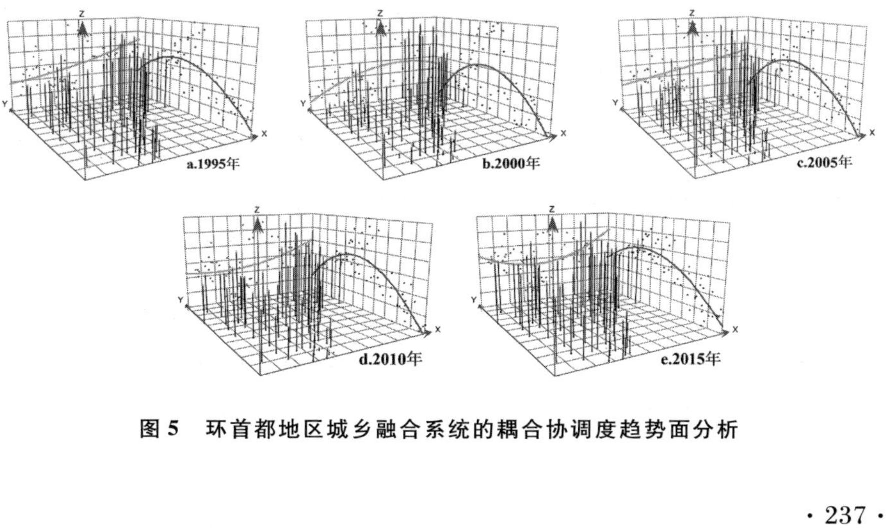

图 5　环首都地区城乡融合系统的耦合协调度趋势面分析

合协调低值区的保定市位于研究区最南端。随着时间演化，该特征具有较强的稳定性且南北落差呈现小幅上升趋势，说明环首都地区各区县城乡融合的耦合协调度差距在南北方向上略有增大；东西方向的趋势变化较为活跃，20 年间经历了从倒“U”字形向“U”字形的演变，但曲线始终保持东方高于西方的特点，且东西两端的差距略有缓和，说明环首都地区各区县城乡融合的耦合协调度差距在东西方向上呈现逐步缩小态势，区域间的协调性得到一定程度的改善。

四　环首都地区城乡融合系统耦合协调发展的影响因素

本文将城乡融合系统的耦合协调度（*D*）作为因变量，将影响城乡各个子系统融合发展的因素作为自变量（*A*1 ~ *C*3），同时考虑到研究区属于平原与山地并存的地区，而地形条件对于区域整体发展特别是城乡经济社会等要素流通存在较大影响，进而可能影响到区域城乡整体融合水平，因此特别考虑将地形起伏度作为地形因素纳入城乡融合影响因素指标，运用地理探测器探究不同年度影响城乡融合系统协调发展的主要因素及其时间变化特点。由于地理探测器的应用要求自变量为类型量，需要将数值量转变为类型量，利用 SPSS 对各个自变量进行离散化最适分级处理。

对 1995 ~2015 年环首都地区城乡融合系统耦合协调度的影响因素进行探测，从历年对城乡融合系统耦合协调度影响最为显著的前五项因素来看，人均 GDP（*A*1）、农村非农就业比（*A*3）、城乡固定资产投资比（*A*4）、城乡收入比（*B*3）、路网密度（*B*4）和地形起伏度（*D*）等六项因素出现的频率较高，可以确定为环首都地区城乡融合系统耦合协调度的主要影响因素（见表 3）。

表 3　环首都地区城乡融合系统耦合协调度影响因素地理探测结果

年份	区域	*A*1	*A*3	*A*4	*B*3	*B*4	*D*
1995	环首都地区	0.289	0.426	0.260	0.372	0.176	0.229
	北京市	0.265	0.280	0.173	0.246	0.159	0.129
	环京 3 市	0.222	0.232	0.364	0.265	0.184	0.380
2000	环首都地区	0.382	0.619	0.481	0.642	0.295	0.288
	北京市	0.263	0.464	0.341	0.117	0.220	0.121
	环京 3 市	0.241	0.273	0.228	0.409	0.156	0.185
2005	环首都地区	0.491	0.467	0.479	0.161	0.183	0.182
	北京市	0.150	0.380	0.149	0.347	0.137	0.104
	环京 3 市	0.266	0.164	0.287	0.288	0.245	0.250
2010	环首都地区	0.402	0.297	0.223	0.375	0.155	0.185
	北京市	0.107	0.143	0.218	0.199	0.087	0.064
	环京 3 市	0.198	0.219	0.389	0.338	0.262	0.215
2015	环首都地区	0.229	0.174	0.133	0.154	0.191	0.095
	北京市	0.092	0.116	0.158	0.108	0.068	0.066
	环京 3 市	0.246	0.110	0.147	0.212	0.200	0.152

（一）从研究区整体来看

1995 年，环首都地区城乡融合系统耦合协调度的影响因素根据 q 值大小排序，前五位为农村非农就业比（0.426）>城乡收入比（0.372）>人均 GDP（0.289）>地形起伏度（0.229）>城乡固定资产投资比（0.260）；经历十年发展，2005 年该次序转变为人均 GDP（0.491）>城乡固定资产投资比（0.479）>农村非农就业比（0.467）>路网密度（0.183）>地形起伏度（0.182）；2015 年，q 值居于前五位的因素为人均 GDP（0.229）>路网密度（0.191）>农村非农就业比（0.174）>城乡收入比（0.154）>城乡固定资产投资比（0.133）。随时间演化，影响力较强的因素类型具有相对稳定性特征，各影响因素的影响力数值差距呈现波动减小态势，表明影响环首都地区城乡融合系统耦合协调度的主导因素从相对单一逐渐转变为相对多元，未来优化调控该类地区的城乡融合发展需要寻求兼顾多因素的推进路径。

（二）分区域来看

北京市和环京3市在自然地理条件、经济发展阶段、城镇化发展进程和城乡互动关系特征等方面存在显著的异质性，因此其城乡融合系统耦合协调度的主导影响因素类型和影响程度也存在一定差异。

从北京市来看，1995年前五位影响因素为农村非农就业比（0.280）＞人均GDP（0.265）＞城乡收入比（0.246）＞城乡固定资产投资比（0.173）＞路网密度（0.159）；2005年转变为农村非农就业比（0.380）＞城乡收入比（0.347）＞人均GDP（0.150）＞城乡固定资产投资比（0.149）＞路网密度（0.137）；2015年转变为城乡固定资产投资比（0.158）＞农村非农就业比（0.116）＞城乡收入比（0.108）＞人均GDP（0.092）＞路网密度（0.068）。与研究区整体的影响因素不同，北京市城乡融合系统耦合协调度的主导影响因素为反映城乡差距或乡村追赶发展类要素，如城乡收入比、城乡固定资产投资比、农村非农就业比等指标，而体现区域整体经济社会发展水平的人均GDP对北京市城乡融合系统耦合协调度影响并不十分显著，同时地形起伏度对北京市的城乡融合系统耦合协调度影响也不明显。分析发现，由于北京市属于经济社会发展阶段相对超前的大都市区，研究时段经历了工业化和城镇化中、后期发展阶段，内部各区县经济水平均实现较大幅度提高，除朝阳、海淀等个别区县外，区域整体经济发展差距相对较小，城乡融合需要解决的主要问题是如何进一步扩大城镇对乡村的溢出效应，因此补齐乡村发展短板是促进北京城乡融合发展的关键，即体现城乡发展差距和乡村追赶的要素成为影响其城乡融合发展的主要因素；北京整体地处山前平原，同时都市区内部基础设施投入力度大，交通通达性较好，虽然存在部分县区属于山区县，但地形因素对其城乡融合发展影响不大。

从环京3市来看，1995年前五位影响因素为地形起伏度（0.380）>城乡固定资产投资比（0.364）>城乡收入比（0.265）>农村非农就业比（0.232）>人均GDP（0.222）；2005年转变为城乡收入比（0.288）>城乡固定资产投资比（0.287）>人均GDP（0.266）>地形起伏度（0.250）>路网密度（0.245）；2015年演变为人均GDP（0.246）>城乡收入比（0.212）>路网密度（0.200）>地形起伏度（0.152）>城乡固定资产投资比（0.147）。环京3市城乡融合系统耦合协调度的影响因素特征与研究区整体特征较为相似，在体现城乡发展差距要素稳定存在的同时，体现区域整体发展水平的人均GDP对区域城乡融合的影响作用逐步增强，且地形条件对环京3市的城乡融合发展影响更为凸显。探究发现，环京3市是环首都贫困带所在的主要区域，经济社会发展受首都虹吸影响和生态涵养约束长期处于较低水平，研究时段内长期处于工业化和城镇化的初、中期阶段，同时各地市中心城区与外围县域经济发展差距较大，城乡关系在面临如何提高区域整体发展水平的同时削弱城镇对乡村的极化效应，因此其城乡融合系统耦合协调度影响因素中在体现城乡差距因素稳定存在的同时，体现区域整体发展水平的要素逐步强化；环京3市除保定部分区县地处平原外，其余县区均属于山区，地形绵延起伏，经济社会发展受到交通通达性的较强制约，在区域经济实力有限、交通基础设施尚未完备的背景下，地形起伏度对其城乡融合发展的影响依然较为明显。

（三）主要因素影响机理分析

地区整体经济发展水平。人均GDP反映一个地区整体的经济社会发展水平。中国城乡发展经历了“重城轻乡、城乡统筹、城乡融合/城乡协调”的演变历程，在城镇化和工业化快速推进时期，资源要素更多地向城镇集聚，城乡经济、社会、生态环境等方面差距持续扩大，融合发展水平较低。随着整体社会经济发展实力的不断提升，城镇发展水平和对农村的反哺能力不断提高，各类要素开始向乡村扩散，乡村经济发展水平有了明显改善，与城镇差距不断缩小；随着区域经济实力的增强，政府财政支出向公共服务领域倾斜的力度不断增大，城乡基础设施和教育、医疗等公共服务建设将稳步推进。另外，城乡经济发展逐步进入高级阶段后，其方式将由片面追求发展速度逐步向高质量和可持续发展转型，城乡生态环境修复、改善和治理工作也将受到足够重视。由此，随着以人均 GDP 为标志的区域整体经济实力不断增强，城镇对乡村的各类要素由极化向涓滴效应转变，城乡经济、社会和生态环境各子系统融合发展水平也将得到明显提高，城乡融合将逐步实现协调高效发展。

乡村经济和产业发展状况。乡村非农就业水平体现出乡村地区经济和产业发展状况。中国城乡关系长期持续保持“城强乡弱”状态，新时期推动城乡融合发展的核心任务是逐步补齐乡村发展短板、缩小城乡发展差距。较高的乡村非农就业水平反映了一个地区具有良好的乡村产业基础和外部经济环境，体现了较高的乡村经济和非农产业发展水平，同时乡村非农产业的蓬勃发展意味着农民可以获得更多的工资性收入，推动乡村群众实现脱贫致富。另外，乡村非农产业的良好发展也意味着农业进入低投入高回报的产业化和现代化发展阶段，乡村三次产业融合发展水平不断提高。乡村生产发展、生活富裕的同时带来乡村居民对人居环境改善的高需求、高热情、高投入，乡村教育、医疗、养老、公共卫生等社会服务保障体系和垃圾转运、污水处理系统等公共基础设施将不断完善，乡村逐步实现产业兴旺、生态宜居、生活富裕等目标，城乡经济、社会、生态环境各个方面差距逐步缩小，融合发展水平不断提高，逐步实现良性协调。

政府宏观调控和政策导向。城乡固定资产投资比体现了一个地区政府宏观调控下的城乡扶持力度和再生产能力的差异。中国以往的城镇偏向型发展政策引导政府将资源、资金、技术、人力等生产要素持续向城镇输入，城乡投资长期处于失衡状态。城乡固定资产投资比的不断缩小能够体现出政府宏观调控和政策扶持逐步重视乡村地区，在一定程度上反映了地区发展已进入注重城乡协调发展和整体发展质量的较高水平阶段，乡村地区投入逐步增大，基础设施条件和再生产能力得到有效改善，乡村经济社会发展中逐步形成持久动力，乡村基础设施衰败落后、经济活力欠缺、环境污损等面貌得到根本性改变，城乡经济发展、社会生活和生态环境等方面的差异在固定资产投资政策调控下将稳步缩小，各子系统融合发展程度将不断提高。

城乡收入差距。城乡收入比反映城乡居民收入水平差距，是反映城乡两个地域系统中居民福利水平最直接和最综合的指标，体现出一个地区的综合发展水平带给城乡居民最直接的收益差距。城乡居民收入比由大变小的过程是城镇发挥辐射效应、乡村逐步振兴和城乡实现均衡发展的过程，反映了处于弱势的乡村经济得到明显改善，人民生活逐步走向富裕。随着乡村居民收入水平的提高，发展需求呈现多样化趋势，需求层次不断提高，对社会、经济、生态环境综合发展效益的需求越来越迫切，更加注重乡村基础设施和公共服务条件的改善，环境治理和生态修复将成为政策关注的重点领域和优先事项，农村面源污染、水体富营养化、土壤退化和城镇大气污染、水污染等生态环境问题将逐步得到改善和解决，城乡生产、生活和生态各子系统融合发展水平将得以同步提高，城乡融合系统实现整体协调。

交通通达性。路网密度和地形起伏度均是影响交通通达性的主要因素。城乡融合发展的基本前提是实现城乡经济社会各类生产要素的高效流通和对接，公路交通是各类要素流通的重要媒介，在城乡融合发展中发挥着极为重要的作用。路网密度越大则要素在城乡和区域间流通更加便捷高效，而地形起伏度是影响山区通达性的主要障碍性因子。在交通基础设施建设滞后的地区和时期，地形起伏度通过抑制城乡经济社会各类要素的流通，在一定程度上影响了城乡融合发展进程。但随着地区交通基础设施建设力度不断增大和交通体系不断完善，人类建设活动的能动性得到充分发挥，路网密度的增大将会逐步克服由自然地形条件对城乡融合发展带来的不利影响，促使城乡各子系统逐步实现融合发展。

五　结论与讨论

（一）结论

1995～2015 年，环首都地区城乡经济、社会、生态融合系统的耦合协调度呈现波动上升趋势，以 2000 年为拐点，先减后增，但总体水平均较低。耦合协调度主要包含轻度失调和基本协调两种类型，随时间演化，其主导类型由轻度失调转变为基本协调。环首都地区城乡融合系统耦合协调度的区域差异呈现波动增大趋势，其中北京市和环京 3 市两类地区之间的耦合协调度差异是造成环首都地区整体差异的主要原因，而环京 3 市内部差异大于北京市内部差异。

从空间演变来看，环首都地区城乡融合系统的高水平协调区以北京市为中心呈现空间极化态势，低水平协调区长期布局在保定市范围内，呈现一定程度的低值锁定现象，环首都地区城乡融合系统的耦合协调度整体呈现“北高南低—东高西低”的空间格局。

影响环首都地区城乡融合系统耦合协调发展的主要因素包括地区整体经济发展水平、乡村经济和产业发展状况、政府宏观调控和政策导向、城乡收入差距、交通通达性，随时间演化，影响环首都地区城乡融合系统耦合协调度的主导因素从相对单一逐渐变为相对多元，且北京市与环京 3 市两类地区的影响因素存在一定差异。

（二）讨论

结合对环首都地区近 20 年来的城乡融合系统耦合协调发展格局和

影响因素分析，对环首都地区未来推动城乡融合发展、缩小区域发展差距提出如下建议：①结合各地发展实际和发展阶段，分类、精准施策推动城乡融合发展。通过对北京和环京3市影响因素的分区域探究发现，由于两类地区所处的经济发展阶段不同，影响其城乡融合协调发展的主要因素也存在差异，同时其城乡融合面临的任务也有所不同。对于经济发展水平整体较高的北京市来说，城镇对乡村的溢出效应占据主导地位，未来城乡发展在稳定城镇增长效益的同时要重点落实补齐乡村发展短板的政策措施；而环京3市经济发展水平相对滞后，大部分地区仍然处于城镇极化发展阶段，其城乡发展仍然需要进一步提高区域整体经济水平以提升实现城乡融合发展的能力，切忌掉入放缓城镇发展速度而导致的城乡步调趋同的“低水平协调陷阱”。②以重大项目或政策实施为契机，补齐落后的乡村地区发展短板。结合环首都地区的区位和政策优势，环京3市要紧紧抓住非首都功能疏解、雄安新区建设、2022年北京—张家口冬奥会举办等契机，积极承接、发展与其相关的先进制造、绿色清洁产业，实现对乡村地区经济发展带动和农村剩余劳动力转移，同时借助各类项目规划建设，不断完善周边乡村地区的基础设施和公共服务，优化改善区域生态环境，扩大、坐实政策落地和项目建设对于促进该类地区城乡融合发展红利。③因地制宜鼓励西北部山区实现产城融合发展，促进城乡共荣。对于环首都西北部山区即环京津贫困带所在的核心区域，要转变发展思路，充分开发利用优质的山水特色资源优势，积极发展山区特色农业，探索山区物产与首都市场“农超”对接的长效合作发展模式，推动乡村旅游与新型城镇化有机结合，培育一批地域特色突出、环境优雅、食宿舒适的高品质主题民俗旅游村和文旅小镇，促进产村、产镇、产城融合发展，践行乡村地区农民增收、基础设施配套完备、生态环境秀美的城乡协调发展路径。

需要指出的是，本文是基于较小尺度县域空间的城乡融合发展研究，在确保北京和环京3市两类地区指标一致和可比的前提下，由于现有统计资料对县级尺度统计数据的局限性，本文在城乡融合发展指标选取时存在综合类指标较多而对比类和追赶类指标偏少，对城乡生态环境融合方面的指标选择略显不足等问题，这是需要进一步完善之处，也是受限于现有统计资料不完善背景下的一种权宜之计。未来可通过实地调研获得相关指标、拓展数据来源渠道等完善研究指标体系，并根据城乡融合发展不同类型开展典型案例的定量和定性分析，实现对研究内容的进一步深化。

参考文献

何仁伟：《城乡融合与乡村振兴：理论探讨、机理阐释与实现路径》，《地理研究》2018 年第 11 期。

刘彦随：《中国新时代城乡融合与乡村振兴》，《地理学报》2018 年第 4 期。

黄禹铭：《东北三省城乡协调发展格局及影响因素》，《地理科学》2019 年第 8 期。

张海鹏：《中国城乡关系演变 70 年：从分割到融合》，《中国农村经济》2019 年第 3 期。

刘春芳、张志英：《从城乡一体化到城乡融合：新型城乡关系的思考》，《地理科学》2018 年第 10 期。

刘彦随、严镔、王艳飞：《新时期中国城乡发展的主要问题与转型对策》，《经济地理》2016 年第 7 期。

王颖、孙平军、李诚固等：《2003 年以来东北地区城乡协调发展的时空演化》，《经济地理》2018 年第 7 期。

修春亮、许大明、祝翔凌：《东北地区城乡一体化进程评估》，《地理科学》2004 年第 3 期。

刘洁敏、吕斌：《川渝地区城乡统筹水平演化特征分类研究》，《地理科学进展》2015 年第 10 期。

程叶青、邓吉祥、房艳刚：《吉林省中部粮食主产区城乡关联的空间分析》，《地理研究》2010 年第 4 期。

刘明辉、卢飞：《城乡要素错配与城乡融合发展——基于中国省级面板数据的实证研究》，《农业技术经济》2019 年第 2 期。

周佳宁、秦富仓、刘佳等：《多维视域下中国城乡融合水平测度、时空演变与影响机制》，《中国人口·资源与环境》2019 年第 9 期。

杨开忠：《乡村振兴以都市圈为主要依托》，《理论导报》2018 年第 6 期。

何仁伟、樊杰、李光勤：《环京津贫困带的时空演变与形成机理》，《经济地理》2018 年第 6 期。

陈玉、孙斌栋：《京津冀存在“集聚阴影”吗——大城市的区域经济影响》，《地理研究》2017 年第 10 期。

马历、龙花楼、戈大专等：《中国农区城乡协同发展与乡村振兴途径》，《经济地理》2018 年第 4 期。

李婷婷、龙花楼：《基于转型与协调视角的乡村发展分析——以山东省为例》，《地理科学进展》2014 年第 4 期。

王成、唐宁：《重庆市乡村三生空间功能耦合协调的时空特征与格局演化》，《地理研究》2018 年第 6 期。

邹德玲、丛海彬：《中国产城融合时空格局及其影响因素》，《经济地理》2019 年第 6 期。

李雪铭、郭玉洁、田深圳等：《辽宁省城市人居环境系统耦合协调度时空格局演变及驱动力研究》，《地理科学》2019 年第 8 期。

王劲峰、徐成东：《地理探测器：原理与展望》，《地理学报》2017 年第 1 期。

叶妍君、齐清文、姜莉莉等：《基于地理探测器的黑龙江垦区农场粮食产量影响因素分析》，《地理研究》2018 年第 1 期。

Liu Y. S. , Li Y. H. , “Revitalize the World's Countryside,” *Nature*, 2017 (7667).

Fertner C. , “The Emergence and Consolidation of the Urban-rural Region: Migration Patterns around Copenhagen 1986 – 2011,” *Tijdschrift Voor Economische En Sociale Geografie*, 2013, 104 (3).

Liu Y. S. , Cong S. , Li Y H. , “Differentiation Regularity of Urban-rural Equalized Development at Prefecture-level City in China,” *Journal of Geographical Sciences*, 2015, 25 (9).

Liu Y. S. , Lu S. S. , Chen Y. , “Spatio-temporal Change of Urban-rural Equalized Development Patterns in China and Its Driving Factors,” *Journal of Rural Studies*, 2013, 32 (32).

世界级城市群视域下
首都低碳创新体系构建研究

陆小成　江树革*

摘　要： 构建首都低碳创新体系是建设低碳的世界级城市群与美丽首都的重要支撑。首都低碳创新体系构建存在许多深层次问题，如低碳创新能力弱、创新投入不足、中介服务滞后、创新意识不强等。构建首都低碳创新体系，应夯实企业主体地位、提升低碳创新能力，完善首都创新政策、实施低碳创新工程，强化科研体制改革、激发低碳创新活力，完善低碳创新服务、鼓励公众参与。

关键词： 世界级城市群　生态文明　首都低碳创新体系

党的十九大报告提出，要建立健全绿色低碳循环发展的经济体系，构建市场导向的绿色技术创新体系。低碳创新（Low-carbon Innovation），即通过面向低碳发展的技术创新和制度创新，推进经济、社会、文化、生态等各个领域的节能减排、低碳环保，构建低碳化的创新体系。低碳技术是推进生态文明建设、实现绿色低碳发展的核心动力和关键支撑。

* 陆小成，北京市社会科学院市情调查研究中心副主任、研究员，博士，北京世界城市研究基地秘书长；江树革，北京市社会科学院社会学研究所副所长、妇女研究中心主任，研究员。

区别于一般性的创新体系，新时代的首都低碳创新体系构建更加强调生态文明建设与低碳发展的战略实施。北京新版总规明确提出要建设以首都为核心的世界级城市群。首都低碳创新体系建构要适应和回答如何通过绿色低碳的创新体系构建，更加有利于依托低碳技术创新、低碳制度创新加快首都低碳转型与方式转变，彰显“绿水青山就是金山银山”的发展理念，推进首都生态文明建设，加快建设绿色低碳的世界级城市群。

一　首都低碳创新体系构建的战略意义

面向低碳绿色发展的低碳技术创新能力在很大程度上决定着我国加快发展方式转变、实现绿色低碳崛起。当前，首都北京加快发展方式转变、加快生态环境治理、加快绿色低碳发展，构建世界级城市群必须更加强化首都北京的低碳创新战略地位。加快首都低碳创新体系建设，是北京建设全国科技创新中心、掌握经济科技竞争制高点、推进生态文明建设和绿色低碳发展、构建以首都为核心的世界级城市群的迫切需要。首都低碳创新体系是面向低碳经济发展要求的区域创新系统的拓展与延伸。

（一）加快低碳转型升级与高质量发展的迫切要求

构建首都低碳创新体系，更加强化“既要绿水青山，也要金山银山”“绿水青山就是金山银山”的发展理念，推进首都生态文明建设，加快北京节能减排和经济发展方式转变，以低碳创新驱动推进首都经济高质量发展。加强低碳创新不是为了赶时髦，不是搞形象工程和政绩工程，而是破解资源能源瓶颈和环境污染问题、加快低碳转型升级与经济高质量发展的迫切需要和战略选择。战略转型期的低碳技术追赶，有可能在某些低碳技术领域取得突破，占领世界某些低碳技术的高地，引领世界低碳技术和低碳经济发展方向。通过低碳创新体系构建，获取更多的外部资源与市场动力，获得新的经济增长点。加快构建首都低碳创新体系，以绿色低碳的核心技术重大突破提升绿色低碳的科技竞争力，真正实现首都低碳转型升级与高质量发展。一方面，必须依靠科技创新推进产业转型升级，提高能源利用效率，降低环境污染排放强度，培育新的比较优势和低碳的竞争优势。另一方面，要高度重视面向绿色低碳领域的关键技术创新与突破，大力发展绿色经济、低碳经济、循环经济，以低碳技术创新实现经济崛起，以低碳技术创新提升企业自主创新能力和竞争力，降低关键领域和重点行业的对外技术依存度，推动首都经济社会向绿色低碳方向转型。通过低碳技术创新、应用、转移等方面的战略性合作，为首都低碳技术和低碳经济高质量发展提供基础，加快发展方式转变，抢占低碳经济的“早班车”，赢得未来经济竞争与首都低碳发展的重要话语权。

（二）构建和谐宜居之都与增进民生福祉的关键战略

构建首都低碳创新体系是打造宜居之都、建设绿色北京、增加民生福祉的关键战略。环境就是民生，青山就是美丽，蓝天也是幸福。随着人民生活水平提升，人民对美好生态产品的期待越来越高。构建首都低碳创新体系，重视生态环境建设，重视低碳发展与创新驱动，整合区域所有创新资源加快绿色低碳发展，进一步提高生态安全、保障生态调节功能、提供良好人居环境。良好的生态环境是最公平的公共产品和最重要的民生福祉。构建首都低碳创新体系，以低碳技术创新破解经济增长与环境污染的两难困境，实现以低碳创新发展进一步改善生态环境、增强民生福祉，构建宜居环境。低碳创新发展就是为了科学利用各类生态资源，依托低碳的技术创新、制度创新及区域合作，将生态优势转变为经济优势、把生态资本转变为发展资本、以低碳创新发展提高生态产品质量、增加民生福祉。构建首都低碳创新体系，整合来自首都地区各级政府部门、企业、社会组织、科研院所、社会公众的力量和资源，加强低碳创新的合作与协同，通过面向绿色低碳的技术创新、机制创新和创新合作，提高经济发展的生态效益，增加生态产品供给能力，切实增强民生的生态福祉，把绿色低碳发展理念贯彻到实处，让良好生态环境成为群众生活质量提升、民生改善的增长点和支撑点。

（三）构建低碳的世界级城市群与美丽首都的重要支撑

世界级城市群是城市空间扩张的高级形态，也是参与全球经济竞争与提升影响力的重要力量。世界级城市群在全球享有较高的区域生产力，并为内部城市经济能力的实现提供经济支撑，引领全球经济发展。其中世界级城市群的核心城市则成为经济、金融、文化、管理中心，发挥着区域经济增长的引擎功能，享有全球影响力。北京作为国家首都，中国所面临的应对全球气候变化的国际压力同样也是首都北京的压力，首都的世界级城市群发展格局直接代表中国的形象，代表中国在国际生态文明政治中的地位与形象。首都北京在生态文明建设中占据主导性的战略地位，在国际舞台要展现出积极姿态，展现构建中国特色的以首都为核心的世界级城市群的风采和形象，要加快改变传统的高消耗、高排放、高污染的发展模式，加快创新与低碳的协同发展。首都北京需要在生态文明建设中占领主导性的战略地位，在国际舞台展现出积极姿态，展现建设中国特色世界级城市群的国际绿色低碳形象，抢占低碳话语权。北京不能复制老牌世界城市的以高能耗、高污染、高排放为代价的发展模式，要走低碳的、绿色的、发展循环经济的道路。① 加快首都生态文明体制改革是建设中国特色世界城市群的重要抓手和战略选择。以生态文明建设为契机，以低碳发展为基本理念，以低碳创新为动力，构建国际低碳形象，打造世界低碳城市，建设低碳文明首都，彰显北京精

① 陈弘仁：《北京建设“低碳”世界城市》，《中国经济导报》2010 年 6 月 19 日。

神和中国特色，提升中国特色世界级城市群和美丽首都的知名度与影响力。

二　首都低碳创新体系构建的问题剖析

推进生态文明建设，实现低碳发展，迫切需要加快构建首都低碳创新体系，依靠绿色低碳的技术创新推动首都低碳发展。首都北京要加快创新驱动与低碳发展步伐，但存在一些深层次的问题亟待解决，基于创新主体的多元性，从企业、政府、大学与科研院所、中介服务机构、社会公众等多主体层面进行分析，主要表现在以下几个方面。

（一）企业低碳创新能力与首都低碳创新体系构建要求不相适应

企业是创新的核心主体，是面向市场需求、面向经济发展的第一线。企业的低碳创新动力不足，必然影响到整个首都低碳创新能力建设。一是企业低碳创新的主体地位缺失。京津冀地区以企业为主的自主创新体系尚未形成，科技创新市场化程度不高。[①] 在低碳技术创新领域，北京许多企业缺乏低碳创新的主体地位，自身改革创新滞后，低碳技术创新组织机制不够完善，难以成为首都低碳技术创新的核心主体。二是企业低碳创新的意识不强，主动性差。首都低碳创新体系的构建是依托低碳技术创新实现经济效益、生态环保效益、社会效应等的高度统一，将绿色低碳指标纳入整个经济社会运行体系，要求企业必须重视低碳技术创新，减少能耗和污染排放强度，实现绿色低碳生产，开发出低碳型产品，但这一过程环保要求高、技术突破难度大。由于低碳技术创新的投入高、周期长、成本高，风险也大，缺乏足够的低碳生产政策进

① 李国平：《加快构建京津冀区域协同创新体系》，《区域经济评论》2016 年第 2 期。

行激励和引导，一般企业进行低碳创新、低碳化生产的积极性不高、主动性不强。[①] 三是企业低碳创新能力弱，核心技术缺乏。以中关村国家自主创新示范区为例，中关村国家自主创新示范区是中国高科技产业中心，是中国第一个国家级高新技术产业开发区、第一个国家自主创新示范区、第一个国家级人才特区，是我国体制机制创新的试验田。尽管中关村相对于全国其他地区而言创新能力比较强，但在绿色低碳技术领域的创新能力还不足，特别是重视低碳创新的企业在产学研互动等方面能力不足，关键性低碳技术缺乏，低碳技术基础相对薄弱。中关村具有自主知识产权的核心技术数量较少，与世界前沿相比存在较大差距，在原创性技术、颠覆性技术、关键核心技术等领域研发投入不够，前瞻性引领不够。“硬科技”少、“软技术”多；颠覆性技术少、一般性技术多；原创性技术少、商业模式应用性技术多，这些问题在低碳创新领域更加突出。四是企业低碳创新投入少，高科技人才缺乏。企业家对研发投入重视不够，舍不得在低碳核心技术领域加大投入，低碳技术研发投入机制不完善，对政府、社会资本等资源整合不够，资金筹措困难。

（二）低碳创新投入与首都低碳创新体系构建要求不相适应

各级政府在鼓励低碳技术创新等方面的政策还不够完善，政策之间联动性不强，低碳政策执行力度不够等，严重制约了低碳技术创新与首都低碳创新体系的构建。一是低碳创新的体制障碍突出。首都低碳创新体系构建需要完善的创新体制机制予以保障。但体制不完善，没有形成有效推进自主创新的良好环境，没有形成公平竞争和讲究诚信的创新环境。知识产权保护制度不够完善，未建立起有利于自主知识产权产生和

① 李德祥、彭继玉：《我国绿色技术创新中存在的问题及对策》，《湖南财政经济学院学报》2018 年第 5 期。

转移的法制环境。二是低碳创新的政府投入少，资源分配不均。低碳技术创新需要大量的资金投入，政府缺乏支持低碳技术创新的专项计划和基金扶持，难以为低碳技术创新提供必要的资金支持。京津冀地区的科技创新资源分布极不均衡，空间布局有待优化。[①] 从北京市来看，科技资源主要集中在中心城区，而发展新区的科技创新资源相对较弱，从对经济的带动作用来看，中心城区的科技产业发达，经济活跃，而新区科技力量弱，发展严重滞后，导致北京空间不够均衡。从京津冀地区来看，如表 1 所示，在人均教育支出方面，北京遥遥领先，达到 0.4761 亿元，其次是天津，达到 0.2873 亿元，而河北最少，仅为 0.1834 亿元。在人均科学技术支出方面，也是北京最高，达到 0.1977 亿元，其次是天津，为 0.0684 亿元，河北依然最少，为 0.0102 亿元。可见，在科学技术投入方面三地差距较大。三是低碳创新的政策供给不足。我国关于低碳技术创新的相关政策供给严重不足，政策体系不完善，如关于低碳创新的相关优惠政策、低碳产业促进政策、低碳消费政策、低碳产品推广政策、低碳产品采购政策等存在许多的缺陷。有关低碳创新的知识产权保护制度不够完善，技术垄断、不正当竞争、模仿制造、假冒伪劣产品、知识产权的侵害等现象频发，严重制约了低碳技术创新的积极性和主动性。

表 1　京津冀三地人均教育与科技支出（2018 年）

单位：万人，亿元

地区	年末人口数	教育支出	科学技术支出	人均教育支出	人均科学技术支出
北　京	2154	1025.51	425.87	0.4761	0.1977
天　津	1560	448.19	106.68	0.2873	0.0684
河　北	7556	1385.59	77.04	0.1834	0.0102

资料来源：《中国统计年鉴 2019》，http：//www.stats.gov.cn/tjsj/ndsj/2019/indexch.htm。

① 李锡庆、吕程：《京津冀创新体系建设若干问题》，《开放导报》2017 年第 3 期。

（三）低碳知识创新与首都低碳创新体系构建要求不相适应

低碳创新不仅仅是技术层面的创新，更重要的是必要的低碳领域的基础理论、基础科学的积累和创新。科技与知识的原始创新能力关系到国家安全和经济安全。一是低碳知识创新人才少、能力弱。经过几十年的发展，我国科技队伍不断强大，但高水平的科技带头人少，绿色低碳领域的科技人才更少，在低碳科技、低碳基础理论研究、低碳知识创新等方面的能力薄弱，严重制约了低碳技术创新进程。二是大学和科研院所从事低碳知识生产、低碳科技创新的项目少、成果少。由于许多大学和科研院所对科研人员的考核重视短平快的项目、重视论文生产，低碳知识等基础领域研究的动力不足，缺乏持续性、长久性、战略性的研究。三是大学与企业联系不够紧密，产学研严重脱节。北京作为全国科技创新中心，与天津、河北两地的科技联系不够密切，北京技术输出呈现跳过津冀到长三角、珠三角进行转化，北京流向津冀地区的技术相对较少，京津冀尚未形成产学研密切协作的创新型网络。如表 2 所示，从输出技术看，北京项目数和成交额均最高，分别为 83171 项和 5695.28 亿元，其次是天津，而河北最少。从吸纳技术看，北京项目数和成交额亦最高，分别为 65137 项、3223.78 亿元，其次是河北，而天津最少。从

表 2　京津冀三地技术流向情况（2019）

单位：项，亿元

地区	输出技术		吸纳技术	
	项目数	成交额	项目数	成交额
北　京	83171	5695.28	65137	3223.78
天　津	13885	909.25	11277	461.52
河　北	7262	381.19	11324	583.58

资料来源：http：//kw.beijing.gov.cn/art/2020/2/20/art_ 2432_ 620844.html。

输出和流向技术比较来看，北京和天津均属于技术输出型城市，而河北属于技术吸纳型城市，但从量上，天津、河北对北京的技术吸纳能力比较弱，间接反映了三地的科技创新联系还不够密切。

以中关村国家自主创新示范区为例，尽管中关村周边聚集了大量的科研院所，但这种优势的边际效益正呈现递减趋势，院所科技人员的积极性不高，科技成果的转化、应用渠道还不通畅。中关村新型研发机构数量偏少，面向低碳创新领域的研究机构更少，关于低碳创新领域的政策支持力度也不够。中关村科学城范围内已成立和正在组建的新型研发机构有全球健康药物研发中心、北京量子信息科学研究院、北京大数据研究院、北京石墨烯研究院、中国科技大学北京研究院、北京协同创新研究院等不到十家，并且没有专门的低碳技术创新机构或研究院。中关村尚缺乏专门针对新型研发机构特别是低碳研发机构的相关法律法规和支持政策，产学研严重脱节，中关村在京津冀环境污染联防联控、雾霾治理、水体污染治理等方面没有发挥出创新引擎作用。

（四）中介服务发展与首都低碳创新体系构建要求不相适应

中介服务机构是首都低碳创新体系的重要服务主体和组织载体，但部分服务的缺失或缺环导致低碳创新活动停滞或延缓，进而阻碍低碳创新过程的持续推进，主要表现在：第一，中介服务机构发展滞后，相关体制机制不够完善。京津冀地区科技中介服务机构的作用还没有有效发挥，完善的科技中介服务体系还没有建立起来。[①] 在绿色低碳创新体系建设过程中，中介服务机构也主要联系政府、科研机构，离不开这些部门的项目委托，真正面向市场、面向社会、实现自我造血功能的中介服

① 何恬、刘娟：《京津冀区域协同创新体系建设研究》，《合作经济与科技》2013 年第 20 期。

务机构还不多。第二，中介服务机构人才缺失，面向低碳创新的各类人才资源严重不足。关于低碳技术创新的中介服务要求更高，中介服务人员的知识储备和技术积累、服务意识、服务理念等均影响到低碳创新体系的建设与完善，影响到低碳技术创新及其成果转化的质量和效益。第三，中介服务机构缺乏足够的资金保障。中介服务机构在资金筹措、资金使用、资金投资等方面缺乏可持续发展能力，难以满足科技服务的多元化市场需求，在低碳科技创新链条中出现“缺位”“缺环”“断裂”等问题，难以吸引更多的风险投资机构、金融机构等进入复杂的低碳创新体系。第四，服务体系不够完善。以中关村为例，中关村科技金融专业化服务水平需要提升。目前，中关村从事科技保险、科技担保、知识产权质押等科技金融服务和科学技术普及服务的科技服务业企业尚未纳入国家重点支持的高新技术领域范畴，缺少相应的政策支持。在创新人才引进与服务等方面，相关机构作用没有充分发挥，人工智能、大数据、云计算、低碳等新兴技术领域人才积累较少，受北京人才引进和落户政策的限制，部分企业面临着人才流失的较大压力，低碳技术人才引进、培训、服务等方面的组织和机构相对缺失。

（五）社会公众创新意识与首都低碳创新体系构建要求不相适应

意识是行动的先导。在观念上没有树立绿色低碳意识，其他创新系统的建立健全也就无从谈起。一方面，缺乏创新意识，导致安于现状、知足常乐被奉为美德。我国自主创新能力不足，在科技与知识方面过多强调以市场换技术，拥有自主知识的科技较少，核心技术缺乏导致被“卡脖子”。另一方面，破解环境污染与经济发展难题，缺乏更强的绿色低碳意识，缺乏面向低碳的创新理念。社会公众在参与低碳创新和低碳消费中没有发挥重要作用。按理说，社会公众应该青睐绿色产品、绿色环境，对绿色低碳创新应该持支持、鼓励的态度，但许多公众基于价格偏好，对劣质、污染、高碳产品的抵制不足，绿色低碳的消费市场不旺，这充分体现了社会公众的低碳意识不强。许多社会公众并不关心低碳发展、低碳技术创新。加快构建首都低碳创新体系，低碳创新意识薄弱、低碳创新观念不强严重制约了低碳创新体系建设、低碳创新能力提升。

三　世界级城市群视域下首都低碳创新体系构建路径

首都低碳创新体系不应仅仅停留在理念或概念中，应结合生态文明建设、低碳发展、创新驱动战略、构建以市场为导向的绿色技术创新体系等重大国家战略要求，加快构建首都低碳创新体系，助推以首都为核心的世界级城市群建设。针对首都低碳创新体系建设过程中存在的诸多问题，应采取有效建设路径和对策措施。

（一）夯实企业主体地位，提升低碳创新能力

企业应体现低碳创新的社会责任担当，响应首都低碳发展战略部署，构建低碳型企业形象。一是企业要改变传统的代加工或低端发展模式，重视技术创新，重视技术提升，以技术创新寻求更高的价值链环节和竞争能力，特别是低碳技术创新，增加低碳技术领域的研发投入，提高低碳技术创新能力，提升低碳产品的市场竞争力。二是加强低碳技术人才的培养，提高企业低碳技术人才地位。建立面向企业发展的低碳技术人才激励机制和人才引进机制，充分调动企业技术人才的创新积极性，完善企业在人才培养、使用、流动、竞争和评价等方面的有效机制。三是鼓励企业强化低碳技术引进、消化、吸收、再创新。鼓励企业特别是中小企业与外资企业等进行低碳技术合作，充分学习和借鉴发达国家或者外资企业在低碳技术领域的成功经验。四是加快构建市场导向

的低碳技术创新体系。建议加快调整国家科技计划实施机制，鼓励更多企业参与国家科技计划，特别是国家要对企业包括中小企业加强面向绿色低碳领域的技术创新支持。支持企业建立和完善面向绿色低碳领域的技术研发新机构，建立企业低碳技术中心，构建企业低碳技术创新和低碳技术产业化平台，形成一批有特色的低碳创新企业集群，推进中国特色首都低碳创新体系建设。

（二）完善首都创新政策，实施低碳创新工程

创新政策是引导和激励低碳科技创新的重要动力与导向。首都北京科技资源丰富，要发挥创新政策引导作用，加快实施低碳创新工程，形成鼓励首都低碳科技创新的良好政策环境。一是设立低碳科技基础研究项目，增加低碳科技创新投入。高度重视低碳科技的基础研究和战略高技术研究，提高首都低碳科技的自主创新能力，加强低碳科技的原始创新和自主创新，建立低碳科技自主创新的专项基金和政策扶持计划。实施低碳科技创新工程，消化吸收一批先进低碳技术，攻克一批事关国家战略利益的关键低碳技术，研制一批具有自主知识产权的重大低碳科技装备和低碳技术关键产品。增加对低碳技术领域的研发经费投入，鼓励企业与科研院所进行合作创新，建立低碳科技研发专项基金。二是布局低碳科技园区和产业集群，加快低碳科技成果转化。北京积极发展高精尖经济，而绿色低碳的科技产业均具有高精尖特征，应该大力鼓励和积极布局低碳科技园区，加快低碳产业的培育和集群发展，促进各类低碳科技成果孵化与产业化应用，优化低碳创新产业政策，打造战略性新兴低碳产业体系。三是优化低碳科技创新的激励政策。要深化绿色低碳科技创新的相关体制机制改革，营造有利于低碳创新的政策环境。制定优先支持低碳产业技术人才发展的财政金融政策，不断建立和完善低碳技术人才引导资金、发展资金、种子基金、创业投资和银行信贷等多层次、专业化的人才发展创新投融资体系。要健全低碳产业激励制度载

体，完善低碳创新的财政制度、税收制度、金融制度等相关政策激励制度，推广排污权交易制度，建立碳汇制度，推动排污权、碳排放权交易，为节能减排、低碳发展的企业构建利益转化的市场激励制度，助推首都低碳产业的高质量发展。①

（三）强化科研体制改革，激发低碳创新活力

要积极发挥大学、科研院所在从事低碳领域的知识生产供给作用，增强低碳科技的基础研究和应用研究积极性。优化和提升科研院所的功能，创新科研管理体制机制，激活低碳科技创新动力，构建产学研协同创新的低碳创新体系。一是构建和完善鼓励低碳科技创新的体制机制，促进低碳知识生产。构建鼓励低碳科技创新的体制机制，如建立面向低碳科技创新的成果评价体系，坚持以社会化、市场化、低碳化为导向，鼓励大学、科研院所与企业等进行低碳科技合作研发，促进低碳科技成果转化与产业化应用。二是设立低碳科技专项经费，布局重大低碳项目研究。鼓励科研院所低碳创新。重视科研院所关键性低碳技术的创新，设立低碳科技专项经费，鼓励科研院所与企业合作，共同攻关重大低碳科技项目，打破关键技术瓶颈。加快实施首都低碳科技重大专项，统筹推进低碳领域的关键共性技术、前沿引领技术、现代工程技术、颠覆性技术突破，运用低碳新技术推进传统高能耗产业转型升级，加大低碳能源技术攻关力度，助推传统能源结构转型。三是鼓励低碳创新的产学研协同，构建首都低碳科学共同体。低碳科学共同体是面向低碳科技创新、低碳知识生产的学术共同体。大学和科研院所作为知识创新的重要主体，在面向重大低碳科技创新方面，需要构建国家级低碳科学共同体，发挥中科院、北京大学、清华大学等科研国家队在重大低碳科技创新中的主体地位。建立首都低碳科学共同体，鼓励和引导北京著名高

① 蔡益泉：《我国低碳产业的发展现状与对策思考》，《华东经济管理》2013 年第 4 期。

校、科研院所到河北、天津、雄安新区等地建立分校区、研究分院，建立合作创新机构，帮扶河北等地加快低碳科技创新能力提升，加快低碳产业发展，加快传统高能耗产业的转型升级与节能减排，协同推进京津冀地区低碳科技能力提升和污染联防联控。

（四）培育中介服务机构，完善低碳创新服务

中介服务机构是首都低碳创新体系建设中不可或缺的重要组成部分。加快构建首都低碳创新体系，要进一步培育和发展各类低碳创新相关的社会组织和中介服务机构，进一步优化和完善低碳创新中介服务。[①] 一是从服务内容考察，完善低碳创新服务，要注重优化三大环节：加快优化低碳创新的信息咨询服务、加快优化低碳创新创业孵化服务、完善低碳科技投融资服务。二是从服务转型考察，完善低碳创新服务要注重三个转变：[②] 从低增值服务向高增值服务转变、从综合性服务向品牌化服务转变、从单项服务向服务链转变。三是从服务体制考察，完善低碳创新服务要注重四大特性：从自身经营管理上，更加体现独立性；从中介服务功能上，更加体现多样性；从服务能力上，更加体现专业性；从行业准则上，更加体现规范性。

（五）鼓励公众参与和监督，提升低碳创新参与能力

社会公众是首都低碳创新体系的重要力量和强大基础。社会公众既是低碳创新产品的消费者、使用者、评价者、监督者，也是低碳创新过程中的参与者、需求者，还是生活消费中污染排放的重要贡献者。因此，构建首都低碳创新体系，推进生态文明建设，离不开广大社会群众的有序参与。一是提升和增强社会公众的低碳科技素养和低碳创新意

---

① 陆小成：《基于区域低碳创新系统的生产性服务业集群模式》，知识产权出版社，2010。

② 宋敏：《科技中介服务链、创新链和产业链的融合互动发展研究——基于科技中介服务的视角》，《企业科技与发展》2014 年第 24 期。

识。在“大众创业、万众创新”的大背景下，要鼓励社会公众积极参与一般性的创新活动，围绕生态文明建设、低碳科技创新、低碳经济发展领域鼓励社会公众的常态化参与，强化社会公众的低碳发展意识、低碳创新精神，加快实施全民低碳科学素质行动计划。二是加强低碳创新人才教育与低碳科学技术培训。首都低碳创新体系的构建离不开丰富的人力资源培养，离不开众多的高水平的专业性科技人才的参与。围绕绿色低碳领域的科技创新强化专业人才教育、低碳科技培训，举办各类低碳发展、低碳创新相关的职业培训班或技能培训课程，提升广大社会公众的低碳创新能力和水平。三是鼓励社会公众积极参与低碳创新过程。要让社会公众在政府、企业、科研院所的三方创新关系中体现参与创新价值，为低碳创新提供更有价值的低碳需求和创新创意信息。四是提升广大社会公众的低碳消费意识。倡导在消费过程中创新生活方式和消费技术，构建绿色低碳生活，实现可持续消费；倡导广大社会公众重视新领域消费，如转向绿色低碳能源消费，不购买燃油车，尽可能选择低碳交通和电动车，鼓励开发和使用低碳技术，拓展新的低碳消费领域，培育低碳市场，引导、鼓励低碳创新和低碳产品生产。

参考文献

陈弘仁：《北京建设“低碳”世界城市》，《中国经济导报》2010 年 6 月 19 日。

李国平：《加快构建京津冀区域协同创新体系》，《区域经济评论》2016 年第 2 期。

李德祥、彭继玉：《我国绿色技术创新中存在的问题及对策》，《湖南财政经济学院学报》2018 年第 5 期。

李锡庆、吕程：《京津冀创新体系建设若干问题》，《开放导报》2017 年第 3 期。

何恬、刘娟：《京津冀区域协同创新体系建设研究》，《合作经济与科技》2013 年第 20 期。

蔡益泉：《我国低碳产业的发展现状与对策思考》，《华东经济管理》2013 年第 4 期。

陆小成：《基于区域低碳创新系统的生产性服务业集群模式》，知识产权出版社，

2010。

宋敏：《科技中介服务链、创新链和产业链的融合互动发展研究——基于科技中介服务的视角》，《企业科技与发展》2014 年第 24 期。

陆小成、江树革：《加强低碳生活建设》，《中国国情国力》2018 年第 8 期。

衣保中、高锦杰：《吉林省循环经济与产业协同发展水平实证研究》，《北华大学学报》（社会科学版）2019 年第 2 期。

京津冀城市群生态环境协同发展能力评价

刘小敏*

摘　要： 生态优先、绿色发展是京津冀协同发展国家战略的重要内容，城市群的生态环境协同发展是扩大区域环境容量生态空间、推进生态保护合作的关键。城市生态环境协同发展应以各城市的生态环境发展能力为基础。本文利用DEA模型，对京津冀城市群中13个城市的生态环境协同发展的综合效率、纯技术效率和规模效率等做全面评估，结果表明，京津冀各城市的生态环境协同发展综合效率相对较低，主要原因是部分城市环保资金投入相对不足，致使规模效率低，且城市间差异较大。部分城市处于规模效率递增阶段，提高财政支出水平，可进一步挖掘城市生态协同发展能力。

关键词： 京津冀城市群　生态环境　协同发展　DEA模型

京津冀城市群是我国三大国家级城市群之一，包括北京市，天津市，河北省的石家庄、保定、沧州、承德、邯郸、衡水、廊坊、秦皇

---

* 刘小敏，北京市社会科学院市情调查研究中心助理研究员，博士，北京世界城市研究基地专职研究员。

岛、唐山、邢台、张家口等13个地级以上城市。2018年，京津冀地区总人口达1.127亿人，占全国比重为8.1%，GDP 8.5万亿元，占全国比重为9.3%，但是其主要工业品的粗钢产量仍高达2.57亿吨，占全国比重达27.7%，钢材产量为3.18亿吨，占全国比重为28.8%。过高的重化工业比重使得京津冀是全国“资源环境与发展矛盾最为尖锐的地区”和“空气污染最严重的区域”。

2018年，京津冀城市群PM2.5（细颗粒物）浓度为每立方米60微克，同比下降11.8%，与2013年相比下降了44%，但仍比全国平均水平高出约50%。区域协同发展，特别是生态环境的协同发展，对于区域环境治理具有重要作用，然而，城市群作为区域协同发展的载体获得协同效应并非易事，Mark L. Sirower强调要警惕“协同陷阱”。[①] Goold和Campbell也指出，实践中协同取得成功的案例明显少于失败的案例。[②] 京津冀地区发展过程也表明取得协同效应相当不易。从1986年成立环渤海地区市长联席会算起，京津冀地区协同发展曲折多变，特别是1992年以后，京津冀协同发展更是困难重重，有学者认为京津冀地区缺乏协同治理机制是导致“三者共输”问题的重要原因。[③] 有学者认为京津冀产业协同发展存在区域发展价值单一、市场活力弱、河北承载转移能力差等困难，在制定相关政策时需要客观测度协同发展水平。2015年3月，《京津冀协同发展规划纲要》出台，京津冀协同发展成为国家战略，这为争论近三十年的京津冀协同发展问题画了一个句号并开启了一个新的时代，加强协同效应研究时代意义明显。

而且，京津冀地区生态修复和环境改善任务依然艰巨，土地资源超

---

① Mark L. Sirower, *The Synergy Trap*, The Free Press, New York, 1997.

② Goold, M. and Campbell, A., “Corporate Strategy: The Question for Parenting Advantage,” *Harvard Bussiness Review*, 1995, (3-4).

③ 苏文松、方创琳：《京津冀城市群高科技园区协同发展动力机制与合作共建模式——以中关村科技园为例》，《地理科学进展》2017年第6期；薄文广、陈飞：《京津冀协同发展：挑战与困境》，《南开学报》（哲学社会科学版）2015年第1期。

载、水资源供需紧张、大气污染形势严峻等问题依然制约着区域可持续发展，加上区域治理体系与治理能力各不相同，因此，在具备行政性质的经济发展政策作用空间越来越小的时代，如何充分利用市场机制来促进协同发展、提高协同效应，是当前必须重视的重要课题。协同效应是评估协同发展的重要指标，也是考核区域协调发展战略效果的重要手段和方法，是促进区域协同发展的重要指挥棒，也是完善区域协调发展政策的参考依据。因此，明确协同效应内容，选择合适的效应评估指标，建立生态发展协同效应评估模型，是促进协同发展的重要理论基础，也是完善协调发展政策的重要决策参考依据。本文在梳理协同发展效应评估理论的基础上，采用 DEA 方法对京津冀城市群中各城市之间的协同发展能力进行定量评估，为构建各城市之间的生态协同发展机制提供参考，并提出相关政策建议。

一 京津冀城市群生态协同发展效应评估

（一）协同效应评估

协同概念最早由 1971 年德国物理学家赫尔曼·哈肯在研究激光理论时提出，他在 1983 年创立协同学。根据协同学理论，协同作用将产生协同效应。自 20 世纪 60 年代 Ansoff 提出“协同效应”起，协同学就在经济管理系统中得到了广泛的应用，并得到较多的研究，主要是对协同效应含义的探索，Ansoff 指出协同效应是指投资收益率的函数超加性，[①] 管理学大师迈克尔·波特认为主体的协同效应在价值链中实现，不过，安德鲁·坎贝尔等在《战略协同》一书中说“通俗地讲，协同

① Igor Ansoff, “Corporate Strategy, An Analytic Approach to Business Policy for Growth and Expansion”, NewYork：Mcgraw Hill, 1965.

就是‘搭便车’”，这是协同效应最直白的理解。协同效应在公司并购中得到较多的应用，如 Schwert 检验协同效应大小、Andrew Campbell 分析协同效应发挥渠道等。

我国协同发展研究随着对区域经济协调增长的重视而兴起，[①] 并随着协同理论的引入而转向协同发展，城市群作为区域协同发展的载体成为研究重点，长三角与京津冀城市群是热点，学者们分别从各自角度对长三角城市群协同发展现状展开分析。对于京津冀城市群协同发展研究主要有问题描述、机制探索等，如从经济联系与利益矛盾出发分析京津冀各城市在协同发展中的功能定义；从京津冀城市群协同发展是一个反复博弈的过程出发，认为需要在多方面建立协同；从大都市治理角度分析京津冀不同等级城市如何建立协调机制；分析京津冀 13 个城市的城市化与生态环境系统耦合协调度；分析在协同发展背景下京津冀各城市的能源结构变化。

城市群生态环境协同发展能力评估作为促进区域生态发展以及环境治理特别是区域性的联防联控的重要政策依据，未引起足够重视，除了华东师范大学发布的《长三角城市协同发展能力指数》外，京津冀城市群作为我国重要的经济增长极，客观评估其协同发展能力也相当重要，也需要建立相应协同发展能力评价体系。

可见，现阶段针对生态环境协同发展效应评估的研究相对较少，主要还是集中在协同理论探索以及基于宏观层面的协同状态分析，尽管学者利用 DEA 模型评估了行业的协同效应水平，但是没有深入城市群层面探索各城市协同水平不高的深层次原因。这对从充分发挥市场配置决定性作用的角度来进一步推进京津冀区域协同发展而言具有十分重要的意义。

---

① 黎鹏：《区域经济协同发展及其理论依据与实施途径》，《地理与地理信息科学》2005 年第 4 期。

（二）城市群生态环境协同发展效应评估方法

（1）协同发展的内涵。协同发展指不同区域之间协同共生所形成的高效和高度有序化的整合，因此，协同发展将促使不同区域在发展过程中有着统一的目标、统一的发展市场，协同发展的结果是区域间发展差距合理。

（2）城市群生态环境发展协同评估标准。评价标准可以从以下两个维度来考虑：首先是城市生态发展的产出指标。它是城市生态发展水平的表征指标，如城市空气质量综合指标、单位 GDP 能耗量、单位 GDP 二氧化硫排放量，城市空气质量综合指标可用来描述城市生态发展的环境结果，单位 GDP 能耗量、单位 GDP 二氧化硫排放量可用来描述生态治理的经济水平。其次是城市生态发展的投入指标。它是影响城市生态发展水平的影响因素指标，如环保资本投入占财政支出比、研发投入占财政支出比、人均 GDP 等，用于描述生态环境发展的投入强度与能力。

（3）基于 DEA 的区域生态环境协同发展效应的定量评估方法。数据包络分析方法是一种以相对效率概念为基础，用于评价具有相同类型的多投入、多产出的决策单元是否为技术有效和规模有效。可以从城市群中各个城市及城市群间两个维度开展评估，各个城市的协同效应实际上是城市协同能力的估算，其具体计算方法如下。

首先，判断区域内部的协同发展水平，可运用 DEA 模型。DEA 模型主要通过比较决策单元（Decision Making Units，DMU）偏离 DEA 前沿面的程度来评价它们的相对有效性，其核心方程为：

$$\max h_{j0} = \sum_{r=1}^{s} u_r y_{rj0} \Big/ \sum_{i=1}^{m} V_i x_{ij0}$$

其中，u_r 为变量 y_{rj0} 的权重，V_i 为 x_{ij0} 的权重，h_{j0} 为各节点的效率水平。

若DEA目标函数值为1，则称为DEA有效，也可以称该单元是技术有效，即该单元投入的产出位于生产前沿面上，生产要素的配合比例最好。它反映系统内部之间的协调程度。

其次，根据评估模型不同，DEA有效性质是不同的，如果说将“规模收益不变”当成是规模有效，则评价单元的DEA有效就包含“技术有效”和“规模有效”两方面内容，可用C2R模型来评估各单元的技术有效性与规模有效性。其中，技术有效性表示评价单元的投入产出位于生产商用沿上，技术系数在评价所有单元中最好，说明各子系统间（要素）的配合比例较好。技术有效性说明了系统内部各要素之间协同有效。规模有效性为系统内部的发展有效，发展效率为1，表示“发展有效”；当发展效率大于1时，评价单元处于规模收益递增阶段，应增加投入以获取更大产出；当发展效率小于1时，评价单元处于规模收益递减阶段，较多的投入并未带来更多的产出，应当从技术上提高投入产出效率，或者减少不必要的投入。

二　参数选择、数据来源及评估

（一）指标参数选择

在应用DEA模型进行生态环境协同发展效应评估时，应选择充分体现地方生态环境保护与治理的外部性参数。生态环境协同发展效应本质上是生态环境收益在地方与区域两大空间尺度效应的耦合，那么，在指标参数上，首先，可排除地方性的生态指标，如人均公园绿地面积等独占性参数。其次，纳入了环境治理资金占GDP的比重

（也可使用环保固定资产投资占 GDP 比重）、一般公共服务支出占财政支出比、单位 GDP 二氧化硫排放量、空气质量指数（AQI）等指标。其中，环境治理资金占 GDP 的比重、一般公共服务支出占财政支出比表示生态发展的投入程度，单位 GDP 二氧化硫排放量、空气质量指数（AQI）表示生态环境协同发展的产出水平。生态环境治理财政资金投入指标表明城市改善环境质量的相对经济强度，指数值越大，地区对环境保护的重视程度越高，该地区可能获得更好的生态环保能力、取得更好环境收益。单位 GDP 二氧化硫排放量表明环境治理的经济水平，空气质量指数（AQI）是大气环境质量的表征，可反映城市对空气质量治理与改善的投入效果，从而间接反映一个城市的环保意识与行动力。

（二）京津冀城市群生态环境协同发展能力评价结果

1. 评估结果

京津冀城市群生态环境协同发展能力评价参数的数据主要来自《中国城市统计年鉴》以及各城市的统计年鉴，本文收集包括北京、天津在内的京津冀 13 个城市 2017 年的相关数据。

采用 DEA 模型对 13 个城市进行效率评估，结果如表 1 所示。

总体来说，京津冀各城市的生态环境协同发展效率相对较低，综合效率的均值仅为 0.674，标准差为 0.254，主要原因是各城市规模效率均值低，差异较大，均值为 0.699 且标准差为 0.255。不过，各城市的纯技术效率整体相对较高，均值为 0.962，且差异不太，标准差为 0.058。

各城市方面，北京、石家庄市、保定市三个地区的综合效率为 1，表示其生态环境发展的综合投入与产出较高，处于生产前沿面上。相对综合效率比较低的城市是邯郸市，仅为 0.296，沧州市为 0.324。纯技术效率方面，有较多的城市的纯技术效率为 1，如北京、石家庄市、张家口市等。规模效率方面，有较多的城市只有较低的值，如邯郸市仅为0. 296，导致其综合效率低。

表1　京津冀各城市生态环境协同发展效应评估结果

城市	综合效率	纯技术效率	规模效率	规模效率判断
北　京	1. 000	1. 000	1. 000	—
天　津	0. 783	0. 999	0. 784	irs
石家庄市	1. 000	1. 000	1. 000	—
承 德 市	0. 791	0. 864	0. 916	irs
张家口市	0. 774	1. 000	0. 774	drs
秦皇岛市	0. 816	1. 000	0. 816	drs
唐 山 市	0. 338	0. 900	0. 376	irs
廊 坊 市	0. 676	0. 846	0. 799	irs
保 定 市	1. 000	1. 000	1. 000	—
沧 州 市	0. 324	0. 900	0. 360	irs
衡 水 市	0. 410	1. 000	0. 410	irs
邢 台 市	0. 551	1. 000	0. 551	irs
邯 郸 市	0. 296	1. 000	0. 296	irs
均　值	0. 674	0. 962	0. 699	
标 准 差	0. 254	0. 058	0. 255	

注："drs"，规模报酬递减；"—"，规模报酬不变；"irs"，规模报酬递增。

2. 结果分析

（1）综合效率排名情况

对综合效率进行排名分析，北京、石家庄和保定等城市处于前列，其纯技术效率与规模效率均处于生产效率的前沿面上，秦皇岛市的综合效率为0. 816，原因是其规模效率为0. 816，且为规模报酬递减。邯郸市、沧州市和唐山市的综合效率排名低，主要原因是其规模效率得分低，且均为规模报酬递增，说明该地区目前存在生态环境发展投入不足的问题，具体见表2。

表 2　京津冀各城市生态环境协同发展效率排名

城市	综合效率	纯技术效率	规模效率
北　　京	1.000	1.000	1.000
石家庄市	1.000	1.000	1.000
保 定 市	1.000	1.000	1.000
秦皇岛市	0.816	1.000	0.816
承 德 市	0.791	0.864	0.916
天　　津	0.783	0.999	0.784
张家口市	0.774	1.000	0.774
廊 坊 市	0.676	0.846	0.799
均　　值	0.674	0.962	0.699
邢 台 市	0.551	1.000	0.551
衡 水 市	0.410	1.000	0.410
唐 山 市	0.338	0.900	0.376
沧 州 市	0.324	0.900	0.360
邯 郸 市	0.296	1.000	0.296

（2）城市综合效率分析

从综合效率构成看，北京综合效率为 1 的主要原因是其产出效率高，即当年的气候指数是在 13 个城市中最好的，空气质量指数（AQI）中值为 60，环境治理效率最高，同时，其生产方面生态环境发展能力也比较高，其单位 GDP 二氧化硫排放量为 11.1 万吨/万元，也是京津冀各城市中最高的。

石家庄市的综合效率值也为 1，不过其环境指数与生产环境指数不高，其中空气质量指数（AQI）中值为 109，处于各城市靠后位置，单位 GDP 二氧化硫排放量达 510.1 万吨/万元，处于各城市中游水平，但是相对于北京、天津来说，仍然过高。石家庄市的综合效率值能为 1 的主要原因是其投入值相对较少，使得最终估算出来的效率值相对较高。从另一个角度看，石家庄市以相对较少的环保投入获得了一个相对不错的结果，但是其绝对水平比较低，说明该市在生态环境治理方面有较大的潜力，需要加强环保资金投入，扩大环保资金支出比，以获得更好的生态环境效果。

与石家庄市相似，保定的综合效率值也较高，但是空气质量指数低，其原因也是资金投入相对较低，一旦加大生态环境治理的财政投入，也可以获得更好的生态环境治理效果。

天津综合效率处于中游水平，比均值稍高，但排在石家庄市、保定市、秦皇岛市和承德市后面，主要原因是其规模效率相对较低，存在规模报酬递增，作为一个经济发展水平相对较高的直辖市，天津需要进一步加大生态环境发展的资金投入，以提高其综合效率。

邯郸市、沧州市和唐山市等城市的综合效率值低，它们的生态环境发展质量处于相对落后位置，空气质量指数排名靠后，生产的环境治理效率排名也靠后，并且其生态环境治理财政投入也不足。

另外，从规模效率判断结果看，有 8 个城市存在规模效率不足的问题，也就是说，根据当前的生态环境发展技术，这些城市可以通过增加投入来获得更好的生态发展效率。秦皇岛市和张家口市的技术效率为规模递减，说明其存在投入产出不成比例的问题，应该提升生态发展的技术水平。

三　结论及政策建议

利用 DEA 模型对京津冀城市群中各城市的生态发展协同效应的内部效应进行分析，对各城市的协调发展效率进行综合评估，得出如下结论及政策启示。

（1）结论：从综合效率看，京津冀城市群的各个城市生态环境协同发展效率相对不足，且差异较大，主要原因是规模效率较低，城市间差异较大，不过纯技术效率整体水平较高，差别不大。部分城市如石家庄、保定，尽管空气质量指数较低，但是以有限投入获得了相对不错的生态产出，需要进一步提高环保发展相关的财政支出比。

（2）政策建议：京津冀地区的城市生态环境协同发展能力相对不

足，主要原因是投入不够，需要进一步加大生态环境财政投入，但由于这些城市本身的财力有限，从联防联控的角度看，要进一步提升各个城市的生态环境协同发展能力，要进一步争取中央的生态环境发展资金支持，同时设立京津冀生态环境协同发展共同基金，提升城市群的协同发展效应。

（3）下一步工作：生态环境协同发展除了涉及各城市本身的发展能力外，要进一步了解城市间的协同发展能力，增强综合效率较高的城市与综合效率较低的城市的协同发展能力，建立更加高效的城市间协同发展合作机制。

参考文献

Igor Ansoff, "Corporate Strategy , An Analytic Approach to Business Policy for Growth and Expansion", NewYork : Mcgraw Hill, 1965.

Goold, M. and Campbell, A., "Corporate Strategy: The Question for Parenting Advantage," *Harvard Bussiness Review*, 1995, (3 –4).

Mark L. Sirower, *The Synergy Trap*, The Free Press, New York, 1997.

邱国栋、白景坤：《价值生成分析：一个协同效应的理论框架》，《中国工业经济》2007 年第 6 期。

李琳、刘莹：《中国区域经济协同发展的驱动因素——基于哈肯模型的分阶段实证研究》，《地理研究》2014 年第 9 期。

苏文松、方创琳：《京津冀城市群高科技园区协同发展动力机制与合作共建模式——以中关村科技园为例》，《地理科学进展》2017 年第 6 期。

薄文广、陈飞：《京津冀协同发展：挑战与困境》，《南开学报》（哲学社会科学版）2015 年第 1 期。

黎鹏：《区域经济协同发展及其理论依据与实施途径》，《地理与地理信息科学》2005 年第 4 期。

京津冀区域能源环境利用效率及影响因素分析

吕晨　张子霄*

摘　要：京津冀区域是中国重要的经济增长极，也是目前中国环境污染和能源消耗最多的地区，提高能源环境利用效率尤为重要。本文利用 DEA－Malmquist 及 Panel Tobit 模型对“十一五”和“十二五”期间京津冀区域 202 个区县的能源环境利用效率及影响因素进行分析，结果表明：①京津冀区域的纯技术效率最高，规模效率次之，规模效率有效区县占比为 10.4%，综合效率最低。京津冀区域“十二五”比“十一五”期间纯技术效率达到有效区县数量略有下降。②影响全要素生产率变化指数的 3 个分解指数差异明显，技术进步变化指数是影响全要素生产率变化指数的主导因素。③第三产业比重、经济开放程度对京津冀区域能源环境利用效率具有正向影响，单位 GDP 能耗、政府干预水平、房地产投资水平对区域能源环境利用效率具有负向影响。适当扩大三产规模和提高经济开放程度有利于促进技术效率的提升，合理分配房地产投资、调整能源消费结构、适当减少政府财政支出可以提高能源环境利用效率。

关键词：京津冀区域　能源环境利用效率　纯技术效率　规模效率

* 吕晨，中国科学院大学公共政策与管理学院副教授，博士；张子霄，中国科学院大学公共政策与管理学院研究生。

综合效率

中国作为人口和经济大国，改革开放以来经济快速发展，但是能源环境问题日渐突出。根据能源局发布的 2018 年全社会用电量数据，中国是世界上最大的能源消费国，全社会用电量 68449 亿千瓦时，同比增长 8.5%，占全球能源消费量的 23.2%。生态环境部公布的 2018 年全国空气质量状况通报显示，京津冀及周边地区“2 + 26”城市的 PM2.5 年均浓度为 60 微克/立方米，污染较重。能源环境压力对中国未来可持续发展产生巨大挑战。中国的环境污染和资源消耗主要集中在城市群地区，其中京津冀区域是比较典型的地区。

近年来中国政府执政理念逐渐转换，这一理念的转换在国民经济社会五年规划（指引中国未来五年经济社会发展的总纲领）中尤其突出。中国“十一五”规划强调经济社会协调发展，首次提出“节能减排”措施。“十二五”规划强调推进城镇化，同时进一步强调“节能减排”。根据十八大报告，未来中国政府会坚持把高质量发展作为改革的核心。统筹物质文明和生态文明，不只注重经济的发展，而是实现社会的全面发展，合理开发利用有限的自然资源，保护生态环境。因此能源环境和经济的协调发展将是未来政府工作的重点任务。在此背景下对京津冀区域能源环境利用效率的研究可以为其他地区的可持续发展政策制订提供依据。

关于能源环境利用效率的研究已有较多成果。在测算能源环境利用效率的投入和产出时，学者们往往采用不同输入和输出指标。常见的研究以 GDP、工业增加值和工业废气为能源环境利用率的输出变量，以劳动力、资本、能源消耗、水、土地为输入变量。在测算方法时，学者们常常用 DEA 及 DEA - Malmquist 方法，计算不同区域能源环境的利用效率（见表 1）。

对于中国能源环境利用效率的影响因素的研究成果也很丰硕。大部分研究以典型城市或典型行业为研究对象，分析能源环境利用效率的影响因素。能源环境利用效率的影响因素包括自然要素、资本要素、人力

表1 以往关于中国工业发展和环境评估的DEA研究

作者	产出指标	投入指标	备注
Hu and Lee(2008)	GDP	劳动力,资本,固体废物、废水和废气排放量	30个城市资源效率
Bian and Ang(2010)	GDP	劳动力、资本、能源消费量	城市能源环境效率
Guo, et al. (2011)	GDP	劳动力,资本,煤、气、油消费量	29个省资源效率
Wang, et al. (2012)	GDP	劳动力、资本、能源消费量	30个地区资源效率
Wu, et al. (2012)	GDP	劳动力、资本、能源消费量	工业能源效率
Pan, et al. (2013)	GDP、工业废气	劳动力、资本、能源消费量	28个省资源效率
Liu Xiang(2004)	GDP、销售收入、利税总额	非农人口、固定资产投资、建成区面积	矿业城市经济效率
Guo Tengyun(2009)	GDP	固定资产投入、土地面积、从业人数	特大城市资源效率
He Yunqing(2007)	FDI(实际利用外资)	国际进口额、出口比率、FDI比率	28个省对外开放效率
Liu Binglian(2009)	GDP、财政收入	劳动力、资本	196个市全要素生产率
Huang, et al. (2017)	GDP	资本、土地、科技、劳动力	13个城市群经济效率
Si Lijuan(2016)	GDP、教育支出、空气质量	水、能源、土地、污水排放量	甘肃12市资源效率

要素和社会要素四个方面。自然要素资源包括土地、水等。选取用水量、用电量、工业排放量、废物排放量、废气排放量、废水排放量为指标。资本要素资源包括厂房、流动资本和固定资产等。选取非农人数、固定资产、流动资产、建成区面积为指标。人力要素资源主要是具有一定知识、健康和技能的劳动力。选取资本、劳动力为投入指标。社会要素资源主要是服务、文化、科技等要素。选取科技创新、公管服务等指标。选取单位GDP能耗作为能源消耗效率指标，选取产业结构、资本劳动力、外商投资、社会投资、政府干预等指标进行了广泛研究。已有研究表明，中国的人口规模、产业结构水平、经济开放水平、科技水平、信息化水平、土地投入等因素能够影响区域的能源环境利用效率（见表2）。

表 2　以往研究的影响因素变量

作者	影响因素指标	备注
陈金英(2016)	信息化水平、经济开放水平、产业结构、科技水平、国内贸易、土地投入	中国 20 个城市资源效率及影响因素
王科(2013)	总产值、市场结构、行业绩效、经济开放程度	云南十大行业经济效率及影响因素
戴永安(2016)	金融环境变量、市场化程度、基础设施、对外开放程度、地方政府干预	中国 20 个城市资源效率及影响因素
黄珂(2014)	人均 GDP、产业结构、土地市场化程度、人口密度、人口城市化率	中国 17 个城市资源效率及影响因素
傅京燕等(2016)	GDP、环境规章强度、对外贸易、能源消费总量	中国 30 个省份的生态效率及影响因素
郭存芝等(2014)	经济发展水平、产业结构、科技进步、出口依存度、环境投入、城市规模	30 个城市资源环境效率及影响因素
罗琳琳等(2013)	经济发展水平、产业结构、对外开放程度、政府影响力	16 个资源型城市资源环境效率及因素
Huifeng Pan(2013)	市场化指数、人均 GDP、工业研发投资、人均煤炭消费比例	中国 28 个省份资源环境效率及影响因素
蔺雪芹等(2019)	工业化水平、环境规制、对外开放、劳动力水平、能源利用率、企业规模	294 个地级市资源效率及影响因素
董巧珍(2018)	自然禀赋、经济发展水平、科技进步、工业结构、工业用水重复利用率	31 个省份工业水资源利用效率及影响因素

对于能源环境利用效率的研究大多数聚焦在省、市层面，也有一些学者计算了城市群、国家、行业的能源环境利用效率；该类研究多运用截面数据以省为单位进行研究，时间序列研究多以年为单位等。

对于中国的能源环境利用效率，已有研究多以省和城市为研究对象，在城市群的研究中多将城市作为分析单元，缺少对于内部以区县作为基本单元的研究，而区县是中国行政管理的基本单元。从研究时段看，目前的文献主要以年为单位进行分析，缺少与中国经济社会管理阶段相匹配的阶段性比较研究。另外，相对于能源环境利用效率测量的研究，目前对于效率影响因素的研究比较少，尤其是具有中国特色的一些影响因素，如房地产开发、政府干预等。

因此，本文基于“十一五”（2006～2010 年）和“十二五”（2011～2015 年）两个国民经济社会发展规划重要时间段，以京津冀区域为研究对象，测算和比较京津冀 202 个区县的能源环境利用效率，利用 Panel Tobit 模型，引入政府干预、房地产开发等具有中国发展特色的指标，分析影响区域能源环境利用效率的因素，为提高京津冀区域能源环境利用效率决策的科学性提供研究支持，为以首都为核心的世界级城市群治理提供理论支撑。

一 研究区域与指标选择

（一）研究区域

北京是中国的政治、文化中心，京津冀区域是中国北方经济的重要核心区。截至 2017 年，京津冀区域常住人口 11247.2 万人，占全国的 8.10%，面积占全国的 2.35%，GDP 为 80580.5 亿元，占全国的 9.75%。京津冀区域在快速发展的过程中出现了一系列能源环境问题，能源环境约束已经成为影响其可持续发展的主要障碍。2017 年区域能源消耗量为 4.53 亿吨标准煤，全国能源消耗为 44.90 亿吨标准煤，占全国的 10.09%。生态环境部公布的 2018 年京津冀及周边地区“2+26”城市的 PM2.5 年均浓度为 60 微克/米^3，是全国平均值 39 微克/米^3 的 1.54 倍。京津冀区域资源的短缺和日益严重的环境污染更加要求提高区域能源环境的利用效率，研究能源环境利用效率尤为重要。

（二）能源环境利用效率的投入产出指标选择

提高能源环境利用效率的目标是用最小的资源消耗和环境污染代价

获得最多的经济产出。结合区域特点，我们选择的产出指标包括地区生产总值和财政收入。投入指标主要考虑经济生产过程中投入的经济社会和能源环境成本。经济社会成本指标选择来源于 CK 生产函数。能源环境成本指标在不同的文献里有较大区别。部分文献将 PM2.5 浓度作为产出指标，但是从人类经济活动的目的和过程看，大气污染是人类为了获得经济效益而付出的成本，因此本文把 PM2.5 浓度作为投入指标，此外还有人口、财政支出、全社会用电量和固定资产投入。

1. 产出指标

（1）地区生产总值（GDP）。地区生产总值代表地区经济发展水平、地区生产活动最终成果，是衡量区域产出最常用的指标。本文按 2000 年价格基准进行平减指数换算得到地区生产总值 GDP。

（2）财政收入（FRP）。财政收入反映政府的收入水平，也是地区政府在行政过程中重点考虑的产出要素。本文按 2000 年价格基准进行换算得到实际财政收入。

2. 投入指标

（1）细颗粒物（PM2.5）浓度。PM2.5 是定量描述空气质量状况的指标。京津冀区域是全国大气污染最为严重的地区，本文选择典型的大气特征污染物 PM2.5 作为衡量环境投入的指标，同时 PM2.5 的产生主要是由化石燃料燃烧和机动车尾气排放等因素导致，也是影响居民身体健康的主要污染物，因此本文选取 2006～2015 年 PM2.5 年度浓度为指标。

（2）人口（POP）。地区经济增长和长期发展的投入包括劳动力的投入，所以本文选择人口数量作为投入的资源。本文选取 2006～2015 年京津冀区县常住人口数作为投入指标。

（3）财政支出（FSR）。财政支出主要是针对生态环境改善等具有巨大外部经济效应的项目，中国公益性基础设施建设的支出，包括水利、电力、道路、桥梁、环保、生态等方面。本文选取 2006～2015 年京津冀区县财政实际支出作为投入指标。

（4）全社会用电量（ELE）。全社会用电量包括第一、第二、第三产业的用电量，反映的是经济活动投入消耗的能源。本文选取 2006 ~ 2015 年京津冀区县全社会用电量作为能源的投入指标。

（5）固定资产投入（INV）。固定资产投入是拉动地区发展的主要因素之一，本文选取 2006 ~ 2015 年京津冀区县固定资产投入作为投入指标。

3. 能源环境利用效率影响因素指标

基于已有的文献中对于能源环境利用效率影响因素的研究，结合中国京津冀地区发展特点，本文选取六个影响因素进行分析。

（1）产业结构。不同产业结构代表不同的生产过程以及能源环境利用方式。其中，第三产业比重反映一个地区服务业的规模和水平，包含提高能源利用效率所需的技术、理念和服务，第三产业和第一产业、第二产业的投入产出模式完全不同。研究表明，第三产业比重对于能源利用效率影响很大，[①] 因此本文选取第三产业增加值与 GDP 的比值作为产业结构影响因素的表征指标（sec）。

（2）城镇化水平。城镇化水平反映一个地区非农用地占比以及非农用地开发水平。城镇化水平会影响生产模式、行业水平以及基础设施配套。不同生产模式和不同行业对应的能源环境利用效率是不同的。因此本文采用人口城市化率代表城镇化水平，即城镇人口占总人口的比重（urb）。

（3）能源利用技术水平。单位 GDP 能耗反映区域能源利用的技术水平，每创造一个单位的社会财富的能耗越高表明能源利用效率越低（ene）。

---

① 郭存芝、罗琳琳、叶明：《资源型城市可持续发展影响因素的实证分析》，《中国人口 · 资源与环境》2014 年第 8 期。

（4）经济开放程度。外商投资企业在一定程度上提高了我国劳动者的素质，使其经营管理水平和技术开发、创新等能力提高，创新能力的增强会直接提高能源环境利用效率。因此，本文将历年外商直接投资额根据当年汇率换算成人民币，使用外商直接投资额与 GDP 的比值代表经济开放程度（tac）。

（5）政府干预程度。政府在城市经济发展过程中在要素流动、公共产品和基础设施供给、制度环境建设等方面具有重要的作用。合理分配和使用财政资金对城市能源利用效率提高起到促进作用。但财政过度支出和盲目利用会削弱市场对资源的配置作用，影响市场竞争格局和资源分配，造成能源利用效率低下。本文选取财政支出与 GDP 的比值作为表征政府干预程度的影响因素指标（gov）。

（6）房地产投资。有关学者对 35 个大中城市房地产投资研究表明，近 52% 的城市 DEA 效率为无效。地方政府看重房地产市场，地方收入依靠土地财政。过度的房地产投资会挤占其他行业的投资，造成社会投资失衡，并且大量消耗水泥、钢铁和土地等资源，增加污染物排放，造成能源环境利用效率低下。本文采用 2006 ~ 2015 年房地产投资额作为衡量指标（rei）。

基于现有文献结合京津冀实际情况及数据的可得性，构建京津冀能源利用效率和能源环境影响因素指标，如表 3 所示。

表 3　变量定义与数据来源

项目	变量名称	变量符号	计算方法	单位	数据来源
效率指标	地区生产总值	GDP	实际工业增加值 GDP*	亿元	经济年鉴
	财政收入	FRP	实际财政收入	亿元	财政年鉴
	PM2.5 浓度	PM2.5	PM2.5 年度浓度为指标	微克/米^3	卫星数据
	人口	POP	区县常住人口数	万人	经济年鉴
	财政支出	FSR	区县财政实际支出	亿元	财政年鉴
	全社会用电量	ELE	区县全社会用电量	亿千瓦时	经济年鉴
	固定资产投入	INV	区县固定资产投入	亿元	经济年鉴

续表

项目	变量名称	变量符号	计算方法	单位	数据来源
影响因素	第三产业比重	sec	第三产业增加值与 GDP 的比值	—	经济年鉴
	城镇化水平	urb	城镇人口占总人口的比重	—	经济年鉴
	单位 GDP 能耗	ene	能源消费总量(吨标准煤)/国内(地区)生产总值	—	经济年鉴
	经济开放程度	tac	外商直接投资额与 GDP 的比值	—	经济年鉴
	政府干预水平	gov	财政支出与 GDP 的比值	—	财政年鉴
	房地产投资水平	rei	房地产投资额	亿元	经济年鉴

注:“ * ” 按 2000 年价格基准进行平减指数换算得到。

(三)研究方法

1. DEA 方法

本文采用的数据包络分析方法(Data Envelopment Analysis, DEA)实际是一种线性规划方法,是由 Charnes 提出的衡量多投入、多产出效率的方法。它的主要优点在于无须预先设定函数和估计参数。另外它考虑的是综合指标,可以对不同单元做比较,数学模型中的权数可由数学规划产生,避免人为因素影响。

若评价 K 个城市效率问题,假设 L 种投入指标、M 种产出指标。设 X_{jl} 表示第 j 个城市的第 l 种资源投入量,Y_{jm} 表示第 j 个城市第 m 种产出量。对于第 n 个城市,有如下 DEA 应用模型:

$$\text{s.t.}\begin{cases}\min(\theta-\varepsilon(e_1^T s^- + e_2^T s^+)) & \\ \sum_{j=1}^{n} X_{jl}\lambda_j + s^- = \theta X_l^n & l=1,2,\cdots,l \\ \sum_{j=1}^{n} Y_{jm}\lambda_j - s^+ = Y_m^n & m=1,2,\cdots,m \\ \lambda \geqslant 0 & n=1,2,\cdots,k\end{cases}$$

式中,θ 为综合技术规模效率指数,λ_j 权重变量;s^+ 为剩余变量;s^- 为松弛变量；ε 为非阿基米德无穷小量；e_1^T 和 e_2^T 分别为 m 维和 k 维单位向量空间，式是基于规模报酬不变的 DEA 模型，简称 CRS 模型。该模型 θ 值越接近 1，则表示城市综合效率越高，反之则越低。当 $\theta=1$ 时，表明城市运行在最优生产前沿上，该市投入产出达到最优。若 $\sum_{j=1}^{k}\lambda_j=1$，该式即为规模报酬可变的 DEA 模型，简称 VRS 模型。该模型得到的效率指数为纯技术效率指数 θ_b，式中 θ 之比为规模效率 SE，$SE=\dfrac{\theta}{\theta_b}$。$SE$ 越接近 1，规模效率越大；$SE=1$ 则城市能源环境利用的规模效率最优。

由此看出，DEA 根据规模报酬分为 CRS 和 VRS 两种。CRS 即规模报酬不变 DEA 模型（又称 CCR 模型，由 Charnes、Cooper 和 Rhode 于 1978 年提出），VRS 即规模报酬可变模型（又称 BCC 模型，由 Banker、Charnes 和 Cooper 于 1984 年提出）。综合效率 CRS 为 1，表示该决策单元的投入产出是有效的，即同时技术有效和规模有效。本文采用软件 DEAP 2.1 运算。

2. DEA - Malmquist 指数

Malmquist 指数即全要素生产率的增长率，是在效率评价之后、体现效率动态变化的指标。Malmquist 指数是由 Malmquist 在消费分析的过程中首次提出，它测度了在时期 t 的技术条件下，从时期 t 到$t+1$的技术效率变化。从时期 t 到 $t+1$，基于规模报酬不变和基于规模报酬可变的 Malmquist 生产率变化指数公式分别为：

$$tfpch=effch\times techch=\frac{D_c^{t+1}(x_{t+1},y_{t+1})}{D_c^t(x_t,y_t)}\times\sqrt{\frac{D_c^t(x_{t+1},y_{t+1})}{D_c^{t+1}(x_{t+1},y_{t+1})}\times\frac{D_c^t(x_t,y_t)}{D_v^{t+1}(x_t,y_t)}}$$

$$tfpch=pech\times sech\times techch=\frac{D_v^t(x_{t+1},y_{t+1})}{D_c^t(x_t,y_t)}\times\frac{D_v^{t+1}(x_{t+1},y_{t+1})}{D_c^t(x_{t+1},y_{t+1})}\times\sqrt{\frac{D_c^t(x_{t+1},y_{t+1})}{D_c^{t+1}(x_{t+1},y_{t+1})}\cdot\frac{D_c^t(x_t,y_t)}{D_v^{t+1}(x_t,y_t)}}$$

式中，D_c^t（x_t，y_t）与 D_c^{t+1}（x_{t+1}，y_{t+1}）、D_c^t（x_{t+1}，y_{t+1}）与 D_c^{t+1}（x_t，y_t）表示生产点在相同时间段内（t，$t+1$）和生产点在混合期内

同前沿面技术相比较的投入距离函数。Malmquist 指数可以分解为综合技术效率变化指数（*effch*）和技术进步变化指数（*techch*）两个部分。综合技术效率变化指数（*effch*）由纯技术效率变化指数（*pech*）和规模效率变化指数（*sech*）两个部分组成。其中：

$$effch = \frac{D_c^{t+1}(x_{t+1}, y_{t+1})}{D_c^t(x_t, y_t)}$$

$$pech = \frac{D_v^t(x_{t+1}, y_{t+1})}{D_v^t(x_t, y_t)}$$

$$sech = \frac{D_v^t(x_t, y_t)}{D_c^t(x_t, y_t)} \times \frac{D_v^{t+1}(x_{t+1}, y_{t+1})}{D_c^{t+1}(x_{t+1}, y_{y+1})}$$

$$techch = \sqrt{\frac{D_c^t(x_{t+1}, y_{t+1})}{D_c^{t+1}(x_{t+1}, y_{t+1})} \times \frac{D_c^t(x_t, y_t)}{D_v^{t+1}(x_t, y_t)}}$$

当 $tfpch > 1$ 时，表示全要素生产率呈增长趋势；当 $tfpch = 1$ 时，表示全要素生产率保持不变；当 $tfpch < 1$ 时，表示全要素生产率呈下降趋势。

3. Panel Tobit 模型

本文选择 Panel Tobit 模型对能源环境利用效率影响因素进行计算。因为 DEA 计算的结果是具有截断性质的离散分布数值，若采用普通最小二乘法（OLS）对模型进行回归，回归参数估计产生偏差，而基于最大似然法的 Panel Tobit 能很好地解决这种截断数据问题。Panel Tobit 模型的特点在于因变量是受限变量，模型由两类方程模型组成：一是表示约束条件的选择方程模型，二是满足约束条件下的某连续变量方程模型。Panel Tobit 模型需要通过最大似然法估计参数 β 。基于已有文献，本文将回归模型建立如下：

$$tfpch_{i,t} = \alpha_0 + \beta_1 \sum_{i,t=1}^{n} (sec)_{it} + \beta_2 \sum_{i,t=1}^{n} (urb)_{it} + \beta_3 \sum_{i,t=1}^{n} (ene)_{it} + \beta_4 \sum_{i,t=1}^{n} (tac)_{it} + \beta_5 \sum_{i,t=1}^{n} (rei)_{it} + \beta_6 \sum_{i,t=1}^{n} (gov)_{it} + \varepsilon_0$$

式中，α_0 是回归方程常数项，ε_0 是回归方程误差项，i 表示各区县，t 表示年份，β_1 ~ β_6 为各要素估计的未知参数变量系数。*tfpch* 代表全要素生产率变化指数，*sec* 代表第三产业比重，*urb* 代表城镇化水平，*ene* 代表单位 GDP 能耗，*tac* 代表经济开放程度，*rei* 代表房地产投资水平，*gov* 代表政府干预水平。

（四）数据来源

本文以京津冀 202 个区县为研究对象，对“十一五”和“十二五”期间京津冀地区的能源环境利用效率及其影响因素进行分析。效率产出指标 GDP、FRP 和投入指标 POP、FSR、ELE、INV 的数据方面，河北来源于《河北农村统计年鉴》《河北经济年鉴》《河北财政年鉴》，北京来源于《北京统计年鉴》，天津来源于《天津统计年鉴》，京津冀区域 202 个县市区的 PM2.5 年度浓度数据来源于 NASA 环境遥感卫星检测的 PM2.5 浓度数据，采用美国国家航空航天局 NASA 公布的2006 ~ 2015 年全球大气 PM2.5 浓度栅格数据，分辨率为 0.1 度作为基础研究数据。影响因素指标 *sec*、*urb*、*ene*、*tac*、*gov*、*rei* 的数据方面，河北来源于《河北农村统计年鉴》《河北经济年鉴》《河北财政年鉴》，北京来源于《北京统计年鉴》，天津来源于《天津统计年鉴》。

二　结果分析

（一）京津冀区域能源环境利用效率结果分析

京津冀区域 2006 ~ 2015 年能源利用效率变化情况如图 1 所示。该区域十年的纯技术效率均值为 0.784，规模效率均值为 0.639，综合效率均值为 0.502。综合效率达到有效的区县共 21 个。

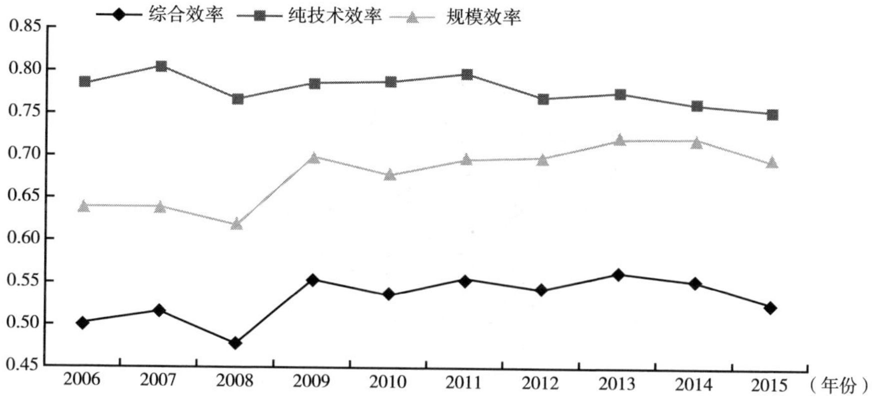

图 1　京津冀区域 2006 ~ 2015 年纯技术效率、规模效率及综合效率变化情况

1. 京津冀综合效率总体均值较低，且呈下降趋势。高值区分布在京津冀中心的北京和天津部分区域、东部的唐山和沧州部分区域和南部的邢台和邯郸部分区域

从总体均值看，2006 ~ 2015 年京津冀 202 个区县的综合效率均值为 0.502，中位数为 0.465，没有达到有效。“十一五”期间综合效率中位数 0.499 下降到“十二五”期间综合效率中位数 0.465（见表 4）。综合效率上升区县数量比例由“十一五”期间的 62.4% 下降到“十二五”期间的 30.7%，2006 ~ 2015 年综合效率平均上升区县数量比例为 53.5%。

如图 2 ~ 图 4 所示，综合效率较高的区域集中在京津冀三个区域，分别在京津冀中心的北京和天津部分区域、东部的唐山和沧州部分区域和南部的邢台和邯郸部分区域，说明这些区域能源环境效率较高，其投入产出比其他区域要高。十年间综合效率变动较大的区域集中在北京 3 个区、唐山和沧州部分区域和石家庄部分区域，变动最大的是北京的延庆区。

表 4　研究时段内各区县综合效率变动情况

项目	下降区县数量(个)	持平区县数量(个)	上升区县数量(个)	中位数值
2015 年与 2006 年相比	81	12	108	0.465
“十一五”起止年相比	63	13	126	0.499
“十二五”起止年相比	121	19	62	0.465

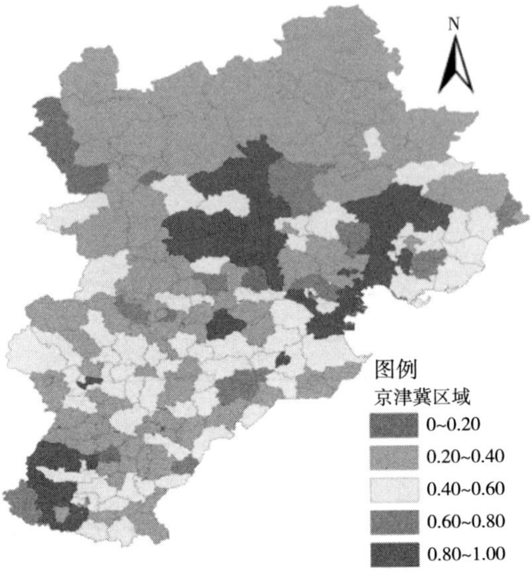

图 2　京津冀区域 2006 年综合效率分布情况示意

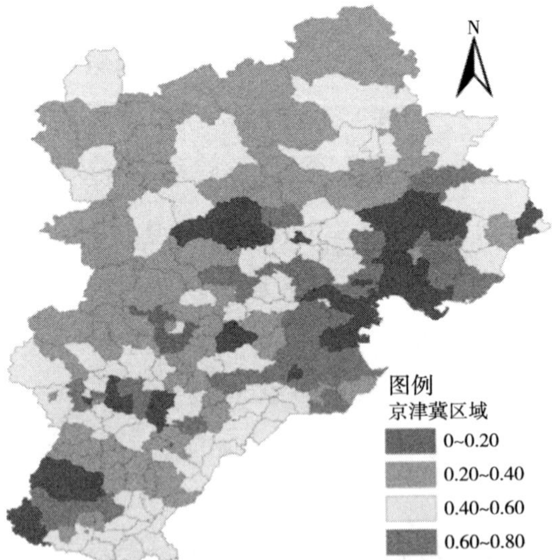

图 3　京津冀区域 2015 年综合效率分布情况示意

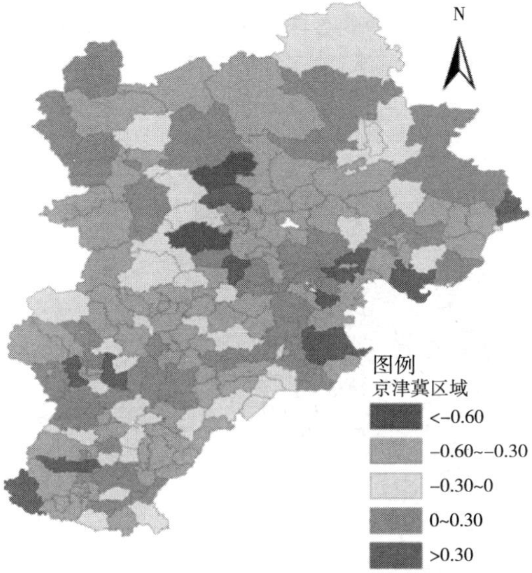

图 4　京津冀区域 2015 年和 2006 年相比各区县综合效率变化情况示意

2. 京津冀区域“十二五”比“十一五”期间整体纯技术效率降低，纯技术效率的高值区集中在京津冀西北部的北京和承德部分区域、东部的唐山和秦皇岛部分区域、南部的邢台部分区域

京津冀纯技术效率总体上不高，且这十年间一直下降。从总体均值看，2006～2015 年京津冀 202 个区县的能源环境纯技术效率为 0.784，中位数 0.775（见表 5），未达到有效。从数量看，“十一五”期间京津冀区域有 45 个区县纯技术效率达到有效，但“十二五”期间京津冀区域仅有 38 个区县纯技术效率达到有效。纯技术效率上升区县数量比例由“十一五”期间的 49.0% 下降到“十二五”期间的 24.3%，2006～2015 年纯技术效率平均上升区县数量比例为 37.6%。

北京各区的纯技术效率比天津和河北要高。如图 5～图 7 所示，纯技术效率的高值区域集中在三个区域，即京津冀西北部的北京和承德部分区域、东部的唐山和秦皇岛部分区域、南部的邢台部分区域。十年间纯技术效率变动较大区域集中在京津冀京津唐部门区域和石衡邢部分区域。

表 5　研究时段内各区县纯技术效率变动情况

项目	下降区县数量(个)	持平区县数量(个)	上升区县数量(个)	各时段中位数值
2015 年与 2006 年相比	102	24	76	0.775
“十一五”起止年相比	76	27	99	0.788
“十二五”起止年相比	128	25	49	0.766

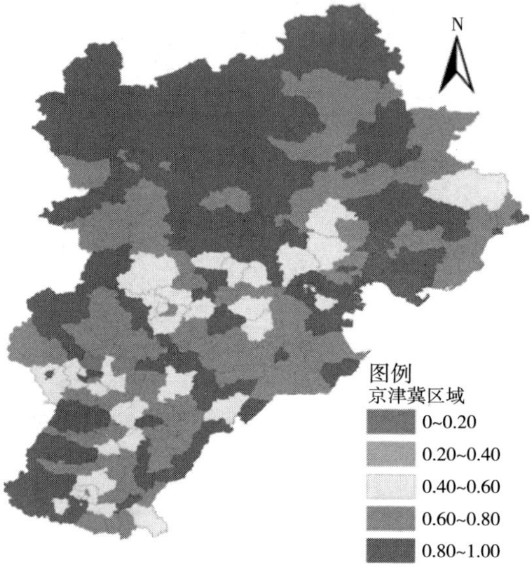

图 5　京津冀区域 2006 年纯技术效率分布情况示意

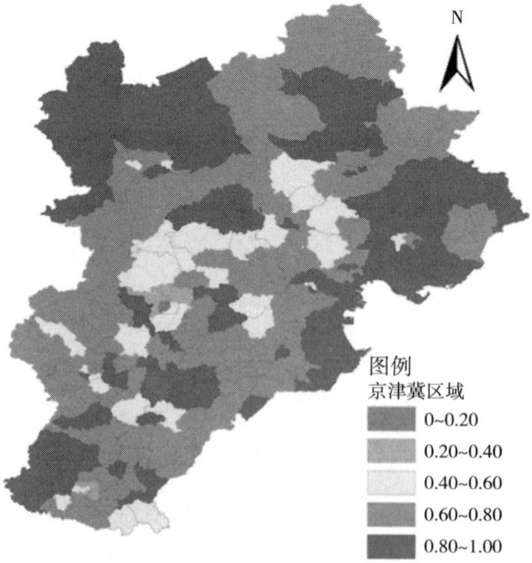

图 6　京津冀区域 2015 年纯技术效率分布情况示意

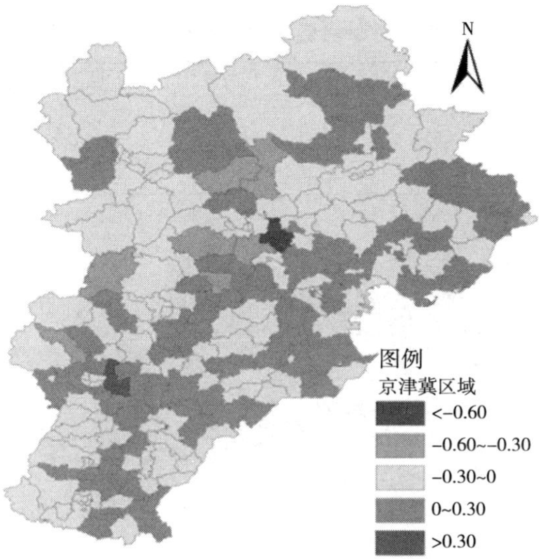

图 7　京津冀区域 2015 年和 2006 年相比各区县纯技术效率变化情况示意

3. 京津冀区域在“十一五”和“十二五”期间规模效率值升高，规模效率高值区集中在东部区域和南部区域

京津冀“十二五”比“十一五”期间规模效率升高。“十一五”期间区域内近 1/2 的区县规模效率上升，“十二五”期间近 2/3 的区县规模效率上升。从总体均值看，2006 ~ 2015 年京津冀 202 个区县的能源环境规模效率为 0. 639，中位数 0. 682（见表 6），未达到有效。从数量看，“十一五”期间京津冀区域有 21 个区县规模效率达到有效，“十二五”期间京津冀区域有 20 个区县纯技术效率达到有效。十年间，京津冀区域有 21 个区县规模效率达到有效，其中，北京 10 个区，天津 2 个区，其他 9 个区县分布在唐山、邯郸、邢台等三市，规模效率在 0. 5 以下区县有 57 个，占 28. 2%。2006 ~ 2015 年规模效率平均上升区县数量比例为 63. 4%。

如图 8 ~ 图 10 所示，规模效率高值区域集中在三个区域，京津冀东部的京津唐部分区域、南部的石家庄和邢台部分区域。十年间规模效率变动较大区域集中在京津冀京津唐部分区域和石邢部分区域。

表 6　研究时段内各区县规模效率变动情况

项目	下降区县数量(个)	持平区县数量(个)	上升区县数量(个)	各时段中位数
2015 年与 2006 年相比	62	12	128	0.682
“十一五”起止年相比	60	13	129	0.678
“十二五”起止年相比	91	17	94	0.704

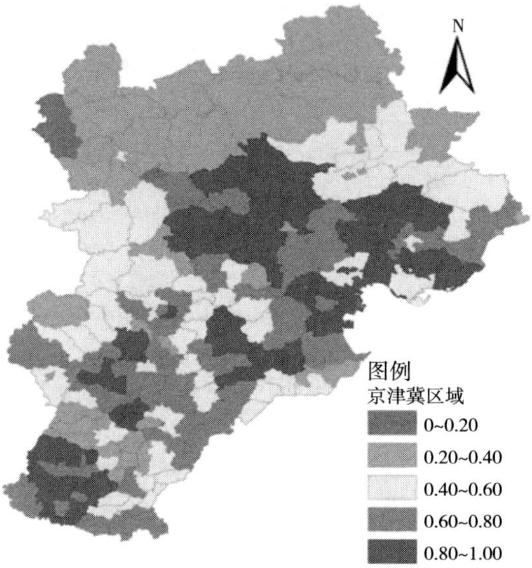

图 8　京津冀区域 2006 年规模效率分布情况示意

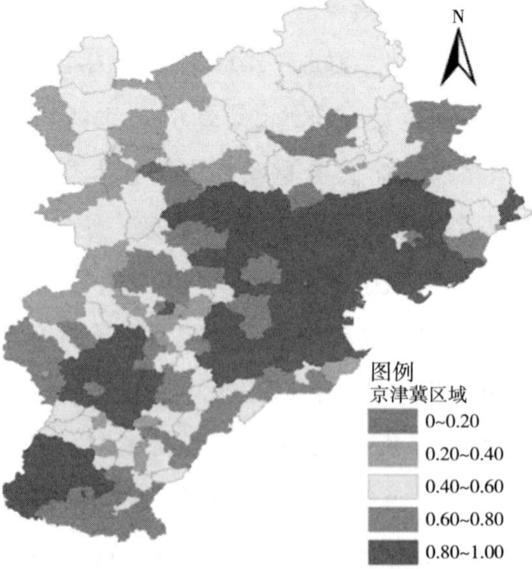

图 9　京津冀区域 2015 年规模效率分布情况示意

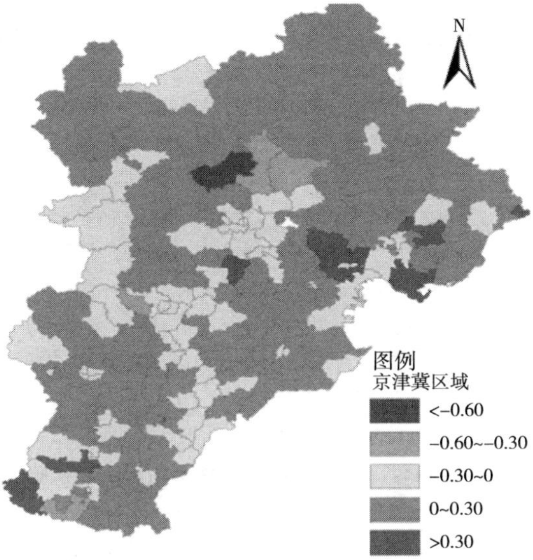

图 10　京津冀区域 2015 年和 2006 年相比各区县规模效率变化情况示意

（二）京津冀区域能源环境利用全要素生产效率变化结果分析

京津冀区域 2006 ~ 2015 年 Malmquist 指数变化情况如图 11 所示。

1. 2006 ~2015年京津冀区域全要素生产率变化指数（*tfpch*）呈现下降趋势

图 12 显示 2006 ~ 2015 年京津冀区域全要素生产率变化指数 *tfpch* 十年均值。从总体均值看，2006 ~ 2015 年京津冀 202 个区县的 *tfpch* 为 1.006，中位数 1.002。从数量上看，其中 22 个区县全要素生产率变化指数超过 1，超过 0.9 的区县有 108 个。2006 年和 2015 年的全要素生产率变化指数均值分别为 1.005 和 1.010，2015 年比 2006 年上升 0.6%，上升幅度不大。图 13 显示了 2015 年和 2006 年相比京津冀区域全要素生产率变化指数升降变化情况。2015 年和 2006 年相比 *tfpch* 上升的区县有 69 个，下降的区县有 133 个，整体呈下降趋势。高值区域在

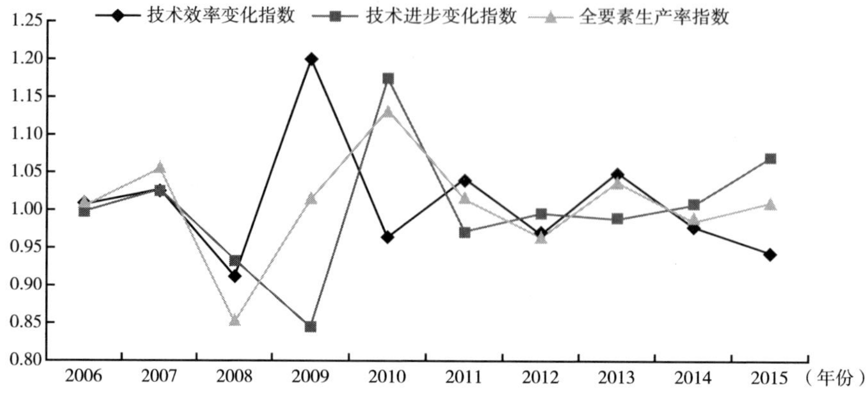

图 11　京津冀区域 2006～2015 年 Malmquist 指数变化情况

两个区域，一个是北京和保定部分区县，另一个是天津和沧州部分区县。变化较大区域分布在北部的张家口部分区县、东部的唐山和秦皇岛部分区县以及石家庄和衡水部分区县。

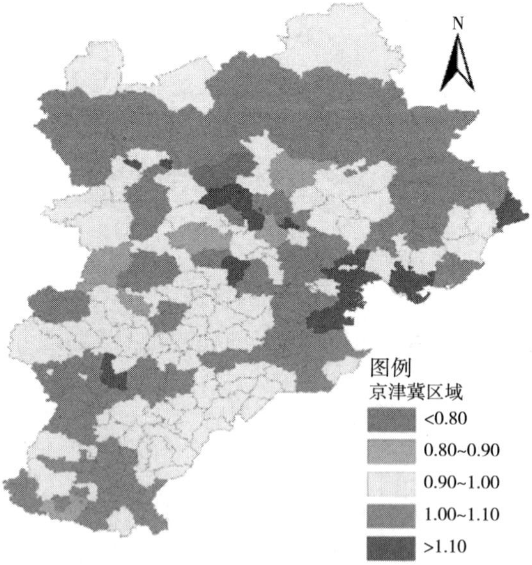

图 12　2006～2015 年京津冀区域各区县全要素生产率变化指数均值示意

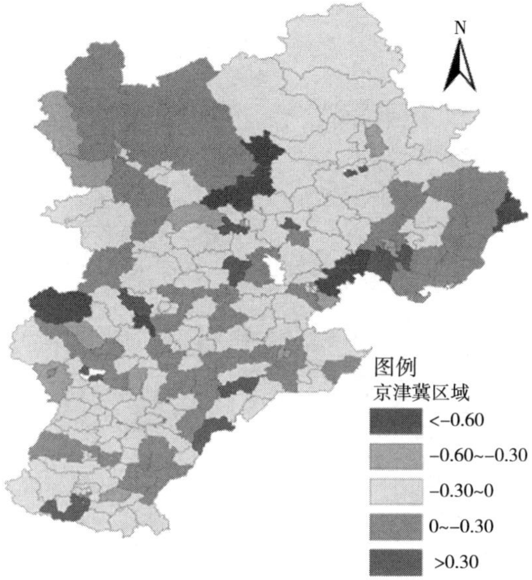

图 13　2015 年与 2006 年相比京津冀区域各区县全要素生产率变化指数升降变化情况示意

2. 2006 ~2015年京津冀区域综合技术效率变化指数*effch* 呈上升趋势

从总体均值看，2006 ~ 2015 年京津冀 202 个区县的 *effch* 为 0.999，中位数 0.991（见图 14）。2006 年和 2015 年的综合技术效率变化指数中位数分别为 1.0408 和 1.0758，2015 年比 2006 年上升 3.36%。从数量上看，有 78 个区县综合技术效率变化指数超过 1。图 15 显示了 2015 年和 2006 年相比京津冀区域综合技术效率变化指数升降情况。2015 年和 2006 年相比综合技术效率变化上升的区县有 122 个，下降的区县有 80 个，整体呈上升趋势。高值区域在京津冀从西北到东南中心区域带，这个区域带主要包括张家口、北京、廊坊和天津部分区县。变化较大区域分布在西部的保定和石家庄部分区县、东部的天津和廊坊部分区县。

3. 技术进步变化指数*techch* 总体呈下降趋势

从总体均值看，2006 ~ 2015 年京津冀 202 个区县的 *techch* 为 1.008，中位数 1.006。从数量上看，有 21 个区县技术进步变化指数超过 1。2006

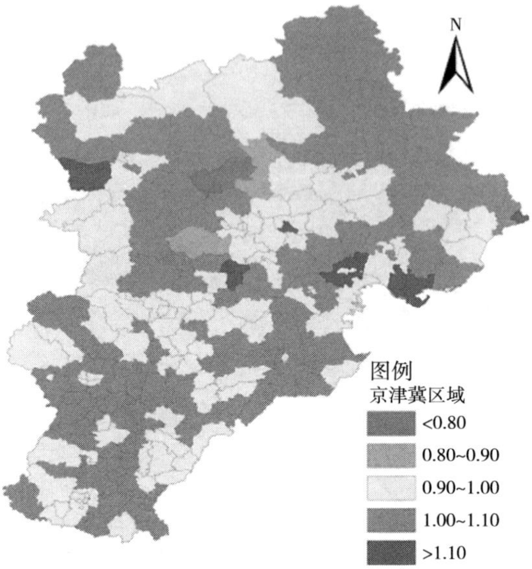

图 14　2006～2015 年京津冀区域各区县综合技术效率变化指数均值示意

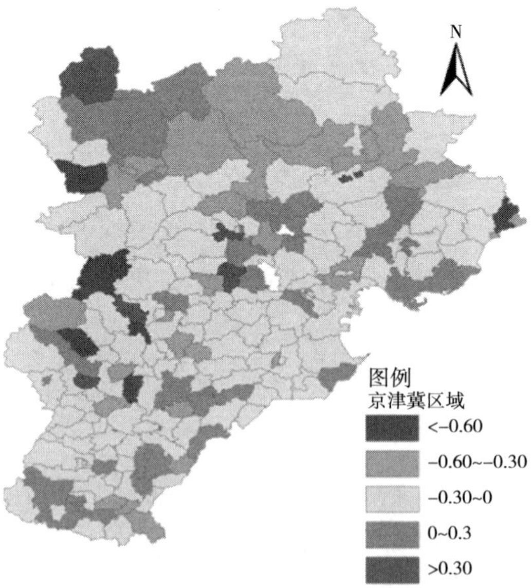

图 15　2015 年和 2006 年相比京津冀区域各区县综合技术效率变化指数升降变化情况示意

2006 年和 2015 年的技术进步变化指数均值分别为 1.054 和 0.9556，2015 年比 2006 年下降 9.34%。图 17 显示了 2015 年和 2006 年相比京津冀区域技术进步变化指数升降情况。2015 年和 2006 年相比 *techch* 上升的区县有 52 个，下降的区县有 139 个，整体呈下降趋势。高值区域在两个区域，一个是北京和保定部分区县，另一个是天津和沧州部分区县。变化较大区域分布在北部的张家口部分区县、中部的北京和廊坊部分区域、东部的唐山和石家庄、衡水部分区县。

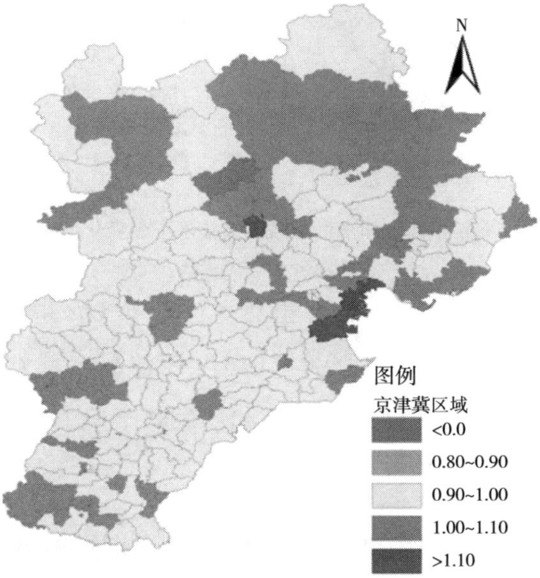

图 16　2006～2015 年京津冀区域各区县技术进步变化指数均值示意

4. 影响全要素生产率变化指数的3个分解指数差异明显，技术进步变化指数*techch* 是影响全要素生产率变化指数的主导因素

全要素生产率变化指数 *tfpch* 由纯技术效率变化指数 *pech*、规模效率变化指数 *sech* 和技术进步变化指数 *techch*3 个分解指数组成。通过绘制 *tfpch* 与 3 个分解指数的散点图可知，如果散点图显示集中在 45°线上，则该分解指数对 *tfpch* 的影响越强，反之越弱。图 18 表明，*techch*

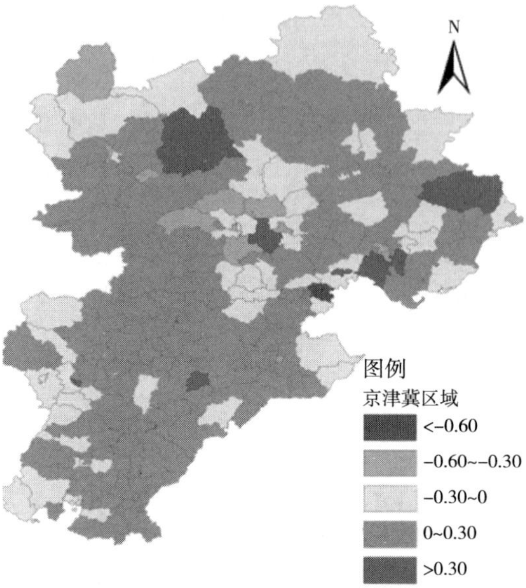

图 17　2015 年和 2006 年相比京津冀区域各区县技术进步变化指数升降变化情况示意

与 *tfpch* 拟合度高于其他两个分解指数，可见 *techch* 是影响京津冀区县 *tfpch* 差异的主导因素，说明 2006～2015 年京津冀区域 *tfpch* 下降原因是生产技术进步的贡献低于纯技术效率和规模效率的上升，生产技术进步在京津冀区县发展中呈减弱趋势。

（三）能源环境利用全要素生产率变化指数的影响因素分析

本文采用 LLC 和 IPS 检验对面板数据进行单位根的平稳性检验。结果显示，5 个影响因素的 p 值均小于 0.05，说明拒绝原序列存在单位根的假设。通过协整性检验的回归方程可判断非平稳序列的因果关系是否出现伪回归，即检验变数之间是否存在稳定的关系。Nharvey 检验结果为 2.6250，在显著水平上为 1%～5%，通过置信度 95% 的平稳性检验，说明 *tfpch* 和六个自变量之间具有协整关系。

Panel Tobit 回归结果显示（见表 7），以第三产业为主的经济结构和经济开放水平对于能源环境利用效率具有正向影响，能源利用的技术

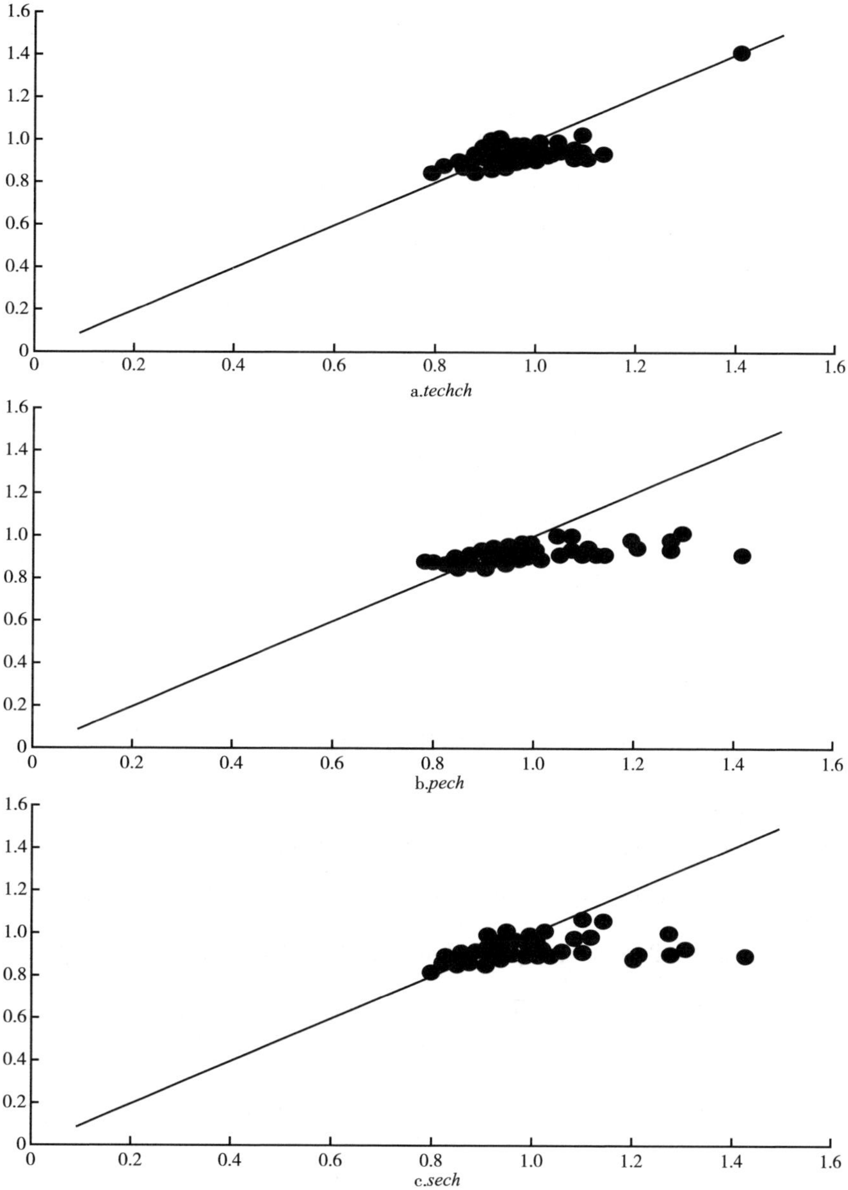

图 18　2006～2015 年京津冀区域各区县 *tfpch* 与 *techch*、*pech*、*sech* 散点图示意

水平越低、政府对市场的干预越强，社会投资中房地产投资比例越高，能源环境的利用效率越低。

表 7　Panel Tobit 模型回归结果

变量	Coeffcient	Std. Err	t - Statistic
sec	0. 0153 ***	0. 02649	0. 06
urb	0. 0811	0. 01401	5. 79
ene	-0. 1232 ***	0. 01844	14. 59
tac	0. 0938 ***	0. 01761	53. 21
rei	-0. 0611 ***	0. 05870	-10. 42
gov	-0. 0672 ***	0. 03890	-17. 29

注：“ *** ”，$p<0.01$；“ ** ”，$p<0.05$；“ * ”，$p<0.1$。

Panel Tobit 模型函数为

$$tfpch_{it} = 0.9264 + 0.0153\sum_{i,t=1}^{n}(sec)_{it} - 0.1232\sum_{i,t=1}^{n}(ene)_{it} + 0.0938\sum_{i,t=1}^{n}(tac)_{it} - 0.0611\sum_{i,t=1}^{n}(rei)_{it} - 0.0672\sum_{i,t=1}^{n}(gov)_{it}$$

1. 第三产业比重对能源利用效率影响正相关

第三产业比重对于能源环境利用综合效率影响显著。第三产业比重每增加 1 个百分点，全要素生产率变化指数就会增加 0. 0153。2015 年京津冀三次产业结构为 0. 08∶0. 45∶0. 47，2010 年为 0. 06∶0. 43∶0. 51，2005 年为 0. 05∶0. 38∶0. 57。根据产业结构演进规律和未来区域的发展规划（2015 年我国发布的《京津冀协同发展规划纲要》），京津冀第三产业的比重将进一步增加，这将有利于能源环境利用效率的提高。

2. 单位 GDP 能耗对能源利用效率影响负相关

单位 GDP 能耗对能源环境利用综合效率具有负向影响。单位 GDP 每增加 1 个百分点，全要素生产率变化指数就会降低 0. 1232。单位 GDP 能耗越大，技术水平越低，经济对能源依赖度越高。回归系数表明，现阶段对京津冀区域能源环境利用综合效率起主导作用的因素之一是能耗水平，降低单位 GDP 能耗对资源配置、环境治理的效率提升作用显著。

3. 经济开放程度对能源利用效率具有正向影响

经济开放程度对能源环境利用综合效率具有正向影响。外商直接投资额与 GDP 的比值每上升 1 个百分点，全要素生产率变化指数就会增加0.0938。京津冀区域各市的外商直接投资额与GDP的比值小，“十二五”时期，北京、天津和河北外商直接投资额与 GDP 的比值分别为3.21%、8.26%和1.28%，比重很低。由此看出，京津冀区域的外商直接投资所带来的技术进步效应还有提升空间，它对京津冀区域城市能源环境利用综合效率提升起到很大作用。

4. 政府干预水平对能源环境利用效率具有负向影响

政府财政支出与 GDP 的比值每增加 1 个百分点，全要素生产率变化指数相应降低0.0672，说明财政支出对能源环境效率具有负向影响。中国政府的财政主要支持国有大型企事业单位，财政干预政策和对资源配置的倾斜政策会打破能源环境配置平衡，挤占私人投资，从而降低市场运行效率。

5. 房地产投资水平对能源利用效率影响负相关

房地产投资水平对能源环境利用综合效率影响非常显著。每增加 1 个百分点的全社会房地产投资，全要素生产率变化指数相应降低0.0611。可以看出，在 2006~2015 年十年间，京津冀地区快速城镇化体现为房地产投资。房地产行业消耗了大量资源，挤占了其他行业的资源，过度的房地产投资是能源环境利用综合效率偏低的原因之一。

三　讨论

中国政府在能源结构调整中起着关键作用，中国能源效率最主要的驱动因素在于技术进步，政府干预程度的提高有利于提高纯技术效率，但会降低城市的规模效率，政府干预对综合效率的负面影响主要来自政府干预对规模效率的负面影响。本研究表明，在目前财政支出水平下，政府干预程度每增加 1 个百分点，京津冀区域能源环境利用效率就会降低 0.0672。结果显示，“十一五”和“十二五”期间区域全要素生产率变化指数 *tfpch* 主要依靠规模效率的提升而不是依靠技术进步变化指数 *techch* 和纯技术效率变化指数 *pech* 改善来实现的。政府干预过多会给经济增长带来损害，使资源配置发生扭曲从而影响效率。为了确保经济持续高速增长，中国政府倾向于加大财政支出。大量的政府财政支出，一方面造成了区域具有长期依靠高投资来拉动经济增长的特点，规模效率得以提升，但另一方面造成了京津冀区域严重的能源环境问题，给城市承载力带来了严峻挑战，区域能源环境利用综合效率较低。

中国的土地财政政策不利于能源环境效率的提高。财政部官网统计数据表明，2012 ~2017 年中国地方政府的财政收入中的一半来自土地收入（见图 19），京津冀地区更高达 0.54。从国有土地使用权出让金/地方一般公共预算计算得出的土地依赖度来看，近两年两者比值保持在 0.5 以上，意味着每年国有土地出让收入相当于地方财政收入的一半以上。这反映了当前地方财政对于房地产行业的依赖程度仍然偏高。地方政府在参与房地产市场的逐利中获取了巨额利益，并成为房地产市场的重要利益主体，地方政府有发展房地产行业的冲动和意愿。但是本研究表明，房地产投资每增加 1 个百分点，京津冀区域能源环境利用效率就会降低 0.0611，过多的房地产投资对京津冀区域能源环境利用效率具有不利影响。

在本研究中，由于区县数据获得的限制，在选取效率指标和影响因素指标时尽可能做到科学、全面，但部分指标数据获取较难，如区县资本存量数据的获取。在时间上，京津冀区域投入产出效率变化整体趋势需要基于长时间尺度的观察数据，这样才能更加准确反映京津冀区域的投入产出效率变化趋势和规律，这是本文的局限所在，也是进一步研究的方向。

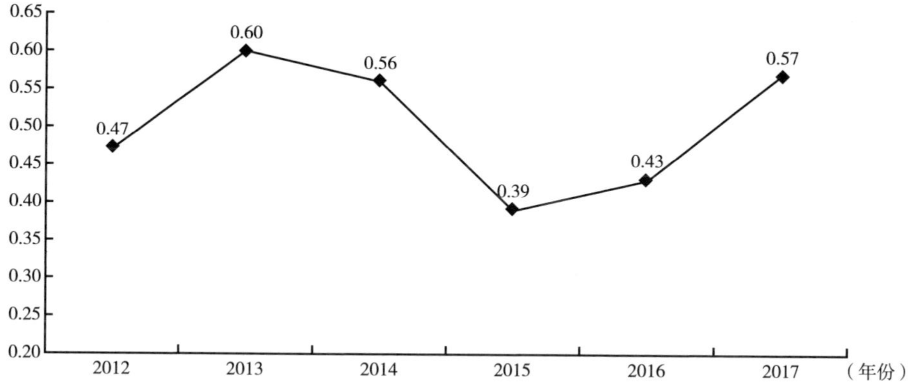

图 19　中国国有土地使用权出让金与地方政府财政收入比值

四　结论

本文以京津冀地区 202 个区县为分析单元，采用 DEA - Malmquist 指数测算了“十一五”和“十二五”期间区域能源环境利用效率。在此基础上选取具有中国特色的影响因素，利用 Panel Tobit 模型分析各因素对能源环境利用效率的影响，以期为未来政府提高能源环境利用效率提供研究支撑，研究结论如下。

2006 ~ 2015 年京津冀区域的纯技术效率、规模效率和综合效率的中位数分别为 0.775、0.682 和 0.465；2015 年和 2006 年相比京津冀区域的纯技术效率、规模效率、综合效率上升区县数量比例分别为 37.6%、63.4% 和 53.5%。“十二五”和“十一五”期间上升区县数量比例方面，纯技术效率分别为 49.0% 和 24.3%、规模效率分别为 63.9% 和 46.5%、综合效率分别为 62.4% 和 30.7%，均为下降。

2006 ~ 2015 年全要素生产率变化指数 *tfpch*、技术进步变化指数 *techch* 呈下降趋势，综合技术效率变化指数 *effch* 呈上升趋势。影响全要素生产率变化指数的 3 个分解指数差异明显，技术进步变化指数 *techch*

是影响全要素生产率变化指数的主导因素。要加强科技创新，提升城市的综合效率。

第三产业比重、经济开放程度与京津冀区域能源环境利用效率呈正相关，单位 GDP 能耗、政府干预水平、房地产投资水平与京津冀区域能源环境利用效率呈负相关。单位 GDP 能耗、政府干预水平、房地产投资水平越高，能源环境利用效率越低。在重视房地产投资的同时，要注意和其他要素的平衡，避免失衡。政府对经济活动的参与程度会影响该地区的全要素生产率变化。政府的参与会影响市场的资源配置，对私人投资产生挤出效应，降低市场运行效率，因此调整能源消费结构，合理分配财政支出，才能提高城市能源利用效率利用。适当提高三产规模和经济开放程度有利于促进技术效率的提升；合理分配房地产投资，以稳定能源环境利用效率；调整能源消费结构，合理减少政府财政支出可以提高能源环境利用效率。

参考文献

陈金英：《中国城市群空间结构及其对经济效率的影响研究》，东北师范大学博士学位论文，2016。

陈享光、李振新：《2018 年我国宏观经济研究的最新进展》，《当代经济管理》2019 年第 11 期。

陈章喜、吴振帮：《粤港澳大湾区城市群土地利用结构与效率评价》，《城市问题》2019 年第 4 期。

董锋、龙如银、李晓晖：《考虑环境因素的资源型城市转型效率分析——基于 DEA 方法和面板数据》，《长江流域资源与环境》2012 年第 5 期。

佟庆远、孙傅、董欣等：《污水处理厂减排效率的统计评价及影响因素分析》，《中国人口·资源与环境》2019 年第 4 期。

董巧珍：《我国工业水资源利用效率及影响因素分析——基于四阶段 DEA 和 Bootstrap - DEA 模型》，浙江财经大学硕士论文，2018。

戴永安、张友祥：《中国城市群内部与外围的效率差异及其影响因素——基于 DEA 模型的分析》，《当代经济研究》2017 年第 1 期。

傅京燕、原宗琳、曾翩：《中国区域生态效率的测度及其影响因素分析》，《产经评论》2016 年第 6 期。

付丽娜、陈晓红、冷智花：《基于超效率 DEA 模型的城市群生态效率研究——以长株潭“3＋5”城市群为例》，《中国人口·资源与环境》2013 年第 4 期。

郭存芝、罗琳琳、叶明：《资源型城市可持续发展影响因素的实证分析》，《中国人口·资源与环境》2014 年第 8 期。

郭腾云、徐勇、王志强：《基于 DEA 的中国特大城市资源效率及其变化》，《地理学报》2009 年第 4 期。

黄金川、林浩曦、陈明：《2000～2013 年中国城市群经济绩效动态实证分析——基于 DEA 和 Malmquist 生产率指数法》，《地理科学进展》2017 年第 6 期。

黄子奇：《基于 DEA 模型的山东省城市旅游效率研究》，《经济论坛》2018 年第 7 期。

胡迺武：《三次产业演进规律与我国产业结构变动趋势》，《经济纵横》2017 年第 6 期。

何元庆：《对外开放与 TFP 增长：基于中国省际面板数据的经验研究》，《经济学》（季刊）2007 年第 4 期。

蒂莫西·J. 科埃利等：《效率与生产率分析引论》（第二版），王忠玉译，中国人民大学出版社，2008。

刘秉镰、李清彬：《中国城市全要素生产率的动态实证分析：1990～2006——基于 DEA 模型的 Malmquist 指数方法》，《南开经济研究》2009 年第 3 期。

李红锦、李胜会：《基于 DEA 模型的城市群效率研究——珠三角城市群的实证研究》，《软科学》2011 年第 5 期。

罗琳琳：《资源型城市生态效率及其影响因素的实证分析》，南京财经大学硕士学位论文，2014。

刘祥：《矿业城市经济发展规模效率浅析》，《中国矿业》2004 年第 9 期。

F. Wu, L. W. Fan, P. Zhou, D. Q. Zhou, “Industrial Energy Efficiency with CO_2 Emissions in China: A Nonparametric Analysis,” *Energy Policy*, 2012 (49).

Guo, X. D., Zhu, L., Fan, Y., Xie, B. C., “Evaluation of Potential Reductions in Carbon Emissions in Chinese Provinces Based on Environmental DEA,” *Energy Policy*, 2011 (39).

Huifeng Pan, Haiyun Zhang, Xulu Zhang, “China's Provincial Industrial Energy Efficiency and Its Determinants,” *Mathematical and Computer Modelling*, 2013, 58 (5－6).

Hu, A. H., Sin-How Shih, Chia-Wei Hsu, Chao-Heng Tseng, “Eco-efficiency Evaluation of the Eco-industrial Cluster,” Environmentally Conscious Design and Inverse Manufacturing, 2005, Eco Design 2005, Fourth International Symposium on, 2005.

Jin-Li Hu, Yao-Chun Lee, “Efficient Three Industrial Waste Abatement for Regions in China,” *International Journal of Sustainable Development & World Ecology*, 2008, 15 (2).

Ke Wang, Yi-Ming Wei, Xian Zhang, "A Comparative Analysis of China's Regional Energy and Emission Performance: Which is the Better Way to Deal with Undesirable Outputs?" *Energy Policy*, 2012 (46).

Victor Moutinho, Mara Madaleno, Pedro Macedo, Margarita Robaina, Carlos Marques, "Efficiency in the European Agricultural Sector: Environment and Resources," *Environmental Science and Pollution Research*, 2018, 25 (18).

Wei Q. L. , *Data Envelopment Analysis*, Beijing: Science Press, 2004.

Wei Yang, Yanmin Shao, Han Qiao, Shouyang Wang, "An Empirical Analysis on Regional Technical Efficiency of Chinese Steel Sector based on Network DEA Method," *Procedia Computer Science*, 2014 (31).

WHO, "Air Quality Guidelines: Global Update 2005," Bonn: WHO Regional Office for Europe, 2005.

Yiwen Bian, Feng Yang, "Resource and Environment Efficiency Analysis of Provinces in China: A DEA Approach Based on Shannon's Entropy," *Energy Policy*, 2009, 38 (4).

后　记

本书以习近平新时代中国特色社会主义思想和习近平总书记视察北京重要讲话精神为指引，从社会治理、经济治理、文化治理、生态治理等维度深入研判世界级城市群与首都治理体系建设的主要工作与成就，牢记首都职责使命，聚焦首都发展问题，提出世界级城市群与首都治理体系建设的对策建议。本书是以北京市社会科学院市情调查研究中心、北京世界城市研究基地的全体研究人员为核心团队成员，由科研机构、高等院校等各方专家、学者共同撰写的关于世界级城市群与首都治理体系的系列研究成果，该成果为北京市社会科学院市情研究论丛（第4辑）。

本书共分为社会治理篇、经济治理篇、文化治理篇、生态治理篇四个板块。每个板块按所涉及领域进行专题研究，注重以首都治理体系为主题深入系统地研究世界级城市群演化特征及未来趋势，聚焦首都治理问题，提出加快首都治理体系与世界级城市群建设的对策建议。

本书由北京市社会科学院市情调查研究中心主任、北京世界城市研究基地主任唐鑫任主编，负责市情研究论丛的总体设计和结构安排、总体研究报告撰写。市情调查研究中心副主任、北京世界城市研究基地秘书长陆小成任副主编，负责全书的篇章设计、各板块的汇总和整理以及书稿修改等工作。刘小敏博士负责社会治理篇的组稿及修订工作。李茂副研究员负责经济治理篇的组稿及修订工作。田蕾博士负责文化治理篇的组稿及修订工作。何仁伟副研究员负责生态治理篇的组稿及修订工作。任超博士对全书进行文字校对和修订工作。

感谢北京市社会科学院党组书记唐立军以及鲁亚副院长、田淑芳副院长、赵弘副院长、杨奎副院长等院领导对本书的指导和关心。感谢北京市社会科学院各研究所、职能处室以及院外高校科研机构和政府部门等领导专家对本研究论丛的大力支持。

书中引用和参考许多专家、学者的观点，一并表示感谢。有的引用或参考没有进行及时的注释，对可能存在的疏忽请专家批评指正。由于水平和能力有限，不妥之处在所难免，也许还有部分观点值得进一步商榷和论证。敬请世界级城市群、首都发展、城市治理等领域的领导、专家、学者、读者提出批评意见或建议。

2020 年 5 月 15 日

图书在版编目（CIP）数据

世界级城市群与首都治理体系 / 唐鑫主编. -- 北京：社会科学文献出版社，2020.8

ISBN 978 - 7 - 5201 - 7009 - 3

Ⅰ.①世… Ⅱ.①唐… Ⅲ.①城市群 - 发展 - 研究 - 北京 ②城市管理 - 研究 - 北京 Ⅳ.①F299.271

中国版本图书馆 CIP 数据核字（2020）第 137731 号

世界级城市群与首都治理体系

主　　编 / 唐　鑫
副 主 编 / 陆小成

出 版 人 / 谢寿光
责任编辑 / 吴　敏

出　　版 / 社会科学文献出版社·皮书出版分社（010）59367127
地址：北京市北三环中路甲 29 号院华龙大厦　邮编：100029
网址：www.ssap.com.cn
发　　行 / 市场营销中心（010）59367081　59367083
印　　装 / 三河市龙林印务有限公司

规　　格 / 开　本：787mm × 1092mm　1/16
印　张：20.5　字　数：270 千字
版　　次 / 2020 年 8 月第 1 版　2020 年 8 月第 1 次印刷
书　　号 / ISBN 978 - 7 - 5201 - 7009 - 3
定　　价 / 79.00 元